バーゼルⅢ 自己資本比率規制
計算とリスク捕捉実務の完全解説

[編者]
有限責任監査法人トーマツ
金融インダストリーグループ

[著者]
桑原 大祐・飯野 直也・関田 健治・
中島 悠来穂・山口 哲平・吉澤 一子

一般社団法人 金融財政事情研究会

はしがき

　金融機関は、膨大な量の規制への対応、法令の順守、会計制度への対応等に追われている。これらの制度対応は、現在固まっているものだけではなく、ムービングターゲットとなっているものも多い。特に、2007年のサブプライム危機以降の金融危機をふまえて、自己資本比率規制を含む規制の大幅な見直しが検討された。バーゼルⅢと呼ばれる規制の完全実施が完了する前に、信用リスクに係る標準的手法の見直し等の議論も新たに行われている。まさに、押し寄せる新規制は、津波のようであり、"Tsunami of Regulation"という英語表現のコロケーションが世界中で一般的に使われるようになっている。

　このような環境下、金融機関の担当者をはじめとする実務家は、非常に限られた時間のなかで効率的に規制の理解を進めたいところであり、著者一同、本書がそのような役割を果たすことができればと思っている。

　本書は、自己資本比率規制の担当者となった方、内部監査で当該部分を担当することになった方や、学生の方、コンサルティングの担当者等幅広い読者を想定し、なるべく平易に記述したつもりである。しかしながら規制自体の計算フローが複雑であることから理解の困難な箇所があるかもしれないことをご理解いただきたい。

　本書の執筆にあたっては、非常に多くの方にお世話になった。この場を借りて、心から感謝したい。

2015年3月

　　　　　　　　　　　　　　　有限責任監査法人トーマツ
　　　　　　　　　　　　　　　金融インダストリーグループ
　　　　　　　　　　　　　　　　桑原　大祐　　飯野　直也
　　　　　　　　　　　　　　　　関田　健治　　中島　悠来穂
　　　　　　　　　　　　　　　　山口　哲平　　吉澤　一子

【本書を読まれる前に】
・本書に記述した内容は著者の私見であり、所属する法人の公式見解ではありません。
・本書を購入された方は、㈱きんざいのWebページから、Excelで作成した計算プログラムをダウンロードすることができます。しかし、本プログラムは本書の内容のより深い理解を助けるために作成されたものであり、実務での利用は避けてください。万一、実務に利用した結果不利益が生じた場合でも、著者およびその所属する組織ならびに本書の発行所、販売会社はいっさいの責任を負わないことを、ご了承ください。
・上記Excelで作成した計算プログラムの著作権は著者に帰属します。なお本プログラムは本書の購入者に対する特典として提供するものです。本プログラムの内容の一部または全部を、著者の許可なく複製・頒布することを禁じます。
・本書の発行後、本書の記述内容ないしは計算プログラムに誤りが発見された場合は、「正誤表」を以下のWebページに掲載します。
　　http://www.kinzai.jp/books/reader/seigo.html

【計算プログラムの入手方法】
① 以下の［購入者特典］ダウンロードページから『バーゼルⅢ 自己資本比率規制 計算とリスク捕捉実務の完全解説』をクリックしてください。
　　http://www.kinzai.jp/books/reader/tokuten.html
② zipファイルをダウンロードした後、下記のパスワードを入力して計算プログラムを展開してください。
　　パスワード：KISNYY12631
・計算プログラムに誤りが発見された場合は、前記「正誤表」にその旨を記載するとともに、修正プログラムを［購入者特典］ダウンロードページに再度アップします。
※計算プログラムは、Microsoft WindowsとMicrosoft Office Excelを組み合わせた環境での使用を想定しています。現在、以下のExcelのバージョンでの正常稼働が確認されています。
　　Excel 2007／Excel 2010／Excel 2013
ただし、動作確認済みのバージョンであってもすべての利用者の環境において正常動作を保証するものではありません。

【商標】
　WindowsならびにExcelは、米国Microsoft Corporationの米国およびその他の国における登録商標です。

著者略歴

桑原　大祐（くわばら　だいすけ）

有限責任監査法人トーマツ　パートナー。
東京大学工学部建築学科卒業。ノースカロライナ州立大学経営大学院修了。大手信託銀行においてデリバティブディーリング、市場リスク管理、ALMを担当の後、大手監査法人系コンサルティング会社を経て、2007年に有限責任監査法人トーマツ入社。現在は、金融機関のリスク管理高度化に対するアドバイス、バーゼルⅡ・Ⅲ規制対応支援、データアナリティクス等を幅広く実施。著書等として『バーゼルⅡ対応のすべて』（共著、金融財政事情研究会、08年3月）、『内部監査高度化のすべて』（共著、同、10年11月）、『これからのストレステスト』（共著、同、12年6月）ほか。

飯野　直也（いいの　なおや）

有限責任監査法人トーマツ　マネジャー
立教大学経済学部卒業。公認会計士。有限責任監査法人トーマツ入社後、金融監査部門にて大手銀行・証券会社の会計監査に従事。その後、コンサルティング部門にて、リスク管理システムの検証・構築支援やデリバティブ商品の時価評価の検証業務を経験し、現在は、バーゼルⅢ規制対応支援、金融機関の国際規制対応などを幅広く実施している。

関田　健治（せきた　けんじ）

有限責任監査法人トーマツ　シニアマネジャー
九州大学理学部卒業、九州大学大学院理学研究科修了。公認会計士。日本証券アナリスト協会検定会員。当監査法人入社後、監査部門にて一般事業会社・大手銀行の会計監査、大手銀行のUS-GAAP対応プロジェクト、金融機関のデューデリジェンス業務などを経験。現在は、コンサルティング部門にて主にバーゼルⅢ対応支援業務、IFRS対応支援業務などを担当している。

中島　悠来穂（なかじま　ゆきほ）

有限責任監査法人トーマツ　マネジャー
慶應義塾大学経済学部卒業。京都大学大学院経営学修士（ファイナンス専攻）。大手金融機関において、市場関連リスク、市場性与信管理等のリスク管理実務、リスク管理制度・態勢の構築に係る企画業務に従事。その後、大手監査法人を経て、2011年に有限責任監査法人トーマツ入社。現在は、バーゼルⅡ・Ⅲ規制全般の対応支援、信用リスク管理高度化支援、内部監査アドバイザリーなどを多数実施している。

山口　哲平（やまぐち　てっぺい）

有限責任監査法人トーマツ　シニアスタッフ
東京理科大学工学部卒業。公認会計士。有限責任監査法人トーマツ入社後、金融監査部門にて大手銀行・証券会社の会計監査に従事。
会計監査以外にも大手銀行のIFRS対応プロジェクト、金融機関のデューデリジェンス業務を経験。
現在は、大手銀行・証券会社の会計監査、バーゼルⅢ対応支援等に従事している。

吉澤　一子（よしざわ　いちこ）

有限責任監査法人トーマツ　シニアマネジャー
慶應義塾大学理工学部中退、法学部卒業。公認会計士。有限責任監査法人トーマツにおいて大手銀行・信託銀行の会計監査、本部品質管理部門において金融商品のオフバランス化や信託に関する質問業務を担当。監査関連業務の他、金融機関のデューデリジェンス、バーゼルⅢ対応支援業務、証券化に関する会計アドバイザリー業務等を実施。2007年より日本公認会計士協会の業種別委員会の専門委員等に就任。現在、日本公認会計士協会銀行業一般指針等検討専門部会専門委員。著書等として『国際財務報告基準（IFRS）詳説　第1版』（翻訳、共著、レクシスネクシス・ジャパン、2010年8月）、『会計処理ハンドブック　第6版』（共著、中央経済社、2014年9月）ほか。

目　次

第1章　はじめに

1　本書の活用方法 …………………………………………………… 2
2　本書の対象範囲 …………………………………………………… 3
3　本書の対象とする金融機関 ……………………………………… 3

第2章　自己資本比率の算定方法

第1節　基礎項目の計算方法と実務上の論点 ………………………… 6
1　国内基準における基礎項目の額の内容 ………………………… 6
2　国際統一基準における基礎項目の額の内容 …………………… 7
3　資本調達手段 ……………………………………………………… 9
4　その他の包括利益累計額（評価・換算差額等） ……………… 29
5　調整後少数株主持分 ……………………………………………… 36
6　その他の基礎項目の内容 ………………………………………… 57

第2節　調整項目の計算方法と実務上の論点 ………………………… 60
1　国内基準における調整項目の内容 ……………………………… 60
2　国内基準における調整項目に係る経過措置 …………………… 63
3　国際統一基準における調整項目の内容 ………………………… 66
4　国際統一基準における調整項目に係る経過措置 ……………… 69
5　無形固定資産の取扱い …………………………………………… 72
6　退職給付に係る資産（前払年金費用） ………………………… 80
7　繰延税金資産 ……………………………………………………… 84
8　適格引当金不足額 ………………………………………………… 99
9　繰延ヘッジ損益 …………………………………………………… 100
10　自己保有資本調達手段 …………………………………………… 101

	11	意図的に保有している他の金融機関等の資本調達手段 …………… 102
	12	少数出資金融機関等の基準超過額 ……………………………… 106
	13	特定項目の基準超過額 …………………………………………… 113
第3節	自己資本の額の計算方法 …………………………………………… 120
	1	基準額計算と循環構造 …………………………………………… 120
	2	調整項目に係る経過措置とリスク・アセットの額の関連 ………… 137
	3	Excelスプレッドシートの作成例 ………………………………… 141

第3章 自己保有資本調達手段および他の金融機関等向け資本調達手段の取扱い

第1節	バーゼルⅡからの変更点 …………………………………………… 176
第2節	各種要件と実務上の論点 …………………………………………… 178
	1	国内基準における対象範囲と内容 ……………………………… 178
	2	国際統一基準における対象範囲と内容 ………………………… 183
	3	他の金融機関等の定義と範囲の特定 …………………………… 183
	4	対象資本調達手段の商品性と対応する資本区分 ……………… 187
	5	対象資本調達手段の保有形態による3種類の区分 …………… 190
	6	間接的に保有する資本調達手段の把握 ………………………… 194
	7	対象外の資本調達手段 …………………………………………… 197
	8	対象資本調達手段の保有額の見積り …………………………… 198

第4章 信用リスク・アセット

第1節	はじめに …………………………………………………………… 200
第2節	大規模規制金融機関等向けエクスポージャーの取扱い………… 201
	1	大規模規制金融機関等向けエクスポージャーの信用リスク・アセットの額 ……………………………………………………… 201
	2	Excelを活用したリスク・ウェイト関数の解説 ………………… 202

第3節　CVAリスク ·· 207
　　1　CVAリスクの定義 ·· 207
　　2　CVAリスク相当額の算出の対象範囲 ······························ 208
　　3　CVAリスク相当額の算出方法 ·· 208
　　4　標準的リスク測定方式 ·· 209
　　5　Excelを用いた標準的リスク測定方式の解説 ····················· 213
APPENDIX　リスク・ウェイト関数 ·· 220

第5章　バーゼルⅢに必要な会計の知識

第1節　その他の包括利益累計額および評価・換算差額 ··················· 227
　　1　その他有価証券評価差額金 ·· 227
　　2　繰延ヘッジ損益 ·· 230
　　3　土地再評価差額金 ··· 235
　　4　為替換算調整勘定 ··· 239
　　5　退職給付に係る調整累計額 ·· 240
第2節　少数株主持分（非支配株主持分） ··································· 251
　　1　少数株主持分とは ··· 251
　　2　持分比率 ·· 254
　　3　海外特別目的会社が発行する優先出資証券と少数株主持分 ······ 255
第3節　のれんおよびのれん相当差額 ·· 257
　　1　のれんの会計処理 ··· 257
　　2　のれんと税効果 ·· 259
第4節　無形固定資産 ·· 261
　　1　無形固定資産とは ··· 261
　　2　企業結合に伴い発生する無形資産 ································· 262
第5節　繰延税金資産 ·· 264
　　1　税効果会計導入の経緯 ··· 264
　　2　税効果会計の必要性 ·· 265

3　税効果会計適用の手順································· 268
　4　その他有価証券評価差額金と税効果················· 281
　5　繰延ヘッジ損益と税効果······························ 288
第6節　モーゲージ・サービシング・ライツ················· 290
　1　モーゲージ・サービシング・ライツとは ············· 290
　2　モーゲージ・サービシング・ライツの会計処理······· 291

第6章　系統金融機関等における論点

第1節　信用金庫、信用組合································· 294
　1　コア資本に係る基礎項目の国内基準行との相違点····· 294
　2　コア資本に係る調整項目の国内基準行との相違点····· 296
　3　経過措置·· 299
第2節　系統金融機関··· 301
　1　コア資本に係る基礎項目の国内基準行との相違点····· 301
　2　コア資本に係る調整項目の国内基準行との相違点····· 303
　3　経過措置·· 304

■　事項索引··· 306

はじめに

1 本書の活用方法

　サブプライム問題を発端に発生した世界的金融危機における反省をふまえて、金融セクターにおけるリスク耐性を強靭化することを目的にバーゼルⅡの見直しが行われた。最終的に、中央銀行総裁・銀行監督当局長官グループ会合で合意され、G20サミットで了承された内容が2010年12月16日にバーゼルⅢテキストとして公表された。当該テキストは「自己資本比率規制の見直し」と「流動性規制」に関する2つの文章で構成されている。本書は、2つの文章のうち「自己資本比率規制の見直し」を対象とし、「資本の定義と最低水準」「リスク捕捉」に係る論点をExcelで作成した自己資本比率計算プログラム（以下、「計算プログラム」という）とあわせて実務的に解説することを目的としている。また、本書は、国際統一基準行、国内基準行に加えて系統金融機関における取扱いも対象とした。

　バーゼルⅢにおける自己資本比率規制の各比率の算定は、非常に複雑であり、文章で解説するだけでは、理解することが非常に困難である。本書は、バーゼルⅢの告示（以下、特に指定のない場合、「銀行法第14条の2の規定に基づき、銀行がその保有する資産等に照らし自己資本の充実の状況が適当であるかどうかを判断するための基準（平成18年金融庁告示第19号）」を指すものとする）の判断の分かれる解釈を解説することを目的とするものではなく（注）、複雑な計算プロセスを紐解いて解説することを主眼としている。したがって、計算プログラムを追いながら読み進めることを想定している。

　また、これらのプロセスを理解するための会計知識についてもある程度の理解が必要になる。本書は会計の解説本ではないため会計についての体系的な解説を目的とするものではないが、バーゼルⅢを読み解くにあたり、実務担当者として理解が求められる項目を解説している。

　全体の計算の流れを理解したい読者の方は、第2章から第4章を中心に、適宜第5章の会計知識について必要な項目を参照しながら読み進めることも可能である。また、より詳細に理解したい方は、第5章の会計についての理

図1-1　バーゼルⅢテキストと告示の対象範囲

[バーゼルⅢテキストの構成]

```
1  自己資本規制（「より強靭な銀行と銀行システムのための国際的な規制枠
   組み」）
  ① 資本の定義と最低水準
  ② リスク捕捉
  ③ 資本保全バッファー
  ④ カウンターシクリカルな資本バッファー  ｝告示改正の対象外
  ⑤ レバレッジ比率

2  流動性規制（「流動性リスク計測、基準、モニタリングのための国際的枠
   組み」）
  ① 規制水準
  ② モニタリング手法                      ｝告示改正の対象外
  ③ 実施上の留意点
```

（出典）『「バーゼル銀行監督委員会によるバーゼルⅢテキストの公表等について」金融庁／日本銀行　2011年1月』を参考に作成

解を深めてから全体を読むことも可能である。

2　本書の対象範囲

「自己資本比率規制の見直し」と「流動性規制」に関する2つの文書で構成されているバーゼルⅢテキスト全体のうち「自己資本比率規制の見直し」の一部が、告示の対象となっている。本書が対象とするのは、「資本の定義と最低水準」「リスク捕捉」に該当する部分である。

3　本書の対象とする金融機関

本書および計算プログラムは、国際統一基準および国内基準の両計算プロセスについて解説している。また、本書は前述した告示を中心に解説しているものであるが、信用金庫、農業協働組合等の系統金融機関における特殊な

取扱いについては、相違点を中心に第6章において補足している。なお、国内基準の金融機関が内部格付手法を採用した場合には国際統一基準での計算が必要になることや、海外展開によって、実際に国際統一基準となる場合もあるだろう。このような場合を想定し、国内基準の計算方法を解説し、差分としての国際統一基準の計算方法を解説するという手法をとっている。

(注) 告示の詳細の条文解釈については、北野淳史／緒方俊亮／浅井太郎著『バーゼルⅢ　自己資本比率規制　国際統一／国内基準告示の完全解説』（金融財政事情研究会、2014年）を参照。

第2章

自己資本比率の算定方法

第1節 基礎項目の計算方法と実務上の論点

1　国内基準における基礎項目の額の内容

　国内基準における自己資本の額は、以下のとおりであり、基礎項目の額については、告示28条1項および40条1項にその内容が定義されている。連結自己資本比率における基礎項目の額の内容は表2-1のとおりである。

　　自己資本の額＝コア資本に係る基礎項目の額
　　　　　　　　－コア資本に係る調整項目の額

　バーゼルⅢ国内基準においては、コア資本という新たな概念が定義されており、自己資本の額に算入可能な資本調達手段等の内容もバーゼルⅡに比べて、大幅に変更されている。

　まず、コア資本に係る基礎項目の額に算入可能な資本調達手段については、普通株式または強制転換条項付優先株式に限定されており、バーゼルⅡ

表2-1　コア資本に係る基礎項目の額の内容

告　示		コア資本に係る基礎項目の額
28条1項	1号	普通株式又は強制転換条項付優先株式に係る株主資本の額（社外流出予定額を除く。）
	2号	その他の包括利益累計額（為替換算調整勘定および退職給付に係る調整累計額）
	3号	普通株式又は強制転換条項付優先株式に係る新株予約権の額
	4号	コア資本に係る調整後少数株主持分の額
	5号 イ	一般貸倒引当金の額
	ロ	適格引当金の合計額から期待損失額の合計額を控除した額（適格引当金余剰額）

において自己資本の額に算入可能であった優先出資証券や劣後債等については、バーゼルⅢにおいてはすべて算入不可となっている。

　また、コア資本に係る基礎項目の額に含まれるその他の包括利益累計額の内容は、為替換算調整勘定及び退職給付に係る調整累計額に限定されており、バーゼルⅡにおいて弾力化措置により時限的に認められていたその他有価証券評価差損の自己資本への不算入の措置が、バーゼルⅢへ移行されることにより恒久的な取扱いへと変更されている。

2　国際統一基準における基礎項目の額の内容

　国際統一基準においては3段階のTier区分が維持されており、各Tier資本の構成は以下のようになっている。

　　普通株式等Tier 1 資本＝普通株式等Tier 1 資本に係る基礎項目の額
　　　　　　　　　　　　　－普通株式等Tier 1 資本に係る調整項目の額
　　Tier 1 資本＝普通株式等Tier 1 資本＋その他Tier 1 資本
　　その他Tier 1 資本＝その他Tier 1 資本に係る基礎項目の額
　　　　　　　　　　　－その他Tier 1 資本に係る調整項目の額
　　自己資本＝Tier 1 資本＋Tier 2 資本
　　Tier 2 資本＝Tier 2 資本に係る基礎項目の額
　　　　　　　　－Tier 2 資本に係る調整項目の額

　国際統一基準では、各Tier区分ごとの基礎項目の額は告示5条1項、6条1項および7条1項に定義されており、連結自己資本比率における基礎項目の額の内容は表2－2のとおりである。

　バーゼルⅢ国際統一基準においては、優先株や劣後債等の資本調達手段はその他Tier 1 資本に係る基礎項目の額や、Tier 2 資本に係る基礎項目の額に算入される仕組みとなっているが、その算入要件が厳格化されており、バーゼルⅡで自己資本に算入されていた優先株や劣後債等のほとんどすべてが資本算入できなくなっている。

表2－2　国際統一基準における基礎項目の額の内容

告示		普通株式等Tier 1 資本に係る基礎項目の額
5条1項	1号	普通株式に係る株主資本の額（社外流出予定額を除く。）
	2号	その他の包括利益累計額およびその他公表準備金の額
	3号	普通株式に係る新株予約権の額
	4号	普通株式等Tier 1 資本に係る調整後少数株主持分の額

告示		その他Tier 1 資本に係る基礎項目の額
6条1項	1号	その他Tier 1 資本調達手段に係る株主資本の額（社外流出予定額を除く。）
	2号	その他Tier 1 資本調達手段に係る負債の額
	3号	その他Tier 1 資本調達手段に係る新株予約権の額
	4号	特別目的会社等が発行するその他Tier 1 資本調達手段の額
	5号	その他Tier 1 資本に係る調整後少数株主持分等の額

告示			Tier 2 資本に係る基礎項目の額
7条1項	1号		Tier 2 資本調達手段に係る株主資本の額（社外流出予定額を除く。）
	2号		Tier 2 資本調達手段に係る負債の額
	3号		Tier 2 資本調達手段に係る新株予約権の額
	4号		特別目的会社等が発行するTier 2 資本調達手段の額
	5号		Tier 2 資本に係る調整後少数株主持分等の額
	6号	イ	一般貸倒引当金の額
		ロ	適格引当金の合計額から期待損失額の合計額を控除した額（適格引当金余剰額）

3 資本調達手段

a 国内基準における資本調達手段

　国内基準におけるコア資本に係る基礎項目の額に算入可能な資本調達手段は、普通株式または強制転換条項付優先株式に限定されており、会計上の資本金、資本剰余金および利益剰余金のうち、普通株式または強制転換条項付優先株式に帰属する部分の額が、コア資本に係る基礎項目の額に普通株式または強制転換条項付優先株式に係る株主資本の額として算入されることになる。なお、社外流出予定額については、普通株式または強制転換条項付優先株式に係る株主資本の額から控除されることになり、これはバーゼルⅡから変更はない。

　普通株式については、バーゼルⅢにおいてコア資本への算入要件が明確化されており、その内容は表2-3のとおりである。

表2-3　普通株式の要件

告示		内容
28条3項	1号	残余財産の分配について、最も劣後すること
	2号	残余財産の分配について、一定額又は上限額が定められておらず、他の優先的内容を有する資本調達手段に対する分配が行われた後に、株主の保有する株式の数に応じて公平に割当てを受けるものであること
	3号	償還期限が定められておらず、かつ、法令に基づく場合を除き、償還されるものでないこと
	4号	発行者が発行時に将来にわたり買戻しを行う期待を生ぜしめておらず、かつ、当該期待を生ぜしめる内容が定められていないこと
	5号	剰余金の配当が法令の規定に基づき算定された分配可能額を超えない範囲内で行われ、その額が株式の払込金額を基礎として

		算定されるものでなく、かつ、分配可能額に関する法令の規定により制限される場合を除き、剰余金の配当について上限額が定められていないこと
	6号	剰余金の配当について、発行者の完全な裁量により決定することができ、これを行わないことが発行者の債務不履行となるものでないこと
	7号	剰余金の配当について、他の資本調達手段に対して優先的内容を有するものでないこと
	8号	他の資本調達手段に先立ち、発行者が業務を継続しながら、当該発行者に生じる損失を公平に負担するものであること
	9号	発行者の倒産手続に関し当該発行者が債務超過にあるかどうかを判断するに当たり、当該発行者の債務として認識されるものでないこと
	10号	払込金額が適用される企業会計の基準において株主資本として計上されるものであること
	11号	発行者により現に発行され、払込済みであり、かつ、取得に必要な資金が発行者により直接又は間接に融通されたものでないこと
	12号	担保権により担保されておらず、かつ、発行者又は当該発行者と密接な関係を有する者による保証に係る特約その他の法的又は経済的に他の資本調達手段に対して優先的内容を有するものとするための特約が定められていないこと
	13号	株主総会、取締役会その他の法令に基づく権限を有する機関の決議又は決定に基づき発行されたものであること
	14号	発行者の事業年度に係る説明書類において他の資本調達手段と明確に区別して記載されるものであること

また、強制転換条項付優先株式の要件は、表2－4のとおりである。

表2-4　強制転換条項付優先株式の要件

告示		内容
28条4項	1号	発行者により現に発行され、かつ、払込済みのものであること
	2号	残余財産の分配について、発行者の他の債務に対して劣後的内容を有するものであること
	3号	担保権により担保されておらず、かつ、発行者又は当該発行者と密接な関係を有する者による保証に係る特約その他の法的又は経済的に他の同順位の資本調達手段に対して優先的内容を有するものとするための特約が定められていないこと
	4号	償還期限が定められておらず、ステップ・アップ金利等に係る特約その他の償還を行う蓋然性を高める特約が定められていないこと
	5号	償還を行う場合には発行後5年を経過した日以後（発行の目的に照らして発行後5年を経過する日前に償還を行うことについてやむを得ない事由があると認められる場合にあっては、発行後5年を経過する日前）に発行者の任意による場合に限り償還を行うことが可能であり、かつ、償還又は買戻しに関する次に掲げる要件の全てを満たすものであること
		イ　償還又は買戻しに際し、自己資本の充実について、あらかじめ金融庁長官の確認を受けるものとなっていること
		ロ　償還又は買戻しについての期待を生ぜしめる行為を発行者が行っていないこと
		ハ　その他次に掲げる要件のいずれかを満たすこと (1)　償還又は買戻しが行われる場合には、発行者の収益性に照らして適切と認められる条件により、当該償還又は買戻しのための資本調達（当該償還又は買戻しが行われるものと同等以上の質が確保されるものに限る。）が当該償還又は買戻しの時以前に行われること (2)　償還又は買戻しの後においても発行者が十分な水準の連結自己資本比率を維持することが見込まれること
	6号	発行者が前号イの確認が得られることを前提としておらず、当該発行者により当該確認についての期待を生ぜしめる行為が行われていないこと

	7号	剰余金の配当の停止について、次に掲げる要件の全てを満たすものであること
	イ	剰余金の配当の停止を発行者の完全な裁量により常に決定することができること
	ロ	剰余金の配当の停止を決定することが発行者の債務不履行とならないこと
	ハ	剰余金の配当の停止により流出しなかった資金を発行者が完全に利用可能であること
	ニ	剰余金の配当の停止を行った場合における発行者に対する一切の制約（同等以上の質の資本調達手段に係る剰余金の配当に関するものを除く。）がないこと
	8号	剰余金の配当が、法令の規定に基づき算定された分配可能額を超えない範囲内で行われるものであること
	9号	剰余金の配当額が、発行後の発行者の信用状態を基礎として算定されるものでないこと
	10号	発行者の倒産手続に関し当該発行者が債務超過にあるかどうかを判断するに当たり、当該発行者の債務として認識されるものでないこと
	11号	発行者又は当該発行者の子法人等若しくは関連法人等により取得されておらず、かつ、取得に必要な資金が発行者により直接又は間接に融通されたものでないこと
	12号	ある特定の期間において他の資本調達手段が発行価格に関して有利な条件で発行された場合には補償が行われる特約その他の発行者の資本の増強を妨げる特約が定められていないこと
	13号	一定の時期の到来を条件として普通株式へ転換されるものであること

b 国内基準における資本調達手段に係る経過措置

　前述のとおり、コア資本に係る基礎項目の額に算入可能な資本調達手段は、告示の要件を満たす普通株式または強制転換条項付優先株式のみであるため、バーゼルⅡで基本的項目の額に算入していた優先出資証券や、補完的

図2-1 国内基準における資本調達手段

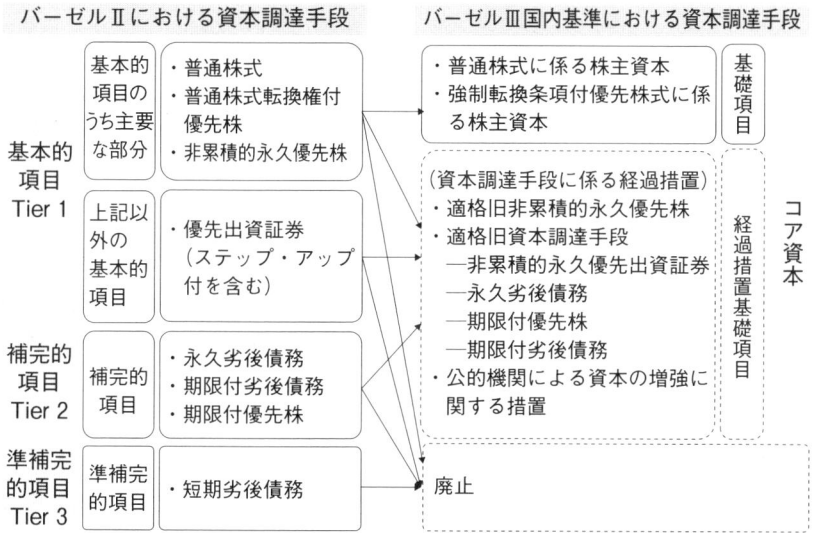

項目の額に算入していた期限付優先株や期限付劣後債務などについては算入できないことになる。このため、劣後債等による資本調達を行っていた金融機関への影響を緩和する目的で、資本調達手段に係る経過措置が設けられており、バーゼルⅡで資本算入されていた劣後債等の資本調達手段について、一定の期間、一定の限度額の範囲内でコア資本に係る基礎項目の額に算入可能とすることで、バーゼルⅢへの移行による自己資本比率への影響を緩和している。

国内基準における資本調達手段に係る経過措置は、適格旧非累積的永久優先株に係る経過措置、適格旧資本調達手段に係る経過措置および公的機関による資本の増強に関する措置に係る経過措置に分けられる。

(a) 適格旧非累積的永久優先株に係る経過措置

まず、適格旧非累積的永久優先株は、旧告示（バーゼルⅡに基づく告示の総称であり、バーゼルⅢによる見直し以前の告示を指す）の非累積的永久優先株であって、新告示の強制転換条項付優先株式に該当しないもの（適用日前に発行されたものであって、公的機関による資本の増強に関する措置に該当しない

第2章 自己資本比率の算定方法 13

表2-5　適格旧非累積的永久優先株に係る経過措置の掛目

32年3月30日まで	33年3月30日まで	34年3月30日まで	35年3月30日まで	36年3月30日まで	37年3月30日まで	38年3月30日まで	39年3月30日まで	40年3月30日まで	41年3月30日まで
100%	90%	80%	70%	60%	50%	40%	30%	20%	10%

ものに限る）とされている。

　国内基準附則3条によると、適格旧非累積的永久優先株については、適用日から起算して15年を経過する日までの間は、適格旧非累積的永久優先株に係る基準額（適用日における適格旧非累積的永久優先株の額）に表2-5における期間区分に応じた掛目を乗じた金額を上限としてコア資本に係る基礎項目の額に算入可能とされている。ただし、適格旧非累積的永久優先株にステップ・アップ金利等を上乗せする特約が付されている場合で、適用日以後に当該特約によりステップ・アップ金利等が上乗せされたときは、その上乗せされた日以後、当該適格旧非累積的永久優先株の額はコア資本に係る基礎項目の額に算入することができないとされている。

　また、適格旧非累積的永久優先株の算入限度額は、あくまで国内基準の適用日である平成26年3月31日の残高に基づいて計算されるものであり、将来の計算基準日における残高に掛目を乗じて計算されるのではないことに留意が必要である。

(b)　適格旧資本調達手段に係る経過措置

　次に、適格旧資本調達手段は、バーゼルⅡにおける基本的項目または補完的項目の額に算入されていた資本調達手段であって、バーゼルⅢにおける普通株式または強制転換条項付優先株式に該当しない資本調達手段と定義される。ただし、適格旧非累積的永久優先株および後述の公的機関の資本の増強に関する措置に係る経過措置の対象となる資本調達手段は除かれる。

　適格旧資本調達手段については、適用日から起算して10年を経過する日までの間は、適格旧資本調達手段に係る基準額に表2-6における期間区分に応じた掛目を乗じた金額を上限としてコア資本に係る基礎項目の額に算入可

能とされている。ただし、適格旧非累積的永久優先株と同様に、ステップ・アップ金利等を上乗せする特約が付されている場合で、適用日以後に当該特約によりステップ・アップ金利等が上乗せされたときは、その上乗せされた日以後、当該適格旧資本調達手段の額はコア資本に係る基礎項目の額に算入することができないとされている。

ここで、適格旧資本調達手段に係る基準額については、バーゼルⅡにおいて補完的項目の額は基本的項目の額が上限となっていたこと、また、期限付

表2－6　適格旧資本調達手段に係る経過措置の掛目

26年(注)	27年	28年	29年	30年	31年	32年	33年	34年	35年
100%	90%	80%	70%	60%	50%	40%	30%	20%	10%

（注）　3月31日から起算して1年を経過する日までの間を意味する。他の経過措置の掛目の表においても、特に記載があるものを除き、同様。

図2－2　適格旧資本調達手段の算入可能額の計算イメージ

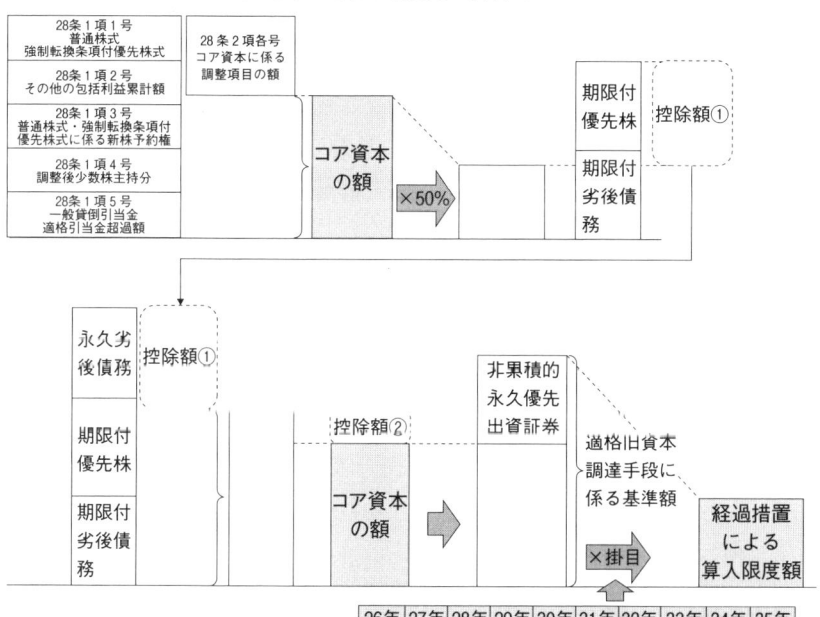

劣後債務および期限付優先株は基本的項目の額の50％が上限であったことに伴い、適用日の残高から一定の控除をしたうえで計算されることになる。図2－2を参照いただきたい。まず、適用日における期限付劣後債務および期限付優先株の額が、適用日における完全実施ベースでのコア資本の額の50％を上回る場合は、当該超過額（控除額①）は控除する必要がある。次に、期限付劣後債務および期限付優先株から控除額①を控除した額に永久劣後債務を加えた金額が、適用日における完全実施ベースでのコア資本の額を上回る場合は、当該超過額（控除額②）も控除する必要がある。これらに非累積的永久優先出資証券を加えた額、すなわち、適格旧資本調達手段の額から控除額①および控除額②を控除した額が、適格旧資本調達手段に係る基準額となる。なお、この適格旧資本調達手段に係る基準額は、国内基準の適用日である平成26年3月31日の額に基づいて計算されることになる。したがって、将来の計算基準日の残高で上限額が計算されるのではなく、適用日において将来の適格旧資本調達手段に係るコア資本への算入上限額がすべて決定されることになるため、適用日に計算された上限額を経過措置適用期間中は保持し続ける必要がある。

　また、期限付劣後債務等について、償還期限までの期間が5年以内になったものについては、計算基準日における残高に、算出基準日から償還期限までの日数を償還期限が5年となった日から償還期限までの日数で除して得た割合を乗じる必要がある。

　適格旧資本調達手段の算入額について、具体的な数値で解説する。適用日の完全実施ベースでのコア資本の額を100万円とし、適用日における期限付劣後債務の額を40万円、期限付優先株の額を30万円および永久劣後債務の額を60万円とする。まず、控除額①の計算を行う。期限付劣後債務と期限付優先株の合計は40万円＋30万円＝70万円となり、コア資本の額100万円×50％＝50万円を上回る額である70万円－50万円＝20万円が控除額①と計算される。期限付劣後債務と期限付優先株の合計から控除額①を控除し、これに永久劣後債務を合計した金額は（40万円＋30万円－20万円）＋60万円＝110万円となり、コア資本の額100万円を上回る額である110万円－100万円＝10万

図2−3 適格旧資本調達手段の計算例

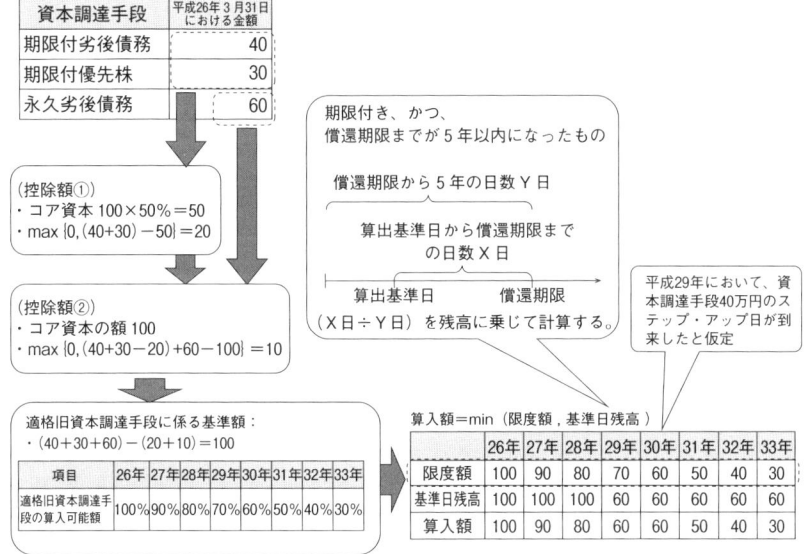

円が控除額②と計算される。次に、適格旧資本調達手段に係る基準額は、適格旧資本調達手段の合計額から控除額①および控除額②を控除した額として計算されるため、(40万円＋30万円＋60万円)−(20万円＋10万円)＝100万円となる。

この適格旧資本調達手段に係る基準額に、表2−6おける期間区分に応じた掛目を乗じた金額が上限額と計算される。計算基準日における適格旧資本調達手段の額と対応する上限額を比べてどちらか小さい額がコア資本に係る基礎項目の額への算入額となり、たとえば平成27年における適格旧資本調達手段の額は100万円であり、上限額は90万円と計算されているので、コア資本に係る基礎項目の額への算入額は90万円となる。また、平成29年に40万円だけステップ・アップ金利が上乗せされたと仮定すると、ステップ・アップ金利が上乗せされた場合、当該適格旧資本調達手段の額はコア資本の額に算入できないため、平成29年の適格旧資本調達手段の額は60万円となり、上限

第2章 自己資本比率の算定方法　17

額は70万円と計算されているので、コア資本に係る基礎項目の額への算入額は60万円と計算されることになる。

なお、国内基準における単体自己資本比率の計算においては、完全実施ベースではコア資本に係る基礎項目の額に算入可能な資本調達手段は普通株式または強制転換条項付優先株式とされており、海外特別目的会社（もっぱら当該銀行の資本調達を目的として海外に設立された連結子法人等）を通じた資本調達が想定されていないことから、個別財務諸表を前提に単体自己資本比率の計算を行うことになる。ただし、バーゼルⅡで自己資本に算入されていた海外特別目的会社が発行した資本調達手段を、適格旧資本調達手段に係る経過措置の適用によりコア資本に係る基礎項目の額に算入可能とすることに伴い、単体自己資本比率の計算においても適用日から起算して10年を経過する日までの間は、当該海外特別目的会社を含む連結財務諸表に基づいて単体自己資本比率を算出するものとされている。

> （算出の方法等）
> **第38条** 単体自己資本比率は、銀行の財務諸表に基づき算出するものとする。この場合において、財務諸表については、財務諸表等規則に基づき作成することとする。

> （単体自己資本比率の算出の方法等に係る経過措置）
> **国内基準附則第15条** 適用日から起算して10年を経過する日までの間における新銀行告示第38条の規定の適用については、同条中「こととする」とあるのは、「こととする。ただし、専ら当該銀行の資金調達を目的として海外に設立された連結子法人等を有する銀行においては、当該会社を含む連結財務諸表に基づき計算するものとする。この場合において、連結財務諸表については、連結財務諸表規則に基づき作成することとし、連結に伴う自己資本比率算出上の扱いは第4章に準ず

ることとする」とする。

(c) 公的機関による資本の増強に関する措置に係る経過措置

　公的機関による資本の増強に関する措置を通じて適用日前に発行された資本調達手段の額については、期限の定めなくコア資本に係る基礎項目の額に算入することが可能である。ただし、償還期限の定めのある資本調達手段の場合、償還期限までの期間が5年以内になったものについては、計算基準日における残高に、算出基準日から償還期限までの日数を償還期限が5年となった日から償還期限までの日数で除して得た割合を乗じて得た額がコア資本に係る基礎項目の額への算入可能額となることに留意が必要である。

C　国際統一基準における資本調達手段

　バーゼルⅢの国際統一基準においては、各Tier区分における基礎項目の額に算入可能な資本調達手段の要件が定められている。優先株や劣後債等の資本調達手段はその他Tier 1資本に係る基礎項目の額や、Tier 2資本に係る基礎項目の額に算入される仕組みとなっているが、その算入要件が厳格化されており、バーゼルⅡで自己資本に算入されていた優先株や劣後債は資本算入できなくなっている。

　国際統一基準における普通株式等Tier 1資本に係る基礎項目の額に算入可能な資本調達手段は、普通株式に限定されており、会計上の資本金、資本剰余金および利益剰余金のうち、普通株式に帰属する部分の額が、普通株式等Tier 1資本に係る基礎項目の額に普通株式に係る株主資本の額として算入されることになる。なお、社外流出予定額については、普通株式に係る株主資本の額から控除されることになり、これはバーゼルⅡから変更はない。

　普通株式については、バーゼルⅢにおいてその要件が明確化されており、その内容は表2-7のとおりである。

表2-7 普通株式の要件

告示		内容
5条3項	1号	残余財産の分配について、最も劣後すること
	2号	残余財産の分配について、一定額又は上限額が定められておらず、他の優先的内容を有する資本調達手段に対する分配が行われた後に、株主の保有する株式の数に応じて公平に割当てを受けるものであること
	3号	償還期限が定められておらず、かつ、法令に基づく場合を除き、償還されるものでないこと
	4号	発行者が発行時に将来にわたり買戻しを行う期待を生ぜしめておらず、かつ、当該期待を生ぜしめる内容が定められていないこと
	5号	剰余金の配当が法令の規定に基づき算定された分配可能額を超えない範囲内で行われ、その額が株式の払込金額を基礎として算定されるものでなく、かつ、分配可能額に関する法令の規定により制限される場合を除き、剰余金の配当について上限額が定められていないこと
	6号	剰余金の配当について、発行者の完全な裁量により決定することができ、これを行わないことが発行者の債務不履行となるものでないこと
	7号	剰余金の配当について、他の資本調達手段に対して優先的内容を有するものでないこと
	8号	他の資本調達手段に先立ち、発行者が業務を継続しながら、当該発行者に生じる損失を公平に負担するものであること
	9号	発行者の倒産手続に関し当該発行者が債務超過にあるかどうかを判断するに当たり、当該発行者の債務として認識されるものでないこと
	10号	払込金額が適用される企業会計の基準において株主資本として計上されるものであること
	11号	発行者により現に発行され、払込済みであり、かつ、取得に必要な資金が発行者により直接又は間接に融通されたものでないこと
	12号	担保権により担保されておらず、かつ、発行者又は当該発行者

		と密接な関係を有する者による保証に係る特約その他の法的又は経済的に他の資本調達手段に対して優先的内容を有するものとするための特約が定められていないこと
	13号	株主総会、取締役会その他の法令に基づく権限を有する機関の決議又は決定に基づき発行されたものであること
	14号	発行者の事業年度に係る説明書類において他の資本調達手段と明確に区別して記載されるものであること

また、その他Tier1資本調達手段は、普通株式を除く表2-8の要件をすべて満たす資本調達手段と定義される。

表2-8　その他Tier1資本調達手段の要件

告示			内容
6条3項	1号		発行者により現に発行され、かつ、払込済みのものであること
	2号		残余財産の分配又は倒産手続における債務の弁済若しくは変更について、発行者の他の債務に対して劣後的内容を有するものであること
	3号		担保権により担保されておらず、かつ、発行者又は当該発行者と密接な関係を有する者による保証に係る特約その他の法的又は経済的に他の同順位の資本調達手段に対して優先的内容を有するものとするための特約が定められていないこと
	4号		償還期限が定められておらず、あらかじめ定めた期間が経過した後に上乗せされる一定の金利又は配当率（以下「ステップ・アップ金利等」という。）に係る特約その他の償還を行う蓋然性を高める特約が定められていないこと
	5号		償還を行う場合には発行後5年を経過した日以後（発行の目的に照らして発行後5年を経過する日前に償還を行うことについてやむを得ない事由があると認められる場合にあっては、発行後5年を経過する日前）に発行者の任意による場合に限り償還を行うことが可能であり、かつ、償還又は買戻しに関する次に掲げる要件の全てを満たすものであること
		イ	償還又は買戻しに際し、自己資本の充実について、あらかじめ金融庁長官の確認を受けるものとなっていること

		ロ	償還又は買戻しについての期待を生ぜしめる行為を発行者が行っていないこと
		ハ	その他次に掲げる要件のいずれかを満たすこと ⑴　償還又は買戻しが行われる場合には、発行者の収益性に照らして適切と認められる条件により、当該償還又は買戻しのための資本調達（当該償還又は買戻しが行われるものと同等以上の質が確保されるものに限る。）が当該償還又は買戻しの時以前に行われること ⑵　償還又は買戻しの後においても発行者が十分な水準の連結自己資本比率を維持することが見込まれること
	6号		発行者が前号イの確認が得られることを前提としておらず、当該発行者により当該確認についての期待を生ぜしめる行為が行われていないこと
	7号		剰余金の配当又は利息の支払の停止について、次に掲げる要件の全てを満たすものであること
		イ	剰余金の配当又は利息の支払の停止を発行者の完全な裁量により常に決定することができること
		ロ	剰余金の配当又は利息の支払の停止を決定することが発行者の債務不履行とならないこと
		ハ	剰余金の配当又は利息の支払の停止により流出しなかった資金を発行者が完全に利用可能であること
		ニ	剰余金の配当又は利息の支払の停止を行った場合における発行者に対する一切の制約（同等以上の質の資本調達手段に係る剰余金の配当及び利息の支払に関するものを除く。）がないこと
	8号		剰余金の配当又は利息の支払が、法令の規定に基づき算定された分配可能額を超えない範囲内で行われるものであること
	9号		剰余金の配当額又は利息の支払額が、発行後の発行者の信用状態を基礎として算定されるものでないこと
	10号		発行者の倒産手続に関し当該発行者が債務超過にあるかどうかを判断するに当たり、当該発行者の債務として認識されるものでないこと
	11号		負債性資本調達手段である場合には、第2条第1号の算式における連結普通株式等Tier 1比率が一定の水準を下回ったときに連結普通株式等Tier 1比率が当該水準を上回るために必要な額

		又はその全額の元本の削減又は普通株式への転換（以下「元本の削減等」という。）が行われる特約その他これに類する特約が定められていること。
	12号	発行者又は当該発行者の子法人等若しくは関連法人等により取得されておらず、かつ、取得に必要な資金が発行者により直接又は間接に融通されたものでないこと
	13号	ある特定の期間において他の資本調達手段が発行価格に関して有利な条件で発行された場合には補償が行われる特約その他の発行者の資本の増強を妨げる特約が定められていないこと
	14号	特別目的会社等が発行する資本調達手段である場合には、発行代り金を利用するために発行される資本調達手段が前各号及び次号に掲げる要件の全てを満たし、かつ、当該資本調達手段の発行者が発行代り金の全額を即時かつ無制限に利用可能であること
	15号	元本の削減等又は公的機関による資金の援助その他これに類する措置が講ぜられなければ発行者が存続できないと認められる場合において、これらの措置が講ぜられる必要があると認められるときは、元本の削減等が行われる旨の特約が定められていること。ただし、法令の規定に基づいて、元本の削減等を行う措置が講ぜられる場合又は公的機関による資金の援助その他これに類する措置が講ぜられる前に当該発行者に生じる損失を完全に負担することとなる場合は、この限りでない

また、Tier 2 資本調達手段は、普通株式またはその他Tier 1 資本調達手段を除く表2－9の要件をすべて満たす資本調達手段と定義される。

表2－9　Tier 2 資本調達手段の要件

告示		内　容
7条3項	1号	発行者により現に発行され、かつ、払込済みのものであること
	2号	残余財産の分配又は倒産手続における債務の弁済若しくは変更について、発行者の他の債務（劣後債務を除く。）に対して劣後的内容を有するものであること
	3号	担保権により担保されておらず、かつ、発行者又は当該発行者

第2章　自己資本比率の算定方法　23

		と密接な関係を有する者による保証に係る特約その他の法的又は経済的に他の同順位の資本調達手段に対して優先的内容を有するものとするための特約が定められていないこと
4号		償還期限が定められている場合には発行時から償還期限までの期間が5年以上であり、かつ、ステップ・アップ金利等に係る特約その他の償還等（償還期限が定められていないものの償還又は償還期限が定められているものの期限前償還をいう。次号並びに第19条第4項第4号及び第5号において同じ。）を行う蓋然性を高める特約が定められていないこと
5号		償還等を行う場合には発行後5年を経過した日以後（発行の目的に照らして発行後5年を経過する日前に償還等を行うことについてやむを得ない事由があると認められる場合にあっては、発行後5年を経過する日前）に発行者の任意による場合に限り償還等を行うことが可能であり、かつ、償還等又は買戻しに関する次に掲げる要件の全てを満たすものであること
	イ	償還等又は買戻しに際し、自己資本の充実について、あらかじめ金融庁長官の確認を受けるものとなっていること
	ロ	償還等又は買戻しについての期待を生ぜしめる行為を発行者が行っていないこと
	ハ	その他次に掲げる要件のいずれかを満たすこと (1) 償還等又は買戻しが行われる場合には、発行者の収益性に照らして適切と認められる条件により、当該償還等又は買戻しのための資本調達（当該償還等又は買戻しが行われるものと同等以上の質が確保されるものに限る。）が当該償還等又は買戻しの時以前に行われること (2) 償還等又は買戻しの後においても発行者が十分な水準の連結自己資本比率を維持することが見込まれること
6号		発行者が債務の履行を怠った場合における期限の利益の喪失についての特約が定められていないこと
7号		剰余金の配当額又は利息の支払額が、発行後の発行者の信用状態を基礎として算定されるものでないこと
8号		発行者又は当該発行者の子法人等若しくは関連法人等により取得されておらず、かつ、取得に必要な資金が発行者により直接又は間接に融通されたものでないこと
9号		特別目的会社等が発行する資本調達手段である場合には、発行

	代り金を利用するために発行される資本調達手段が前各号及び次号に掲げる要件の全て又は前条第4項各号に掲げる要件の全てを満たし、かつ、当該資本調達手段の発行者が発行代り金の全額を即時かつ無制限に利用可能であること
10号	元本の削減等又は公的機関による資金の援助その他これに類する措置が講ぜられなければ発行者が存続できないと認められる場合において、これらの措置が講ぜられる必要があると認められるときは、元本の削減等が行われる旨の特約が定められていること。ただし、法令の規定に基づいて、元本の削減等を行う措置が講ぜられる場合又は公的機関による資金の援助その他これに類する措置が講ぜられる前に当該発行者に生じる損失を完全に負担することとなる場合は、この限りでない

　その他Tier1資本調達手段やTier2資本調達手段の要件として元本削減等特約の存在が求められていること等で、バーゼルⅡで自己資本に算入されていた劣後債等の資本調達手段はバーゼルⅢでは非適格になるものと考えられる。告示で求められている各要件については、金融庁の「自己資本比率規制に関するQ&A」において説明されている項目もあるため、適宜そちらも参照いただきたい。

　実際にバーゼルⅢでの適格な資本調達手段を発行するためには、規制上の要件とあわせて会計上や税務上の論点についても検討していく必要がある。今後わが国の金融機関における発行事例が増えていくなかで、これら論点が整理されていくものと考えられる。

d　国際統一基準における資本調達手段に係る経過措置

　前述のとおり、各Tier資本に係る基礎項目の額に算入可能な資本調達手段の要件が厳格化されたことによって、バーゼルⅡで基本的項目の額に算入されていた優先出資証券や補完的項目に算入されていた期限付優先株や期限付劣後債務などについては、バーゼルⅢの資本調達手段の要件を満たさないと考えられることから、そのほとんどが各Tier資本の基礎項目の額に算入できないと考えられる。劣後債等による資本調達を行っていた金融機関への影響

を緩和する目的で、資本調達手段に係る経過措置が設けられており、バーゼルⅡで資本算入されていた劣後債等の資本調達手段の一部について、一定の期間、一定の限度額の範囲内で、その他Tier 1 資本またはTier 2 資本に係る基礎項目の額に算入可能とすることで、バーゼルⅢへの移行による自己資本比率への影響を緩和している。

(a) 適格旧Tier 1 資本調達手段に係る経過措置

まず、バーゼルⅡで基本的項目とされていた海外特別目的会社の発行する優先出資証券または非累積的永久優先株であって、その他Tier 1 資本調達手段に該当しない資本調達手段（ただし、平成22年9月12日前に発行されたものに限り、また、ステップ・アップ金利等の特約が付されており、適用日以前に当該特約によりステップ・アップ金利が上乗せされたものを除く。以下、適格旧Tier 1 資本調達手段という）の額については、適用日から起算して9年を経過

表2-10　適格旧Tier 1 資本調達手段に係る経過措置の掛目

25年	26年	27年	28年	29年	30年	31年	32年	33年
90%	80%	70%	60%	50%	40%	30%	20%	10%

図2-4　適格旧Tier 1 資本調達手段

25年	26年	27年	28年	29年	30年	31年	32年	33年
90%	80%	70%	60%	50%	40%	30%	20%	10%

※適格旧Tier 1 資本調達手段に掛目を乗じた額を限度として算入可

その他Tier 1 資本算入限度額　×掛目

平成25年3月31日までにステップ・アップ金利等が上乗せされたもの

平成22年9月12日前に発行　　平成22年9月12日以後に発行

平成25年3月31日時点の適格旧Tier 1 資本調達手段

新告示
その他Tier 1 資本調達手段に該当するもの

旧告示における、
① 非累積的永久優先株
② 海外特別目的会社の発行する優先出資証券
であり、平成25年3月31日（適用日）において存在する資本調達手段

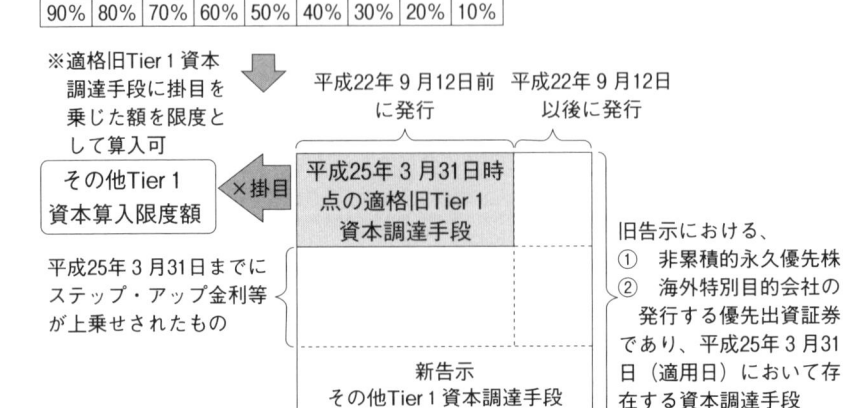

する日までの間は、適用日における適格旧Tier 1 資本調達手段の額に、表 2 − 10における期間区分に応じた掛目を乗じた金額を上限として、その他Tier 1 資本に係る基礎項目の額に算入可能となる。この時の上限額の計算は、あくまで適用日時点の適格旧Tier 1 資本調達手段の額に基づいて計算することに留意が必要である。

なお、適格旧Tier 1 資本調達手段にステップ・アップ金利等を上乗せする特約が付されている場合で、適用日以後に当該特約によりステップ・アップ金利等が上乗せされたときは、その上乗せされた日以後、当該適格旧Tier 1 資本調達手段の額はその他Tier 1 資本の基礎項目の額に算入することができないとされている。

(b) 適格旧Tier 2 資本調達手段に係る経過措置

また、適格旧Tier 2 資本調達手段に係る経過措置も設けられている。適格旧Tier 2 資本調達手段は、以下の合計とされている。

① バーゼルⅡで補完的項目とされていた永久劣後債務（負債性資本調達手段）、期限付劣後債務および期限付優先株であって、Tier 2 資本調達手段に該当しない資本調達手段（ただし、平成22年9月12日前に発行されたものに限り、また、ステップ・アップ金利等の特約が付されたものであって、適用日以前に当該特約によりステップ・アップ金利等が上乗せされたものを除く）の額

② 告示7条4項各号（10号を除く）に掲げる要件もしくは告示19条4項各号（10号を除く）に掲げる要件のすべてを満たす資本調達手段であって、Tier 2 資本調達手段に該当しないもの（平成22年9月12日から適用日の前日までの間に発行されたものに限る）

適格旧Tier 2 資本調達手段については、適用日から起算して9年を経過する日までの間は、適用日における適格旧Tier 2 資本調達手段の額に、表 2 − 11における期間区分に応じた掛目を乗じた金額を上限として、Tier 2 資本に係る基礎項目の額に算入可能となる。この時の上限額の計算は、あくまで適用日時点の適格旧Tier 2 資本調達手段の額に基づいて計算することに留意が必要である。また、期限付劣後債務等について、償還期限までの期間が5年

表2-11 適格旧Tier 2 資本調達手段に係る経過措置の掛目

25年	26年	27年	28年	29年	30年	31年	32年	33年
90%	80%	70%	60%	50%	40%	30%	20%	10%

図2-5 適格旧Tier 2 資本調達手段

25年	26年	27年	28年	29年	30年	31年	32年	33年
90%	80%	70%	60%	50%	40%	30%	20%	10%

※適格旧Tier 2 資本調達手段に掛目を乗じた額を限度として算入可

Tier 2 資本算入限度額 ×掛目

① 適格旧Tier 2 資本調達手段（平成22年9月12日前に発行）

② 適格旧Tier 2 資本調達手段（平成22年9月12日～平成25年3月30日に発行）

実質破綻時の元本削減等特約条項以外は、新告示Tier 2 資本調達手段の要件を満たすもの

平成25年3月31日までにステップ・アップ金利等が上乗せされたもの

新告示Tier 2 資本調達手段に該当するもの

旧告示における、
① 永久劣後債務（負債性資本調達手段）
② 期限付優先株
③ 期限付劣後債務
の、平成25年3月31日（適用日）において存在する資本調達手段

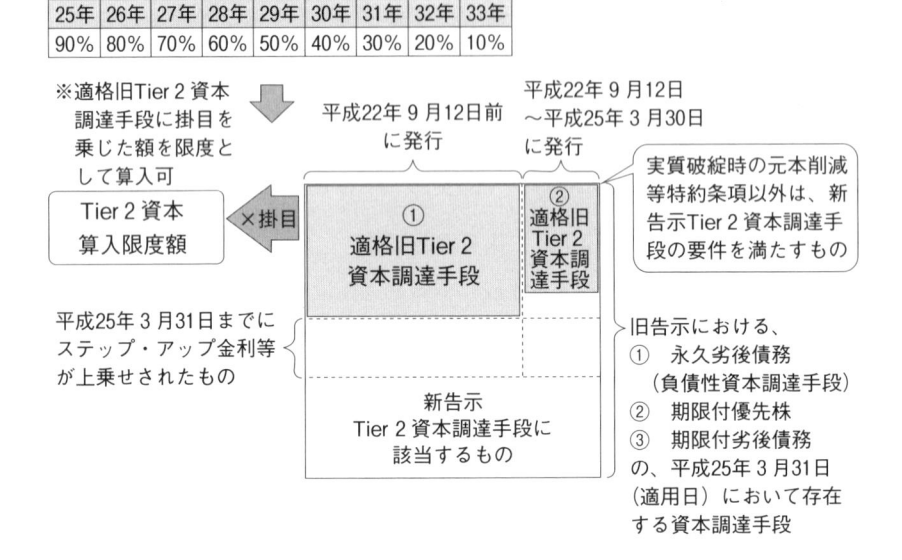

以内になったものについては、計算基準日における残高に、算出基準日から償還期限までの日数を償還期限が5年となった日から償還期限までの日数で除して得た割合を乗じる必要がある。

なお、適格旧Tier 2 資本調達手段にステップ・アップ金利等を上乗せする特約が付されている場合で、適用日以後に当該特約によりステップ・アップ金利等が上乗せされたときは、その上乗せされた日以後、当該適格旧Tier 2 資本調達手段の額はTier 2 資本に係る基礎項目の額に算入することができないとされている。

(c) 公的機関による資本の増強に関する措置に係る経過措置

公的機関による資本の増強に関する措置を通じて適用日前に発行された資本調達手段の額であって、バーゼルⅡで基本的項目に該当するものの額につ

いては、平成30年3月31日までの間は、普通株式等Tier 1資本に係る基礎項目の額に算入することができる。

また、公的機関による資本の増強に関する措置を通じて適用日前に発行された資本調達手段の額であって、バーゼルⅡで補完的項目に該当するものの額については、平成30年3月31日までの間は、Tier 2資本に係る基礎項目の額に算入することができる。ただし、償還期限の定めのある資本調達手段の場合、償還期限までの期間が5年以内になったものについては、計算基準日における残高に、算出基準日から償還期限までの日数を償還期限が5年となった日から償還期限までの日数で除して得た割合を乗じて得た額がTier 2資本に係る基礎項目の額への算入可能額となることに留意が必要である。

4 その他の包括利益累計額（評価・換算差額等）

a 国内基準

国内基準における連結自己資本比率の計算では、その他の包括利益累計額のうち、為替換算調整勘定および退職給付に係る調整累計額がコア資本に係る基礎項目の額に算入されることになる。また、単体自己資本比率の計算では、評価・換算差額に該当する項目はコア資本に係る基礎項目の額に算入されないことになる。なお、会計上のその他の包括利益累計額および評価・換算差額等の内訳については、表2-12を参照いただきたい。

退職給付については、平成26年3月末に改正退職給付に係る会計基準等が適用されたことにより、連結財務諸表上、未認識数理計算上の差異等が税効果を考慮のうえ退職給付に係る調整累計額としてその他の包括利益累計額に計上されることとなった。この会計処理は、連結財務諸表のみで適用されることになるため、個別財務諸表においては退職給付に係る調整累計額は発生しないことに留意が必要である。退職給付に関する会計上の取扱いについての詳細は第6章で解説しているので適宜参照いただきたい。

連結自己資本比率計算上、コア資本に係る基礎項目の額に算入されるその

表2-12　その他の包括利益累計額および評価・換算差額等の内訳

その他の包括利益累計額の内訳	評価・換算差額等の内訳
その他有価証券評価差額金	その他有価証券評価差額金
繰延ヘッジ損益	繰延ヘッジ損益
土地再評価差額金	土地再評価差額金
為替換算調整勘定	
退職給付に係る調整累計額	

他の包括利益累計額を為替換算調整勘定と退職給付に係る調整累計額に限定しており、その他有価証券評価差額金についてはコア資本に係る基礎項目の額に算入されないことから、その他有価証券の時価変動は自己資本比率に影響を与えないことになる。これは従来バーゼルⅡにおいて弾力化措置により時限的に認められていたその他有価証券評価差損の自己資本への不算入の措置が、バーゼルⅢへ移行されることにより恒久的な取扱いへと変更されたものである。

b　国内基準におけるその他の包括利益累計額に関する経過措置

　国内基準において、その他の包括利益累計額および評価・換算差額等に関してもバーゼルⅢへの移行に伴う影響緩和を目的として経過措置が設けられている。

　バーゼルⅡにおいては土地再評価差額金に関して、土地の再評価額と再評価直前の帳簿価額の差額の45％に相当する額が補完的項目の額に算入されていたが、バーゼルⅢにおける国内基準の本則ではコア資本に係る基礎項目の額には算入されないことから、土地再評価差額金に係る経過措置の適用によってその一部が算入可能となっている。

　また、退職給付に係る調整累計額については、会計基準の変更に伴い平成26年3月末の連結財務諸表から計上されており、国内基準の本則においてコア資本に係る基礎項目の額に算入されることになるが、未認識数理計算上の差異が比較的多額に計上されている状況にあっては、連結自己資本比率への

影響が大きいと考えられることから退職給付に係る調整累計額についても経過措置が設けられており、その一部をコア資本に係る基礎項目の額に算入しない扱いとなっている。

(a) 土地再評価差額金に係る経過措置

まず、土地再評価差額金に係る経過措置については、適用日から起算して10年を経過する日までの間、土地の再評価額と再評価直前の帳簿価額との差額の45％に相当する額に、表2－14における期間区分に応じた掛目を乗じた金額をコア資本に係る基礎項目の額に算入可能となる。この時、当該土地の信用リスク・アセットの額の計算および再評価に係る繰延税金負債の取扱いについても留意する必要がある。国内基準の本則においては、土地再評価差額金はコア資本に係る基礎項目に算入されないことから、当該土地の信用リスク・アセットの額は再評価前の帳簿価額に基づいて計算することになる一方で、土地再評価差額金に係る経過措置の適用によって、土地再評価差額金の一部をコア資本に算入することに伴い、当該土地の信用リスク・アセットの額は、再評価額（連結貸借対照表計上価額）に基づいて計算する必要がある。また、後述するが、国内基準の本則においては、コア資本に係る調整項目の額における繰延税金資産の計算において、繰延税金負債は相殺することが可能であるが、相殺する繰延税金負債は再評価に係る繰延税金負債につい

表2－13　その他の包括利益累計額に関する経過措置

項　目	本　則	経過措置
土地再評価差額金	コア資本に係る基礎項目の額に算入しない。	一部算入可能
退職給付に係る調整累計額	コア資本に係る基礎項目の額に算入する。	一部算入しない。（掛目を乗じた額を算入する。）

表2－14　土地再評価差額金に係る経過措置の掛目

26年	27年	28年	29年	30年	31年	32年	33年	34年	35年
100%	90%	80%	70%	60%	50%	40%	30%	20%	10%

図2−6 土地再評価差額金についての留意点

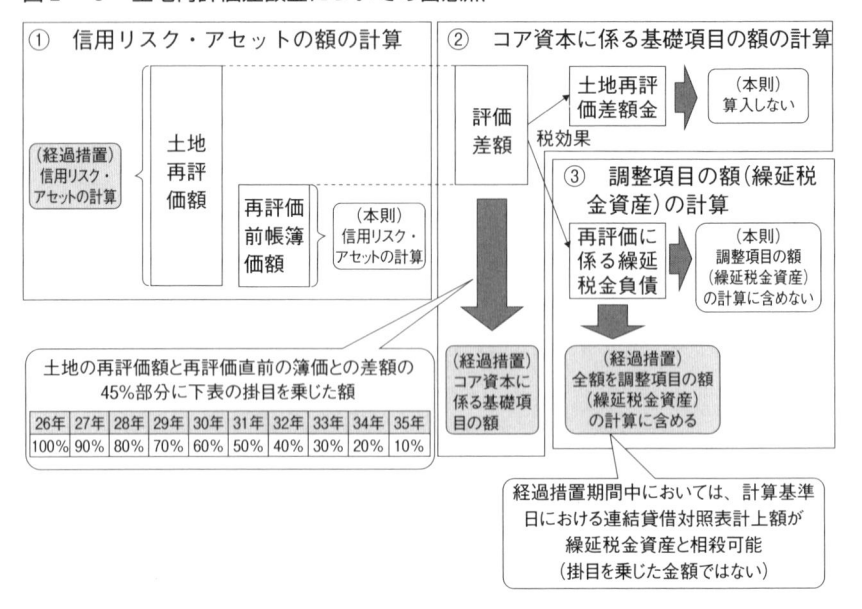

① 信用リスク・アセットの額の計算
② コア資本に係る基礎項目の額の計算
③ 調整項目の額（繰延税金資産）の計算

（経過措置）信用リスク・アセットの計算
土地再評価額
再評価前帳簿価額
（本則）信用リスク・アセットの計算

評価差額
税効果
土地再評価差額金
（本則）算入しない

再評価に係る繰延税金負債
（本則）調整項目の額（繰延税金資産）の計算に含めない

土地の再評価額と再評価直前の簿価との差額の45％部分に下表の掛目を乗じた額

26年	27年	28年	29年	30年	31年	32年	33年	34年	35年
100%	90%	80%	70%	60%	50%	40%	30%	20%	10%

（経過措置）コア資本に係る基礎項目の額

（経過措置）全額を調整項目の額（繰延税金資産）の計算に含める

経過措置期間中においては、計算基準日における連結貸借対照表計上額が繰延税金資産と相殺可能
（掛目を乗じた金額ではない）

てはその対象に含まれない。その一方で、土地再評価差額金に係る経過措置の適用によって、土地再評価差額金の一部をコア資本に算入することに伴い、再評価に係る繰延税金負債も相殺する繰延税金負債の額に含めることが可能である。これら土地の信用リスク・アセットの額の計算および再評価に係る繰延税金負債については、掛目を乗じた金額を基準とするのではなく、経過措置適用期間中はその全額が対象となることに留意が必要である。

(b) その他の包括利益累計額および評価・換算差額等に係る経過措置

退職給付に係る調整累計額については、その他の包括利益累計額および評価・換算差額等に係る経過措置により、適用日から起算して5年を経過する日までの間、表2−15における掛目を乗じた金額をコア資本に係る基礎項目の額に算入する必要がある。その他の包括利益累計額および評価・換算差額等に係る経過措置については、その適用は任意ではなく強制適用であることに留意が必要である。

表2−15　その他の包括利益累計額および
　　　　評価・換算差額等に係る経過措置の掛目

26年	27年	28年	29年	30年
0 %	20%	40%	60%	80%

C　国際統一基準

　国際統一基準における連結自己資本比率の計算では、その他の包括利益累計額の全額が普通株式等Tier 1 資本に係る基礎項目の額に、単体自己資本比率の計算では評価・換算差額等の全額が普通株式等Tier 1 資本に係る基礎項目の額に算入されることになる。国際統一基準においても連結自己資本比率の計算上、退職給付会計の改正により平成26年 3 月末からその他の包括利益累計額のなかに退職給付に係る調整累計額が含まれることになる。

　普通株式等Tier 1 資本に係る基礎項目の額に算入されるその他の包括利益累計額は、連結貸借対照表計上額に基づくことになる。バーゼルⅡにおいては、その他有価証券評価差額金（意図的に保有している他の金融機関の資本調達手段に該当するものを除く）は、対応する繰延ヘッジ損益を考慮したうえでその値が正の場合、繰延ヘッジ考慮後の評価差額の45％に相当する額が補完的項目に算入されていた。また、対応する繰延ヘッジ損益を考慮したうえでその値が負の場合、当該額が基本的項目から控除される扱いであった。

　さらに、バーゼルⅡにおける土地再評価差額金についても、その値が正の場合、土地の再評価額と再評価直前の帳簿価額との差額の45％に相当する額を補完的項目に算入していた。

　また、これらその他有価証券評価差額金および土地再評価差額金について、少数株主が存在する連結子法人等に関連するものについては、支配獲得後の時価変動部分のうち、少数株主に帰属する部分は会計上、少数株主持分として計上されていたが、バーゼルⅡにおける計算においては、当該少数株主持分として計上されていた部分について、それぞれその他有価証券評価差額金および土地再評価差額金として自己資本比率の計算を行うこととされて

いた。

　バーゼルⅢ国際統一基準における普通株式等Tier 1 資本に係る基礎項目の額への算入額は、上記少数株主持分に係る調整等は行わずに、連結貸借対照表計上額に基づいて計算することになる。

d　国際統一基準におけるその他の包括利益累計額に係る経過措置

　国際統一基準において、その他の包括利益累計額および評価・換算差額等においても経過措置が設けられている。連結自己資本比率の計算においてはその他の包括利益累計額、単体自己資本比率の計算においては評価・換算差額等の額については、適用日から起算して 5 年を経過する日までの間は、表 2 −16における掛目を乗じた金額を普通株式等Tier 1 資本に係る基礎項目の額に算入する必要がある。その他の包括利益累計額および評価・換算差額等に係る経過措置については、国内基準と同様に強制適用となる。

　また、その他の包括利益累計額および評価・換算差額等に係る経過措置により、普通株式等Tier 1 資本に係る基礎項目の額に算入されなかった額に対応する部分については、バーゼルⅡにおける取扱いに準じた対応をすることになる。バーゼルⅡにおいて基本的項目とされていたものについては、その他Tier 1 資本に係る基礎項目の額に算入し、バーゼルⅡにおいて補完的項目とされていたものについては、Tier 2 資本に係る基礎項目の額に算入する必要がある。この具体的な取扱いはＱ＆Ａ国際統一基準附則第 5 条−Ｑ 1 に規定されており、その内容は表 2 −17のとおりである。

　その他の包括利益累計額および評価・換算差額等に係る経過措置により、普通株式等Tier 1 資本に係る基礎項目の額に算入されなかった額に対応する

表 2 −16　その他の包括利益累計額および
評価・換算差額等に係る経過措置の掛目

25年	26年	27年	28年	29年
0 %	20%	40%	60%	80%

表2-17 その他の包括利益累計額の不算入部分の取扱い

対　象			取扱い
その他有価証券評価差額金	正の値の場合	グロス評価益の45％相当額	Tier 2 資本に係る基礎項目の額
		上記以外の部分	不算入
	負の値の場合		その他Tier 1 資本に係る基礎項目の額
土地再評価差額金	45％相当額		Tier 2 資本に係る基礎項目の額
	上記以外の部分		不算入
繰延ヘッジ損益	ヘッジ対象がその他有価証券	正の値の場合	その他Tier 1 資本に係る基礎項目の額
		負の値の場合　45％相当額	Tier 2 資本に係る基礎項目の額
		上記以外の部分	不算入
	ヘッジ対象がその他有価証券以外		不算入
為替換算調整勘定			その他Tier 1 資本に係る基礎項目の額

部分についての計算は、基本的にはバーゼルⅡの取扱いに準じて対応することになるが、計算の簡便性を考慮したものと考えられる扱いが求められている。

まず、その他有価証券評価差額金および土地再評価差額金に係る不算入部分については、バーゼルⅡで計算していた連結子会社の支配獲得後の時価変動部分について少数株主持分から控除し、それぞれその他有価証券評価差額金および土地再評価差額金に合算するという取扱いは行わないことになる。また、バーゼルⅡにおいて意図的に保有する他の金融機関の資本調達手段に係るその他有価証券評価差額金は除くという取扱いも不要となる。これによ

り、その他有価証券評価差額金が正の場合には、実務的には、連結貸借対照表計上額を（1－実効税率）により割り戻すことにより簡便的に時価簿価差額を計算し、当該時価簿価差額に45％および表2－16における掛目を乗じて計算することが考えられる。

　また、ヘッジ対象がその他有価証券である繰延ヘッジ損益については、バーゼルⅡではヘッジ対象となるその他有価証券評価差額金とネットしたうえで、その値が正の場合は45％に相当する額を補完的項目に算入し、負の場合には、基本的項目から控除されていた。バーゼルⅢの国際統一基準では、ヘッジ対象がその他有価証券である繰延ヘッジ損益のうち、その他の包括利益累計額および評価・換算差額等に係る経過措置の適用によって普通株式等Tier1資本に係る基本的項目の額に算入されなかった部分は、その他有価証券評価差額金とネットして正負を判定するのではなく、その他有価証券評価差額金と繰延ヘッジ損益それぞれで正負の判定を行うことになる。なお、ヘッジ対象がその他有価証券以外の繰延ヘッジ損益の不算入部分については、特段の処理は行わない。

5　調整後少数株主持分

a　国内基準における少数株主持分

　少数株主持分については、バーゼルⅡにおいては基本的にはその全額が基本的項目に算入されていたが、バーゼルⅢでは算入できる範囲および金額が制限されている。

　国内基準では、連結自己資本比率計算上、コア資本に係る基礎項目の額に算入可能な少数株主持分は、特定連結子法人等に係る少数株主持分のうち一定金額に制限されている。ここで、特定連結子法人等は、連結子法人等（特別目的会社等を除く）のうち、金融機関またはバーゼル銀行監督委員会の定める自己資本比率の基準若しくはこれと類似の基準（金融商品取引業等に関する内閣府令（平成19年内閣府令第52号）を含む）の適用を受ける者と定義さ

図2－7　国内基準における少数株主持分の取扱いのイメージ

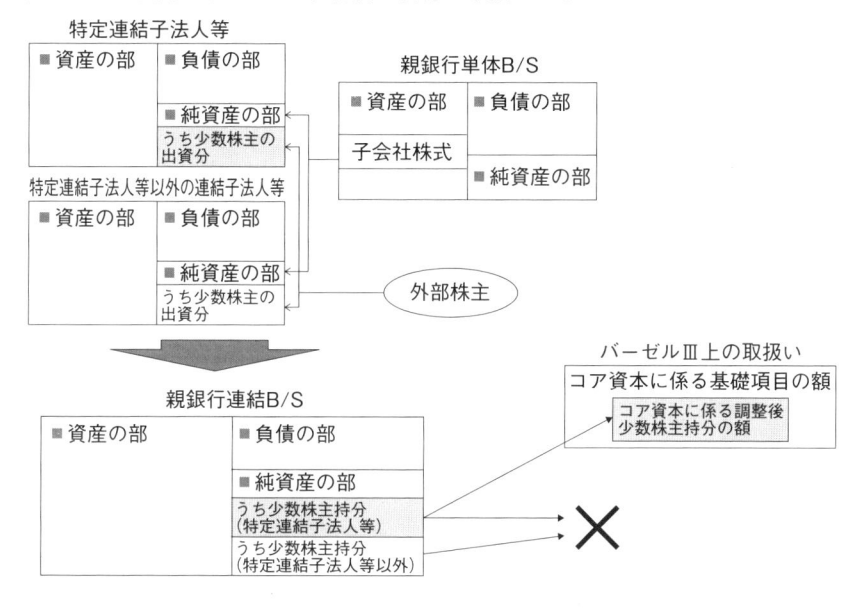

れており、銀行子会社または証券子会社を想定すればよい。リース子会社や保証子会社などの特定連結子法人等以外の連結子法人等に関する少数株主持分については、コア資本に係る基礎項目の額に算入することができないため、大部分の金融機関の少数株主持分については完全実施ベースではコア資本に係る基礎項目の額に算入されないことになる。

(a)　調整後少数株主持分の計算方法

　コア資本に係る基礎項目の額に算入可能な少数株主持分は、コア資本に係る調整後少数株主持分の額とされており、これは連結貸借対照表に計上されている少数株主持分の額ではなく、図2－8における計算式で示したとおり、当該特定連結子法人等のリスク・アセットの額に所要自己資本比率である4％およびコア資本に係る第三者持分割合を乗じた金額とされている。ただし、算入できる少数株主持分には上限が設けられており、特定連結子法人等の少数株主持分相当コア資本に係る基礎項目の額が上限とされている。

　コア資本に係る調整後少数株主持分の額の計算に必要な各項目の内容につ

第2章　自己資本比率の算定方法　37

図2-8 コア資本に係る調整後少数株主持分の計算

> $M_{cc} = \min(CC_{mi}, RWA \times 4\% \times CC_{mi} \div CC)$
> ただし、$CC_{mi} \geq 0$
> M_{cc} ：コア資本に係る調整後少数株主持分の額
> CC ：特定連結子法人等のコア資本に係る基礎項目の額
> CC_{mi}：特定連結子法人等の少数株主持分相当コア資本に係る基礎項目の額
> RWA：特定連結子法人等のリスク・アセットの額（注）

（注） 特定連結子法人等の連結リスク・アセットの額は以下の金額のうちどちらか小さいほうとされている。
① 特定連結子法人等の連結リスク・アセットの額
② 特定連結子法人等の親会社の連結リスク・アセットの額のうち、当該特定連結子法人等に関連するものの額

いて解説する。

まず、特定連結子法人等のリスク・アセットの額は、下記のうちどちらか小さいほうとされている。
① 特定連結子法人等の連結リスク・アセットの額
② 特定連結子法人等の親会社の連結リスク・アセットの額のうち、当該特定連結子法人等に関連するものの額

上記①の金額は、銀行子会社の連結リスク・アセットの額（証券子会社の場合はこれに相当する額）であり、②の金額は、親会社グループ全体の連結リスク・アセットの額のうち、銀行子会社または証券子会社に関連する部分の金額を意味する。なお、両者の主な違いは、連結修正に伴うリスク・アセットの額の修正部分と考えられる。

また、コア資本に係る第三者持分割合については、以下の式で計算することを求めている。

コア資本に係る第三者持分割合

$$= \frac{\text{少数株主持分相当コア資本に係る基礎項目の額}}{\text{単体コア資本に係る基礎項目の額}}$$

少数株主持分相当コア資本に係る基礎項目の額は、特定連結子法人等の単体コア資本に係る基礎項目の額のうち当該特定連結子法人等の親法人等である銀行の連結貸借対照表の純資産の部に新株予約権または少数株主持分とし

て計上される部分の額（当該額が零を下回る場合にあっては、零とする）と定義されている。多くの場合、少数株主持分相当コア資本に係る基礎項目の額は、特定連結子法人等に関する少数株主持分の連結貸借対照表計上額と考えられる。

また、単体コア資本に係る基礎項目の額は、告示37条の算式におけるコア資本に係る基礎項目の額をいい、当該連結子法人等が銀行以外の場合にあっては、これに相当する額と定義されており、規制上の単体コア資本に係る基礎項目の額とされている。

コア資本に係る第三者持分割合の分子である少数株主持分相当コア資本に係る基礎項目の額は会計上の金額として、分母である単体コア資本に係る基礎項目の額は規制上の金額に基づいて定義されているため、会計上の（実質）持分比率とは異なる可能性があることに留意が必要である。

(b) 調整後少数株主持分の計算例

具体的に数値を用いて解説を行う。図2－9を参照いただきたい。

まず、特定連結子法人等のリスク・アセットの額は、①と②のどちらか小さいほうとして1,000万円とし、特定連結子法人等の単体コア資本に係る基

図2－9　国内基準における調整後少数株主持分の具体的計算例

項目	定　義	金額
RWA	特定連結子法人等の連結リスク・アセットの額	1,000
CC	特定連結子法人等の単体コア資本に係る基礎項目の額	100
CC_{mi}	特定連結子法人等の少数株主持分相当コア資本に係る基礎項目の額	30

$M_{cc} = \min(CC_{mi}, RWA \times 4\% \times CC_{mi} \div CC)$

$M_{cc} = \min(30, 1{,}000 \times 4\% \times 30 \div 100) = 12$

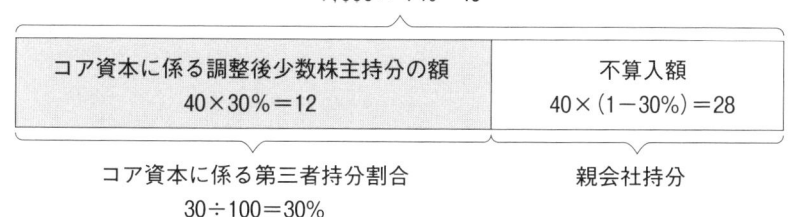

$1{,}000 \times 4\% = 40$

コア資本に係る調整後少数株主持分の額 40×30％＝12	不算入額 40×(1－30％)＝28
コア資本に係る第三者持分割合 30÷100＝30％	親会社持分

礎項目の額を100万円、特定連結子法人等の少数株主持分相当コア資本に係る基礎項目の額を30万円とする。

特定連結子法人等のリスク・アセットの額に所要自己資本比率である4％を乗じた金額は1,000万円×4％＝40万円となる。コア資本に係る第三者持分割合は、単体コア資本に係る基礎項目の額および少数株主持分相当コア資本に係る基礎項目の額を用いて、30万円÷100万円＝30％と計算される。したがって、40万円×30％＝12万円となり、上限額である30万円よりも小さい額であるため、コア資本に係る調整後少数株主持分の額は12万円と計算されることになる。

b 国内基準における少数株主持分に係る経過措置

バーゼルⅡでは基本的には少数株主持分の全額が基本的項目に算入されていたのに対して、バーゼルⅢ国内基準でコア資本に係る基礎項目の額に算入できる少数株主持分は、特定連結子法人等に関する少数株主持分の一部のみに限定されている。したがって、銀行子会社および証券子会社が存在しない場合または存在しても100％子会社である場合には、コア資本に係る調整後少数株主持分は算入できないことになるため、大多数の金融機関では少数株主持分をコア資本に係る基礎項目に算入できないものと考えられる。またた

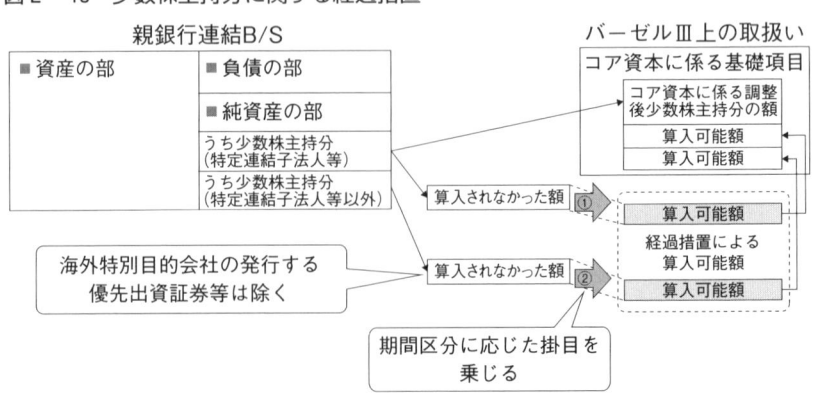

図2－10 少数株主持分に関する経過措置

とえば少数株主の存在する証券子会社を有していたとしても、先述のとおりの計算式に基づいて算入額が計算されることになり、バーゼルⅡでの算入額に比べて制限される可能性がある。このようなバーゼルⅢへの移行に伴う影響を緩和する目的で、調整後少数株主持分についても経過措置が設けられている。

　少数株主持分に係る経過措置は、(a)特定連結子法人等の調整後少数株主持分に算入されなかった額に関する経過措置、および(b)特定連結子法人等以外の連結子法人等の少数株主持分に関する経過措置が設けられている。

（少数株主持分に係る経過措置）

国内基準附則第7条　新銀行告示第29条第1項に規定する特定連結子法人等の少数株主持分相当コア資本に係る基礎項目の額のうち、同項の規定により新銀行告示第28条第1項第4号に掲げるコア資本に係る調整後少数株主持分の額に算入されなかった額に対応する部分の額については、適用日から起算して15年を経過する日までの間は、附則第3条第1項の表の上欄に掲げる期間の区分に応じ、当該額に同表の下欄に掲げる率を乗じて得た額を、新銀行告示第25条の算式におけるコア資本に係る基礎項目の額に算入することができる。

2　新銀行告示第1条第58号に規定する連結子法人等のうち新銀行告示第29条第1項に規定する特定連結子法人等以外のものの少数株主持分（当該連結子法人等が株主資本に計上している旧銀行告示第29条第1項第3号又は第5号に掲げるもの、旧銀行告示第28条第3項に定める海外特別目的会社の発行する優先出資証券及び適格旧非累積的永久優先株又は適格旧資本調達手段に係るものを除く。）については、適用日から起算して10年を経過する日までの間は、附則第3条第2項の表の上欄に掲げる期間の区分に応じ、当該額に同表の下欄に掲げる率を乗じて得た額を、新銀行告示第25条の算式におけるコア資本に係る基礎項目の額に算入することができる。

(a) 特定連結子法人等の調整後少数株主持分に算入されなかった額に関する経過措置

まず、特定連結子法人等の少数株主持分相当コア資本に係る基礎項目の額のうち、先述の告示本則の計算式によりコア資本に係る調整後少数株主持分の額に算入されなかった部分については、適用日から起算して15年を経過する日までの間は、表2－18における期間区分に応じた掛目を乗じた金額を上限としてコア資本に係る基礎項目の額に算入可能とされている。

表2－18 少数株主持分に係る経過措置(a)の掛目

32年3月30日まで	33年3月30日まで	34年3月30日まで	35年3月30日まで	36年3月30日まで	37年3月30日まで	38年3月30日まで	39年3月30日まで	40年3月30日まで	41年3月30日まで
100%	90%	80%	70%	60%	50%	40%	30%	20%	10%

(b) 特定連結子法人等以外の連結子法人等の少数株主持分に関する経過措置

特定連結子法人等以外の連結子法人等（海外特別目的会社を除く）の少数株主持分については、適用日から起算して10年を経過する日までの間は、表2－19における期間区分に応じた掛目を乗じた金額を上限としてコア資本に係る基礎項目の額に算入可能とされている。

この掛目を乗じる対象となる金額は、特定連結子法人等以外の連結子法人等（海外特別目的会社を除く）に関する少数株主持分の連結貸借対照表計上額に基づくものと考えられるが、この時の連結貸借対照表計上額には、連結子法人等の保有するその他有価証券に関する支配獲得後の時価変動のうち、少数株主に帰属する部分が含まれていることがある。国内基準におけるコア資本の基礎項目の額にその他有価証券評価差額金が含まれず、その他有価証券の時価変動はコア資本に影響を与えないとする国内基準告示の取扱いを考えると、調整後少数株主持分に係る経過措置における掛目を乗じる対象となる金額は、少数株主持分の連結貸借対照表計上額からその他有価証券評価差額金に関する部分を控除した金額とすることが考えられる。また同様に、少数

表2－19　調整後少数株主持分に係る経過措置(b)の掛目

26年	27年	28年	29年	30年	31年	32年	33年	34年	35年
100%	90%	80%	70%	60%	50%	40%	30%	20%	10%

株主持分の連結貸借対照表計上額に繰延ヘッジ損益に相当する部分が含まれる場合には、当該額も控除するものと考えられる。

なお、海外特別目的会社に関する少数株主持分については、適格旧資本調達手段の枠組みでコア資本に係る基礎項目の額に算入されることになり、調整後少数株主持分に係る経過措置の適用対象外である。

C　国際統一基準における少数株主持分

国際統一基準では、特定連結子法人等に関する少数株主持分は、普通株式等Tier1資本に係る調整後少数株主持分の額、その他Tier1資本に係る調整後少数株主持分等の額およびTier2資本に係る調整後少数株主持分等の額として各Tier資本の基礎項目の額に算入可能である。また、特定連結子法人等以外の連結子法人等に関する少数株主持分については、その他Tier1資本に係る調整後少数株主持分等の額およびTier2資本に係る調整後少数株主持分等の額として、その他Tier1資本に係る基礎項目の額およびTier2資本に係る基礎項目の額に算入できるが、普通株式等Tier1資本に係る基礎項目の額には算入できず、特定連結子法人等か否かで、算入できるTier資本が異なっている。

(a)　調整後少数株主持分（等）の計算方法

各Tier資本への調整後少数株主持分（等）の算入額の計算方法は、図2－12のとおりであり、上位のTier資本から順番に計算していくことになる。なお、図2－12は、特定連結子法人等を前提としており、特定連結子法人等以外の連結子法人等の計算においては、普通株式等Tier1資本に係る調整後少数株主持分を零（$M_{CET1}=0$）として計算することになる。また、各Tier資本への調整後少数株主持分（等）の算入額は上限が設けられていることに留意が必要である。各Tier資本における調整後少数株主持分（等）の額は、連

図2-11 国際統一基準における少数株主持分の取扱いのイメージ

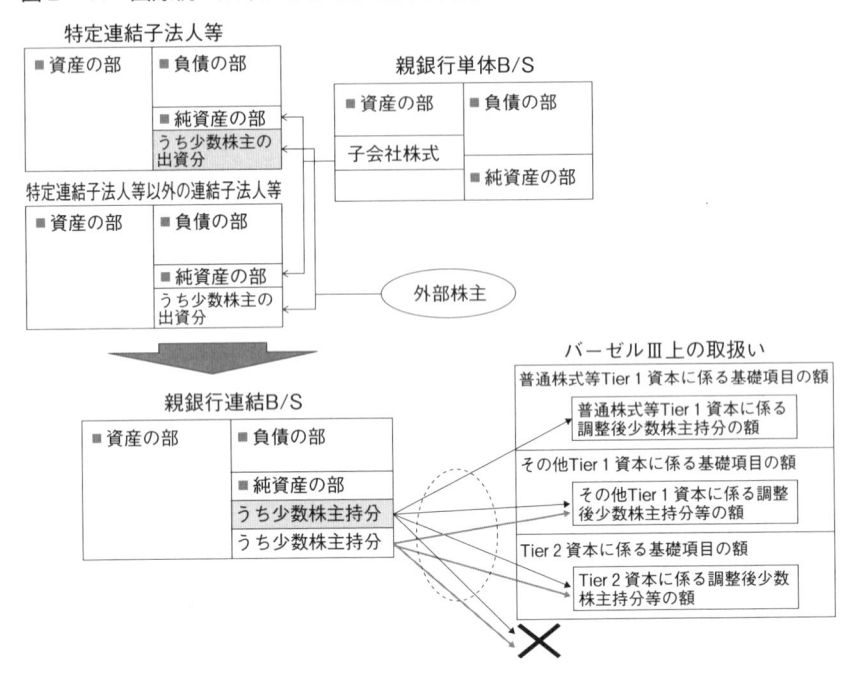

結子法人等のリスク・アセットの額に各Tier資本に対応する所要自己資本比率と資本保全バッファー（2.5％）の合計および第三者持分割合を乗じて計算されることになる。

また、計算に用いる項目の内容は、ほぼ国内基準と同様であり、表2-20のとおりである。

表2-20の項目を用いて、各Tier資本に係る第三者持分割合は以下のように定義される。

普通株式等Tier1資本に係る第三者持分割合

$$= \frac{少数株主持分相当普通株式等Tier1資本に係る基礎項目の額}{単体普通株式等Tier1資本に係る基礎項目の額}$$

図2−12　国際統一基準における調整後少数株主持分（等）の計算方法

---

① 普通株式等Tier1資本に係る調整後少数株主持分の額
$$M_{CET1} = \min(CET1_{mi}, RWA \times 7\% \times CET1_{mi} \div CET1)$$
　　ただし、$CET1_{mi} \geq 0$

② その他Tier1資本に係る調整後少数株主持分等の額
$$M_{AT1} = \min(T1_{mi}, RWA \times 8.5\% \times T1_{mi} \div T1) - M_{CET1}$$
　　ただし、$T1_{mi} \geq 0$

③ Tier2資本に係る調整後少数株主持分等の額
$$M_{T2} = \min(TC_{mi}, RWA \times 10.5\% \times TC_{mi} \div TC) - M_{CET1} - M_{AT1}$$
　　ただし、$TC_{mi} \geq 0$

　　M_{CET1}　：普通株式等Tier1資本に係る調整後少数株主持分の額
　　M_{AT1}　：その他Tier1資本に係る調整後少数株主持分等の額
　　M_{T2}　：Tier2資本に係る調整後少数株主持分等の額
　　$CET1$　：特定連結子法人等の単体普通株式等Tier1資本に係る基礎項目の額
　　$CET1_{mi}$　：特定連結子法人等の少数株主持分相当普通株式等Tier1資本に係る基礎項目の額
　　$T1$　：特定連結子法人等の単体Tier1資本に係る基礎項目の額
　　$T1_{mi}$　：特定連結子法人等の少数株主持分等相当Tier1資本に係る基礎項目の額
　　TC　：特定連結子法人等の単体総自己資本に係る基礎項目の額
　　TC_{mi}　：特定連結子法人等の少数株主持分等相当総自己資本に係る基礎項目の額
　　RWA　：特定連結子法人等のリスク・アセットの額(注)

（注）特定連結子法人等のリスク・アセットの額は以下の金額のうちどちらか小さいほうとされている。
　① 当該連結子法人等の連結リスク・アセットの額
　② 特定連結子法人等の親会社の連結リスク・アセットの額のうち、当該連結子法人等に関連するものの額

Tier1資本に係る第三者持分割合

$$= \frac{少数株主持分等相当Tier1資本に係る基礎項目の額}{単体Tier1資本に係る基礎項目の額}$$

総自己資本に係る第三者持分割合

$$= \frac{少数株主持分等相当総自己資本に係る基礎項目の額}{単体総自己資本に係る基礎項目の額}$$

さらに、連結子法人等のリスク・アセットの額は、下記のうちどちらか小さいほうとされている。
① 連結子法人等の連結リスク・アセットの額
② 連結子法人等の親会社の連結リスク・アセットの額のうち、当該連結子

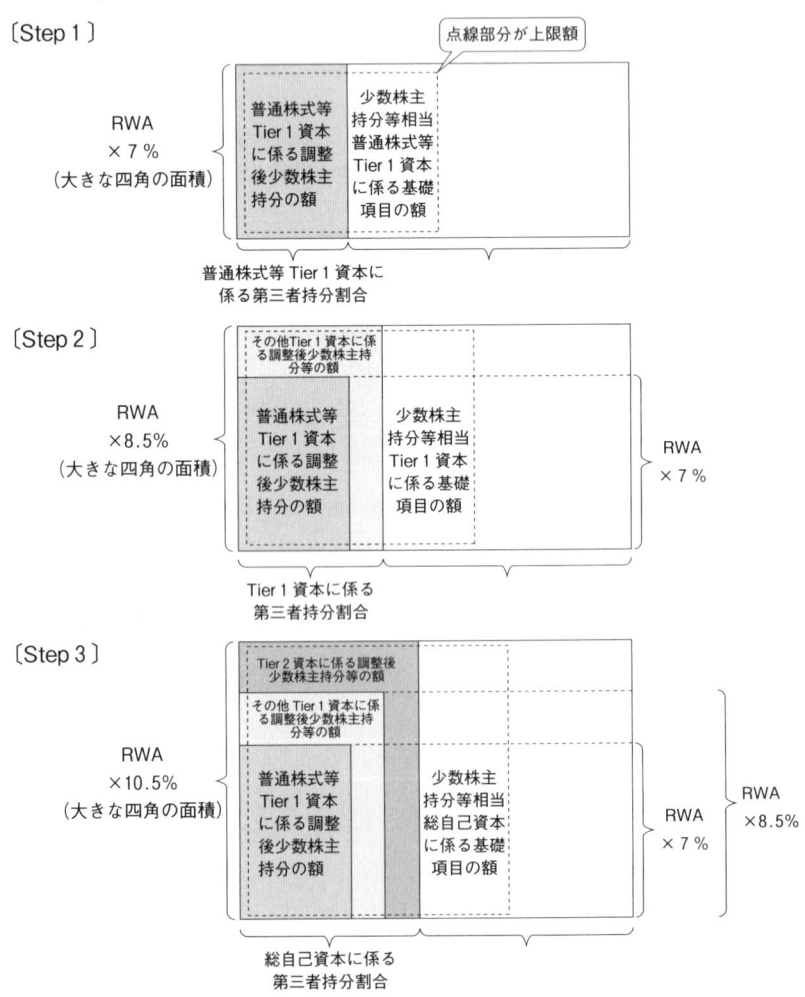

図2-13 国際統一基準における調整後少数株主持分（等）の計算方法のイメージ

〔Step 1〕

〔Step 2〕

〔Step 3〕

表2-20　調整後少数株主持分（等）の各計算項目の内容

項　目	内　容
単体普通株式等Tier1資本に係る基礎項目の額	告示14条1号の算式における普通株式等Tier1資本に係る基礎項目の額
少数株主持分相当普通株式等Tier1資本に係る基礎項目の額	単体普通株式等Tier1資本に係る基礎項目の額のうち、親会社の連結貸借対照表上、新株予約権又は少数株主持分として計上される部分の額（当該額が零を下回る場合にあっては、零とする。）
単体Tier1資本に係る基礎項目の額	告示14条1号の算式における普通株式等Tier1資本に係る基礎項目の額及び同条2号の算式におけるその他Tier1資本に係る基礎項目の額の合計額
少数株主持分等相当Tier1資本に係る基礎項目の額	単体Tier1資本に係る基礎項目の額のうち親会社の連結貸借対照表上、新株予約権若しくは少数株主持分又は負債として計上される部分の額（当該額が零を下回る場合にあっては、零とする。）
単体総自己資本に係る基礎項目の額	単体Tier1資本に係る基礎項目の額及び告示14条3号の算式におけるTier2資本に係る基礎項目の額の合計額
少数株主持分等相当総自己資本に係る基礎項目の額	単体総自己資本に係る基礎項目の額のうち親会社の連結貸借対照表上、新株予約権若しくは少数株主持分又は負債として計上される部分の額（当該額が零を下回る場合にあっては、零とする。）

法人等に関連するものの額

上記①の金額は、子会社の連結リスク・アセットの額（銀行子会社以外の場合はこれに相当する額）であり、②の金額は、親会社グループ全体の連結リスク・アセットの額のうち、子会社に関連する部分の金額を意味する。

(b)　調整後少数株主持分（等）の計算例

具体的計算例を図2-14で解説する。まず、特定連結子法人等を想定し、当該特定連結子法人等のリスク・アセットの額（①と②のどちらか小さいほうとして計算された額）は800万円とする。普通株式等Tier1資本に係る第三者持分割合は、単体普通株式等Tier1資本に係る基礎項目の額30万円と少数

図2－14　国際統一基準における調整後少数株主持分（等）の計算例

① 普通株式等Tier 1 資本に係る調整後少数株主持分の額
$M_{CET1} = \min(CET1_{mi}, RWA \times 7\% \times CET1_{mi} \div CET1)$
$= \min(30, 800 \times 7\% \times 30 \div 100) = 16.8$

② その他Tier 1 資本に係る調整後少数株主持分等の額
$M_{AT1} = \min(T1_{mi}, RWA \times 8.5\% \times T1_{mi} \div T1) - M_{CET1}$
$= \min(45, 800 \times 8.5\% \times 45 \div 150) - 16.8 = 3.6$

③ Tier 2 資本に係る調整後少数株主持分等の額
$M_{TC} = \min(TC_{mi}, RWA \times 10.5\% \times TC_{mi} \div TC) - M_{CET1} - M_{AT1}$
$= \min(60, 800 \times 10.5\% \times 60 \div 200) - 16.8 - 3.6 = 4.8$

項　目	定　義	金額（万円）
RWA	特定連結子法人等のリスク・アセットの額	800
$CET1$	特定連結子法人等の単体普通株式等Tier 1 資本に係る基礎項目の額	100
$CET1_{mi}$	特定連結子法人等の少数株主持分相当普通株式等Tier 1 資本に係る基礎項目の額	30
$T1$	特定連結子法人等の単体Tier 1 資本に係る基礎項目の額	150
$T1_{mi}$	特定連結子法人等の少数株主持分等相当Tier 1 資本に係る基礎項目の額	45
TC	特定連結子法人等の単体総自己資本に係る基礎項目の額	200
TC_{mi}	特定連結子法人等の少数株主持分等相当総自己資本に係る基礎項目の額	60

株主持分相当普通株式等Tier 1 資本に係る基礎項目の額100万円を用いて、30万円÷100万円＝30％と計算される。したがって、800万円×7％（所要普通株式等Tier 1 比率4.5％＋資本保全バッファー2.5％）×30％＝16.8万円と計算され、上限額である少数株主持分相当普通株式等Tier 1 資本に係る基礎項目の額30万円の範囲内であることから、普通株式等Tier 1 資本に係る調整後少数株主持分の額は、16.8万円と計算される。

次に、Tier 1 資本に係る第三者持分割合は、単体Tier 1 資本に係る基礎項

目の額45万円と少数株主持分等相当Tier 1 資本に係る基礎項目の額150万円を用いて、45万円÷150万円＝30％と計算される。したがって、800万円×8.5％（所要Tier 1 比率 6 ％＋資本保全バッファー2.5％）×30％＝20.4万円と計算され、上限額である少数株主持分等相当Tier 1 資本に係る基礎項目の額45万円の範囲内であることから、その他Tier 1 資本に係る調整後少数株主持分等の額は、20.4万円から普通株式等Tier 1 資本に係る調整後少数株主持分の額16.8万円を控除して、3.6万円と計算される。

最後に、総自己資本に係る第三者持分割合は、単体総自己資本に係る基礎項目の額60万円と少数株主持分等相当総自己資本に係る基礎項目の額200万円を用いて、60万円÷200万円＝30％と計算される。したがって、800万円×10.5％（所要総自己資本比率 8 ％＋資本保全バッファー2.5％）×30％＝25.2万円と計算され、上限額である少数株主持分等相当総自己資本に係る基礎項目の額60万円の範囲内であることから、Tier 2 資本に係る調整後少数株主持分等の額は、25.2万円から普通株式等Tier 1 資本に係る調整後少数株主持分の額16.8万円およびその他Tier 1 資本に係る調整後少数株主持分等の額3.6万円を控除して、4.8万円と計算される。

(c) 調整後少数株主持分（等）の計算に関する論点

ここで、国際統一基準においては、特定連結子法人等以外の連結子法人等の少数株主持分についてもその他Tier 1 資本に係る基礎項目の額およびTier 2 資本に係る基礎項目の額に算入可能であり、たとえばリース子会社や保証子会社の少数株主持分についても対象となる。しかしながら、銀行子会社であれば当該銀行子会社自身が規制の適用を受けていることから上記①の金額の算出を行っていると考えられるが、リース子会社等の上記①および②の金額について従来より算出している金融機関は少ないと考えられることから、調整後少数株主持分（等）の計算によって、追加的な負担が生じることになる。

これによる追加的な負担を軽減するため、Q＆A第8条－Q1において、金融機関以外の連結子法人等については、上記①の金額を算出することが困難な場合であって、②の額が①の額よりも小さい蓋然性が高いと見込まれる

第 2 章　自己資本比率の算定方法　49

ときは、①の額は算出不要とされている。

> 【調整後少数株主持分（等）の額を計算する際の連結子法人等のリスク・アセット額の算出方法①】
>
> Q&A第8条－Q1　調整後少数株主持分（等）の額を計算する際、連結子法人等の連結リスク・アセットの額と、親法人等である銀行の連結リスク・アセット額のうち連結子法人等に関連するものの額のいずれか少ない額を用いる必要がありますが、連結子法人等の連結リスク・アセットの額を計算することが困難な場合に、親法人等である銀行の連結リスク・アセット額のうち連結子法人等に関連するものの額を用いることは可能ですか。
>
> [A]
>
> 調整後少数株主持分（等）の額を計算する場合、原則として、連結子法人等の連結リスク・アセットの額と、親法人等である銀行の連結リスク・アセット額のうち当該連結子法人等に関連するものの額のいずれか少ない額を用いる必要があります。ただし、第1条第1項第7号に定める「金融機関」以外の連結子法人等については、その連結リスク・アセットの額を計算することが困難な場合であって、親法人等である銀行の連結リスク・アセット額のうち当該連結子法人等に関連するものの額が当該連結子法人等の連結リスク・アセットの額よりも小さい蓋然性が高いと見込まれるときは、親法人等である銀行の連結リスク・アセット額のうち当該連結子法人等に関連するものの額を用いて構いません。

　この点、Q&A第8条－Q1を適用して①の額を算出不要とするためには、②の額が①の額より小さい蓋然性が高いと見込まれる必要があるため、①の額と②の額の大小関係について検討する必要がある。

　ここで、①の額は連結子法人等の連結リスク・アセットであり、②の額は連結子法人等の親会社の連結リスク・アセットの額のうち、当該連結子法人等に関連するものの額であるため、②の額は連結会社間の取引を連結消去し

た金額に基づいて計算されることになることから、たとえば連結子法人等が親銀行に預金を行っている等の状況の場合には、親銀行への預金が連結消去されることにより、信用リスク・アセットの額は②のほうが小さくなることが想定される。

　他方、連結子法人等が親銀行から借入れを行っている場合、連結子法人等は親銀行へ利息の支払を行っており、連結会社間の取引が連結消去されることで、連結子法人等の計上している支払利息が消去される結果、連結子法人等の経常利益（粗利益）が大きくなるため、オペレーショナル・リスク相当額は②のほうが大きくなることが想定される。

　結果として、連結消去に伴い信用リスク・アセットの額は②のほうが小さくなる一方で、オペレーショナル・リスク相当額は②のほうが大きくなる状況も想定されることから、①の額と②の額の大小関係を検討するためには、当該特定連結子法人等に関する連結会社間取引の状況を把握する必要があると考えられる。

　また、①および②の額は、当然ながらバーゼルⅢベースでのリスク・アセットの金額となるため、厳密に①および②の額を計算する場合には、後述の少数出資金融機関等や特定項目に係る基準額計算を行ったうえで、基準額を超過する部分はリスク・アセットの額から除外することとなる。この時①の額の計算であれば連結子法人等を銀行とみなして、当該連結子法人等の普通株式等Tier 1資本をベースに基準額を計算し、保有する基準額計算の対象となる資産の金額に基づいて超過額を計算することになる。一方で、②の額の計算では、連結グループ全体の普通株式等Tier 1資本をベースに基準額を計算し、グループ全体で保有する基準額計算の対象となる資産の金額に基づいて超過額を計算することになるため、両者の超過額に相違が生じることから、結果としてリスク・アセットの額から除外される金額が異なることになる。仮に連結消去される取引がないとすると、①の額の計算において基準超過が発生し、②の額の計算で基準超過が発生しない場合には、リスク・アセットから除外される部分だけ①の額が小さくなることも考えられる。したがって、厳密に①の額と②の額の大小関係を検討する場合は、それぞれの基

準超過の状況にも留意が必要である。

　ただし、実務上どこまで厳密に①の額と②の額の大小関係についての検討を行うかは個別金融機関の判断によると考えられる。連結子法人等の資産の状況によっては、もっと簡便的に①の額と②の額の大小関係の把握が可能な状況も想定されるため、必ずしも厳密な検討が必要ではないと考えられる。

　また、たとえば①の額および②の額について、信用リスク・アセットのみを対象とするとした場合、連結消去により信用リスク・アセットの額は減少するため、②の額のほうが小さくなることが想定される。なお、信用リスク・アセットに限定することで、結果として算出される調整後少数株主持分（等）の額は保守的に計算されることになる。

　さらに、②の額の計算に関連して、普通株式等Tier 1資本に係る調整後少数株主持分の額と基準額計算の間で循環構造になることがある。循環構造への計算対応については、第3節1bで詳細に解説する。

d　国際統一基準における調整後少数株主持分（等）に係る経過措置

　バーゼルⅡでは基本的には少数株主持分の全額が基本的項目に算入されていたのに対して、国際統一基準では算入できる金額に制限があり、特定連結子法人等に関する少数株主持分か否かで算入されるTier区分も制限されている。

　これらバーゼルⅢへの移行に伴う影響を緩和する目的で国際統一基準においても調整後少数株主持分（等）に係る経過措置が設けられている。

　調整後少数株主持分（等）に係る経過措置では、連結子法人等の少数株主持分等相当総自己資本に係る基礎項目の額のうち、先述の告示本則の計算式により各Tier資本に係る基礎項目の額に算入されなかった額に対応する部分の額については、適用日から起算して5年を経過する日までの間は、表2－21における期間区分に応じた掛目を乗じた金額のうち、各Tier資本に対応する部分として計算された金額を上限として、各Tier資本に係る基礎項目の額に算入することができるとされている。

図2-15 国際統一基準における調整後少数株主持分（等）に係る経過措置のイメージ

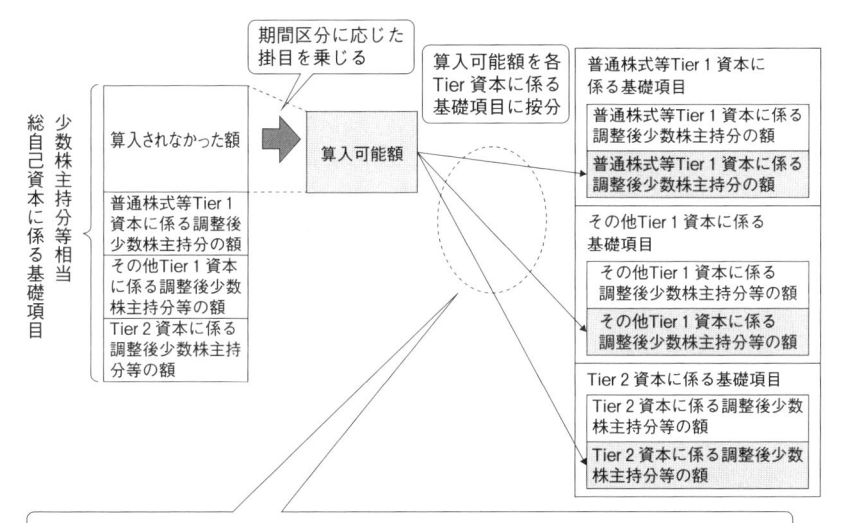

（図中テキスト）
- 期間区分に応じた掛目を乗じる
- 算入可能額を各Tier資本に係る基礎項目に按分
- 算入されなかった額
- 算入可能額
- 総自己資本に係る基礎項目 少数株主持分等相当
  - 普通株式等Tier1資本に係る調整後少数株主持分の額
  - その他Tier1資本に係る調整後少数株主持分等の額
  - Tier2資本に係る調整後少数株主持分等の額
- 普通株式等Tier1資本に係る基礎項目
  - 普通株式等Tier1資本に係る調整後少数株主持分の額
  - 普通株式等Tier1資本に係る調整後少数株主持分の額
- その他Tier1資本に係る基礎項目
  - その他Tier1資本に係る調整後少数株主持分等の額
  - その他Tier1資本に係る調整後少数株主持分等の額
- Tier2資本に係る基礎項目
  - Tier2資本に係る調整後少数株主持分等の額
  - Tier2資本に係る調整後少数株主持分等の額

調整後少数株主持分（等）に係る経過措置による算入額は、特定連結子法人等以外の連結子法人等であっても、普通株式等Tier1資本に係る基礎項目の額に算入することができるため留意が必要

表2-21 調整後少数株主持分（等）に係る経過措置の掛目

25年	26年	27年	28年	29年	30年以降
100%	80%	60%	40%	20%	0%

（少数株主持分に係る経過措置）

国際統一基準附則第6条 連結子法人等の少数株主持分等相当総自己資本に係る基礎項目の額（新銀行告示第8条第1項第3号に規定する連結子法人等の少数株主持分等相当総自己資本に係る基礎項目の額をいう。）のうち、新銀行告示第8条第1項から第3項までの規定により新銀行告示第5条第1項第4号に掲げる普通株式等Tier1資本に係る調整後少数株主持分の額、新銀行告示第6条第1項第5号に掲げるその他

> Tier1資本に係る調整後少数株主持分等の額及び新銀行告示第7条第1項第5号に掲げるTier2資本に係る調整後少数株主持分等の額に算入されなかった額に対応する部分の額については、適用日から起算して5年を経過する日までの間は、次の表の上欄に掲げる期間の区分に応じ、当該額に同表の下欄に掲げる率を乗じて得た額のうち、連結子法人等（新銀行告示第1条第58号に規定する連結子法人等をいう。以下この項において同じ。）の普通株式（新銀行告示第5条第3項に規定する普通株式をいう。）に対応する部分の額については、新銀行告示第2条第1号の算式における普通株式等Tier1資本に係る基礎項目の額に算入することができ、連結子法人等のその他Tier1資本調達手段（新銀行告示第6条第4項に規定するその他Tier1資本調達手段をいう。）に対応する部分の額については、新銀行告示第2条第2号の算式におけるその他Tier1資本に係る基礎項目の額に算入することができ、連結子法人等のTier2資本調達手段（新銀行告示第7条第4項に規定するTier2資本調達手段をいう。）に対応する部分の額については、新銀行告示第2条第3号の算式におけるTier2資本に係る基礎項目の額に算入することができる。
> （以下略）

(a) 調整後少数株主持分（等）に係る経過措置の計算方法

　具体的な各Tier資本への算入額の計算例がQ&A国際統一基準附則第6条－Q1に示されているが、その計算は非常に複雑である。告示本則の計算では調整後少数株主持分（等）の額は、上位のTier資本から順番に計算を行ったが、調整後少数株主持分（等）に係る経過措置の計算では、逆に下位のTier資本から計算することになり、具体的な算出手順は以下のとおりである。

〔Step1〕

① 少数株主持分等相当総自己資本に係る基礎項目の額から、普通株式等Tier1資本に係る調整後少数株主持分の額、その他Tier1資本に係る調整

図2－16　調整後少数株主持分（等）に係る経過措置の計算方法〔Step1〕

〔Step1〕

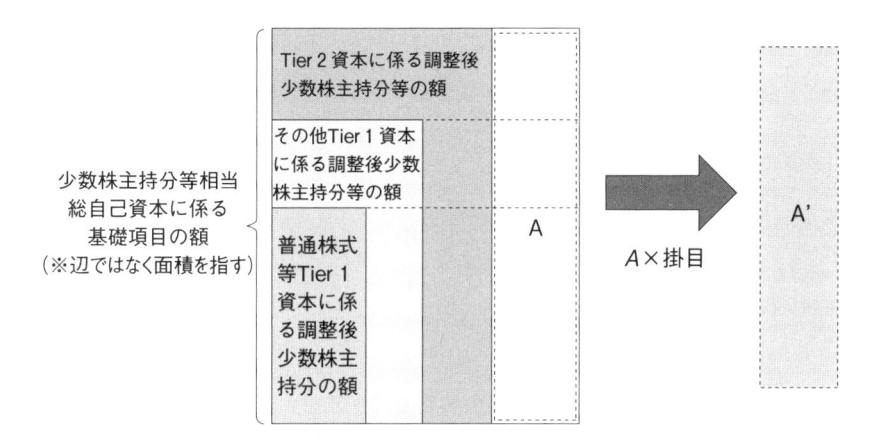

```
少数株主持分等相当
総自己資本に係る
基礎項目の額
（※辺ではなく面積を指す）
```

Tier2資本に係る調整後少数株主持分等の額	
その他Tier1資本に係る調整後少数株主持分等の額	A
普通株式等Tier1資本に係る調整後少数株主持分の額	

A×掛目 → A'

後少数株主持分等の額およびTier2資本に係る調整後少数株主持分等の額の合計額を控除した額を算出する。……（A）

② 計算基準日に対応する掛目を①で算出した額に乗じて得た額を算出する。……（A'）

〔Step2〕

③ 連結子法人等の少数株主持分等相当総自己資本に係る基礎項目の額から連結子法人等の少数株主持分等相当Tier1資本に係る基礎項目の額を控除した額を算出する。……（B）

④ 連結子法人等の少数株主持分等相当Tier1資本に係る基礎項目の額から、普通株式等Tier1資本に係る調整後少数株主持分の額およびその他Tier1資本に係る調整後少数株主持分等の額の合計額を控除した額を算出する。……（C）

⑤ Tier2資本に係る基礎項目の額に算入可能な額を、以下の算式により計算する。

$$A' \times \frac{B}{B+C}$$

図2-17 調整後少数株主持分等に係る経過措置の計算方法〔Step 2〕

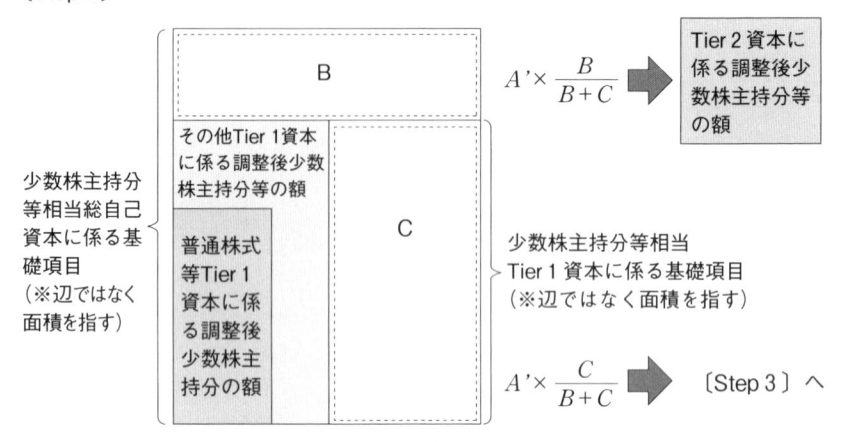

〔Step 2〕

少数株主持分等相当総自己資本に係る基礎項目（※辺ではなく面積を指す）

B → $A' \times \dfrac{B}{B+C}$ → Tier 2 資本に係る調整後少数株主持分等の額

その他Tier 1資本に係る調整後少数株主持分等の額

普通株式等Tier 1資本に係る調整後少数株主持分の額

C

少数株主持分等相当Tier 1資本に係る基礎項目（※辺ではなく面積を指す）

$A' \times \dfrac{C}{B+C}$ → 〔Step 3〕へ

〔Step 3〕

⑥ 連結子法人等の少数株主持分等相当Tier 1資本に係る基礎項目の額から連結子法人等の少数株主持分相当普通株式等Tier 1資本に係る基礎項目の額を控除した額を算出する。……(D)

⑦ 連結子法人等の少数株主持分相当普通株式等Tier 1資本に係る基礎項目の額から、普通株式等Tier 1資本に係る調整後少数株主持分の額を控除した額を算出する。……(E)

⑧ その他Tier 1資本に係る基礎項目の額に算入可能な額を、以下の算式により計算する。

$A' \times \dfrac{C}{B+C} \times \dfrac{D}{D+E}$

⑨ 普通株式等Tier 1資本に係る基礎項目の額に算入可能な額を、以下の算式により計算する。

$A' \times \dfrac{C}{B+C} \times \dfrac{E}{D+E}$

図2-18 調整後少数株主持分等に係る経過措置の計算方法〔Step 3〕

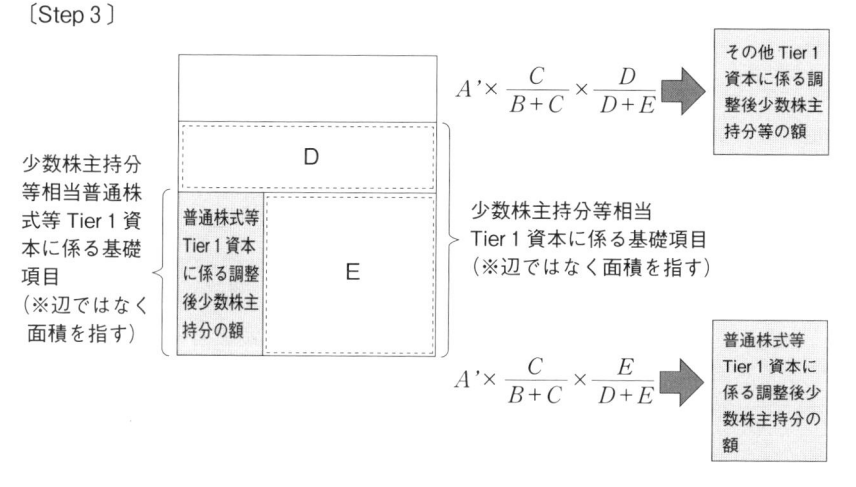

〔Step 3〕

$$A' \times \frac{C}{B+C} \times \frac{D}{D+E} \Rightarrow \text{その他 Tier 1 資本に係る調整後少数株主持分等の額}$$

$$A' \times \frac{C}{B+C} \times \frac{E}{D+E} \Rightarrow \text{普通株式等 Tier 1 資本に係る調整後少数株主持分の額}$$

少数株主持分等相当普通株式等 Tier 1 資本に係る基礎項目（※辺ではなく面積を指す）

普通株式等 Tier 1 資本に係る調整後少数株主持分の額

少数株主持分等相当 Tier 1 資本に係る基礎項目（※辺ではなく面積を指す）

6 その他の基礎項目の内容

　ここでは、一般貸倒引当金の額と適格引当金余剰額について解説する。国内基準ではコア資本に係る基礎項目の額に、国際統一基準ではTier 2資本に係る基礎項目の額に算入される。

a 一般貸倒引当金

　一般貸倒引当金の額については、基礎項目への算入上限が設けられており、標準的手法採用行においては信用リスク・アセットの合計額に1.25％を乗じて得た額、内部格付手法採用行においては告示152条2号ロに掲げる額に1.25％を乗じて得た額とされている。

　標準的手法採用行においてはCVA（信用評価調整）リスク相当額を8％で除して得た額および中央清算機関関連エクスポージャーに係る信用リスク・アセットの額も一般貸倒引当金の算入上限の基礎となる額に含まれるのに対して、内部格付手法採用行ではCVAリスク相当額を8％で除して得た額および中央清算機関関連エクスポージャーに係る信用リスク・アセットの額は一

般貸倒引当金の額の算入上限の基礎となる額に含まれないことに留意が必要である。

さらに、国内基準においては一般貸倒引当金の額はコア資本に係る基礎項目の額に算入されるため、後述する少数出資金融機関等および特定項目に係る基準額の計算基礎となる。基準額計算を行った結果、超過する部分に対応する額は信用リスク・アセットから除外されることから、基準額計算を行ったうえで超過部分が確定しないと、最終的な信用リスク・アセットの額が決まらないことになる。信用リスク・アセットの額は、一般貸倒引当金の算入上限額の計算基礎となることから、コア資本に係る基礎項目の額に算入される一般貸倒引当金の額は基準額計算を行っていないと確定しないことになるため、循環が生じる可能性がある。このような循環が発生した場合の計算については第3節1cで解説している。

b 適格引当金余剰額

適格引当金余剰額は、内部格付手法採用行において、適格引当金の合計額が事業法人等向けエクスポージャーおよびリテール向けエクスポージャーの期待損失額の合計額を上回る場合における当該適格引当金の合計額から当該期待損失額の合計額を控除した額として計算され、告示154条2号イに掲げる額に0.6%を乗じて得た額が上限とされている。

(内部格付手法採用行における信用リスク・アセットの額の合計額)
第152条　内部格付手法採用行の信用リスク・アセットの額の合計額とは、次の各号に掲げる銀行の区分に応じ、当該各号に掲げる額をいう。
　一　国際統一基準行である内部格付手法採用行　次に掲げる額の合計額
　　イ　(略)
　　ロ　内部格付手法採用行が標準的手法を適用する部分につき、第48条第1項（第1号に係る部分に限る。）の規定を準用することによ

り標準的手法により算出した信用リスク・アセットの額の合計額。この場合において同条中「標準的手法採用行」とあるのは「内部格付手法採用行」と読み替えるものとする。

　ハ　第8章の2に定めるところにより算出したCVAリスク相当額を8パーセントで除して得た額

　ニ　第8章の3に定めるところにより算出した第48条第1項第3号に　規定する中央清算機関関連エクスポージャーに係る信用リスク・アセットの額

二　国内基準行である内部格付手法採用行　次に掲げる額の合計額

　イ　（略）

　ロ　内部格付手法採用行が標準的手法を適用する部分につき、第48条第1項（第1号に係る部分に限る。）の規定を準用することにより標準的手法により算出した信用リスク・アセットの額の合計額。この場合において、同条中「標準的手法採用行」とあるのは「内部格付手法採用行」と読み替えるものとする。

　ハ　第8章の2に定めるところにより算出したCVAリスク相当額を8パーセントで除して得た額

　ニ　第8章の3に定めるところにより算出した第48条第1項第3号に規定する中央清算機関関連エクスポージャーに係る信用リスク・アセットの額

第2節 調整項目の計算方法と実務上の論点

1 国内基準における調整項目の内容

国内基準におけるコア資本に係る調整項目の額については、自己資本から控除される項目として告示28条2項以下にその内容が定義されている。

a 調整項目の内容

バーゼルIIにおいても基本的項目から控除されるものや控除項目が定義されていたが、バーゼルIIIにおいては新たに調整項目としてその内容が大幅に拡大されており、連結自己資本比率の計算における調整項目の額の内容は表2-22のとおりである。

表2-22 コア資本に係る調整項目の額の内容

告　示			コア資本に係る調整項目の額
28条2項	1号 イ	(1)	無形固定資産（のれん及びのれん相当差額）の額
		(2)	無形固定資産（のれん及びモーゲージ・サービシング・ライツに係るものを除く）の額
	ロ		繰延税金資産（一時差異に係るものを除く）の額
	ハ		期待損失額の合計額から適格引当金の合計額を控除した額（適格引当金不足額）
	ニ		証券化取引に伴い増加した自己資本に相当する額
	ホ		負債の時価評価により生じた時価評価差額であって自己資本に算入される額
	ヘ		退職給付に係る資産の額
	2号		自己保有普通株式等の額

3号	意図的に保有している他の金融機関等の対象資本調達手段の額
4号	少数出資金融機関等の対象普通株式等の額
5号	特定項目に係る10％基準超過額
6号	特定項目に係る15％基準超過額

　調整項目の各内容を見ると、のれんや期待損失額の合計額から適格引当金の合計額を控除した額、証券化取引に伴い増加した自己資本に相当する額などのように、バーゼルⅡでも自己資本から控除されていたものが引き続きコア資本に係る調整項目の額とされている一方で、無形固定資産（のれんおよびモーゲージ・サービシング・ライツに係るものを除く）や繰延税金資産（一時差異に係るものを除く）の額、退職給付に係る資産の額などバーゼルⅢで新たに追加された項目も多い。なお、告示28条2項5号・6号における特定項目とは、①その他金融機関等の対象普通株式等、②モーゲージ・サービシング・ライツに係る無形固定資産および、③繰延税金資産（一時差異に係るものに限る）とされている。

b　調整項目の特徴

　このように調整項目の各内容をみてみると、繰延税金資産や退職給付など会計上の用語が複数出てきており、特に繰延税金資産については、規制上の扱いがそれぞれ異なるためその発生原因に応じて一時差異に係る繰延税金資産と一時差異以外の繰延税金資産に区分する必要があることから、自己資本比率の計算に際し一定程度の会計上の知識が必要不可欠となっている。この点、金融機関において経理部門の担当者が自己資本比率の算出を担当する場合は問題ないが、リスク管理部等の経理部門以外の担当者が自己資本比率の算出を担当する場合においては、ある程度会計について理解したうえで経理部門との連携を密接に行う必要がある。本書においては金融機関のリスク管理部等の経理部門以外の担当者が自己資本比率の算出を担当することも想定し、自己資本比率の算出に関連する会計基準を第5章で解説している。本書

を読み進めるうえで不明な会計用語等については適宜そちらを参照していただきたい。

　また、バーゼルⅢにおけるコア資本に係る調整項目の額の特徴的なものとして、いわゆる基準額計算があげられる。少数出資金融機関等の対象普通株式等の額、特定項目に係る10％基準超過額および特定項目に係る15％基準超過額については、ある一定の基準額を超過する場合は超過した部分を調整項目として自己資本から控除し、基準額以内の部分についてはリスク・アセットで対応することになり、集計されたエクスポージャーを調整項目として控除する部分とリスク・アセットで対応する部分に切り分ける必要があることから、調整項目の計算を複雑にする要因の１つであるといえる。

　さらに、いわゆるダブルギアリングについては、バーゼルⅡにおいて国内の預金取扱金融機関の資本調達手段を意図的に保有している場合や、金融業務を営む関連法人等などが控除項目とされていたのに対して、バーゼルⅢにおいては対象範囲が拡大されており、①その対象となる相手先の範囲が拡大、②控除対象となるケースが拡大、③対象商品の間接保有の把握が必要となっている。この詳細については後ほど解説する。

　このようにバーゼルⅢでは自己資本から控除されるものが大幅に拡大されており、ソフトウェアや繰延税金資産が多額に計上されているような金融機関においてはバーゼルⅢへの移行に伴う自己資本比率へのインパクトが大きいものと想定される。

　また、単体自己資本比率の計算における調整項目の内容については連結とほぼ同様であるが、平成26年３月31日から改正退職給付に係る会計基準等が適用されていることに伴い、連結上では退職給付債務と年金資産との差額が退職給付に係る資産または退職給付に係る負債として連結貸借対照表に計上される一方で、単体上では従来どおりの前払年金費用または退職給付引当金が貸借対照表上に計上されることになることから、単体自己資本比率の計算においては退職給付に係る資産ではなく、前払年金費用が調整項目となっている点に留意が必要である。

2　国内基準における調整項目に係る経過措置

自己資本から控除される調整項目が先述のとおり大幅に拡大されたことにより、バーゼルⅢへの移行に伴う自己資本比率への影響が大きいことが想定されることから、移行に伴う影響緩和を目的として調整項目に係る経過措置が設けられている。

a　調整項目に係る経過措置の内容

国内基準附則8条によると適用日（平成26年3月31日）から起算して5年を経過する日まで表2−23における期間区分に応じた掛目を乗じた金額を調整項目の額とすることができるとされており、この調整項目に係る経過措置を適用した場合に調整項目に算入されない部分、すなわち（1−掛目）部分の額についてはなお従前の例によるとしてバーゼルⅡの取扱いに準じた対応をする必要がある。

表2−23　国内基準の調整項目に係る経過措置の掛目

26年	27年	28年	29年	30年	31年以降
0%	20%	40%	60%	80%	100%

（調整項目に係る経過措置）
国内基準附則第8条　新銀行告示第28条第2項各号及び第40条第2項各号に掲げる額については、適用日から起算して5年を経過する日までの間は、附則第6条第1項の表の上欄に掲げる期間の区分に応じ、これらの額に同表の下欄に掲げる率を乗じて得た額を、新銀行告示第25条又は第37条の算式におけるコア資本に係る調整項目の額に算入する

ことができる。

2　新銀行告示第28条第2項各号及び第40条第2項各号に掲げる額のうち、前項の規定により新銀行告示第25条又は第37条の算式におけるコア資本に係る調整項目の額に算入された額に対応する部分以外の部分の額については、当該額のうち、旧銀行告示第25条又は第37条の算式における基本的項目又は控除項目に該当する部分の額については、新銀行告示第25条又は第37条の算式におけるコア資本に係る調整項目の額に算入するものとし、旧銀行告示第25条又は第37条の算式における基本的項目及び控除項目に該当しない部分の額については、なお従前の例による。

図2-19　国内基準の調整項目に係る経過措置の基本的な考え方

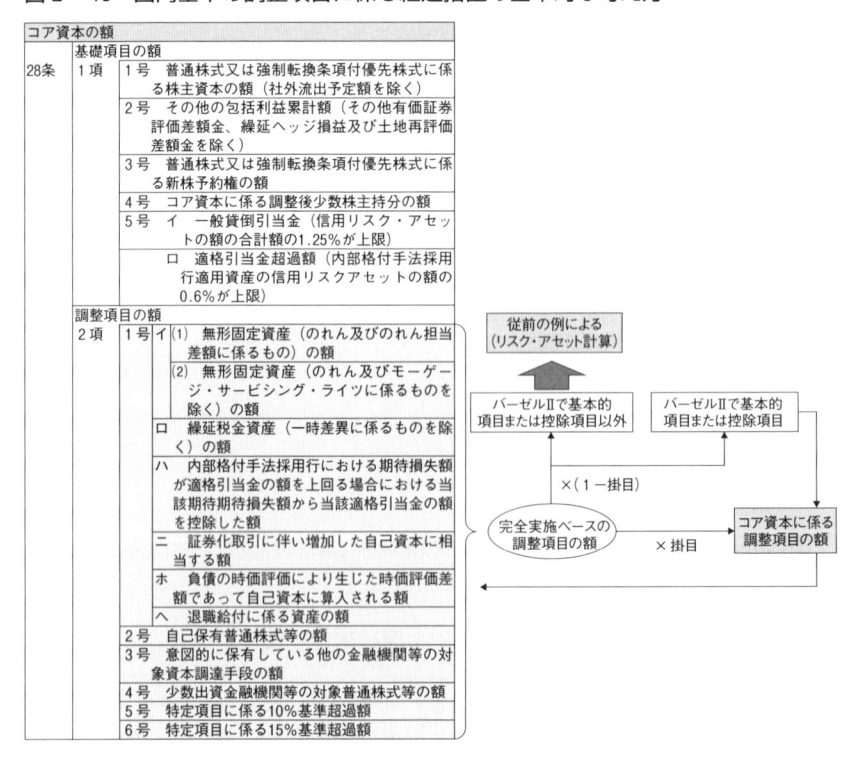

コア資本の額			
28条	基礎項目の額		
	1項	1号	普通株式又は強制転換条項付優先株式に係る株主資本の額（社外流出予定額を除く）
		2号	その他の包括利益累計額（その他有価証券評価差額金、繰延ヘッジ損益及び土地再評価差額金を除く）
		3号	普通株式又は強制転換条項付優先株式に係る新株予約権の額
		4号	コア資本に係る調整後少数株主持分の額
		5号	イ　一般貸倒引当金（信用リスク・アセットの額の合計額の1.25％が上限）
			ロ　適格引当金超過額（内部格付手法採用行適用資産の信用リスクアセットの額の0.6％が上限）
	調整項目の額		
	2項	1号	イ(1)　無形固定資産（のれん及びのれん担当差額に係るもの）の額
			(2)　無形固定資産（のれん及びモーゲージ・サービシング・ライツに係るものを除く）の額
			ロ　繰延税金資産（一時差異に係るものを除く）の額
			ハ　内部格付手法採用行における期待損失額が適格引当金の額を上回る場合における当該期待損失額から当該適格引当金の額を控除した額
			ニ　証券化取引に伴い増加した自己資本に相当する額
			ホ　負債の時価評価により生じた時価評価差額であって自己資本に算入される額
			ヘ　退職給付に係る資産の額
		2号	自己保有普通株式等の額
		3号	意図的に保有している他の金融機関等の対象資本調達手段の額
		4号	少数出資金融機関等の対象普通株式等の額
		5号	特定項目に係る10％基準超過額
		6号	特定項目に係る15％基準超過額

調整項目に係る経過措置の適用は任意であるものの、影響緩和を目的に設けられた措置であり、自己資本比率への影響は有利に働くことから大部分の金融機関は適用を選択していると考えられる。

　しかしながら、この経過措置の適用によって、調整項目に算入されない部分はバーゼルⅡの取扱いに対応するかたちで、基本的項目または控除項目とされていたものについては調整項目とし、基本的項目または控除項目とされていたもの以外のものについては従前の例によるものとしてリスク・アセットで対応する必要が出てくる。すなわちバーゼルⅢの調整項目の計算をするとともに、当該項目がバーゼルⅡのときにどのような扱いをしていたかを同時に把握する必要があるため、その計算が非常に複雑となる。

b　調整項目に係る経過措置の計算例

　ここで、簡単な例を用いて調整項目に係る経過措置の考え方を整理する。たとえば、のれんの金額を100万円とし平成27年3月期の自己資本比率の計算を考えた場合、調整項目に係る経過措置適用前の無形固定資産（のれんおよびのれん相当差額）の額が100万円となり、当該100万円に経過措置の適用によって表2－23の期間区分に対応する掛目である20％を乗じた金額である20万円がまず調整項目となる。算入されない部分である80％（＝1－20％）を乗じた80万円については、バーゼルⅡでのれんは基本的項目から控除されていたことから、やはり調整項目として扱われる結果、その100万円全額が経過措置適用後の調整項目となる。

　また、たとえば、ソフトウェア等の無形固定資産の金額を100万円とし平成27年3月期の自己資本比率の計算を考える。調整項目に係る経過措置適用前の無形固定資産（のれんおよびモーゲージ・リ・ビジング　ライツに係るものを除く）の額が100万円となり、当該100万円に経過措置の適用によって表2－23の期間区分に対応する掛目である20％を乗じた金額である20万円がまず調整項目となる。算入されない部分である80％（＝1－20％）を乗じた80万円については、バーゼルⅡでその他資産等として扱われていたとすると、リスク・ウェイト100％が適用されてリスク・アセットとして対応すること

第2章　自己資本比率の算定方法　65

になる。

　このように調整項目に係る経過措置は非常に複雑な内容となっているが、他のすべての調整項目にも同様の考え方が適用されることになるため、この点の理解は非常に重要となる。ここでのポイントは、表2-23の期間区分に対応する掛目を乗じる対象は、調整項目に係る経過措置適用前の調整項目の金額であるということである。いったん調整項目に係る経過措置適用前の調整項目の額をすべての項目について算出し、当該算出された金額に対して掛目と（1－掛目）を乗じて計算することになる。そして、この（1－掛目）部分を、バーゼルⅡでどのように扱われていたかによって、再び調整項目の額にする部分とリスク・アセットで対応する部分に按分することになる。特に繰延税金資産や特定項目の基準額計算に対して調整項目に係る経過措置を適用する場合にこの点の留意が必要となる。

　また、自己資本比率算出の実務においては、大多数の金融機関でExcelのスプレッドシートを作成し自己資本の額の計算を行っており、この調整項目に係る経過措置の算出ロジックをスプレッドシートにいかに実装するかが課題となる。当然、すべての調整項目が各金融機関に関係するものではなく、特に基準額計算の結果超過が発生しない状況においては計算が比較的簡単になるが、仮に経過措置適用期間中に基準超過が発生した場合に備えてある程度のスプレッドシートのつくり込みは必要であると考えられる。

3　国際統一基準における調整項目の内容

　国際統一基準においては本章第1節2で述べたとおり3段階のTier区分が維持されており、各Tier資本から控除される項目として告示5条2項、6条2項および7条2項に定義されている。

a　調整項目の内容

　連結自己資本比率の計算における各Tier区分における調整項目の内容は表2-24のとおりである。

表2-24　国際統一基準における調整項目の額の内容

告　示				普通株式等Tier1資本に係る調整項目の額
5条2項	1号	イ	(1)	無形固定資産（のれん及びのれん相当差額に係るもの）の額
			(2)	無形固定資産（のれん及びモーゲージ・サービシング・ライツに係るものを除く）の額
		ロ		繰延税金資産（一時差異に係るものを除く）の額
		ハ		繰延ヘッジ損益（ヘッジ対象がその他有価証券に係るものを除く）の額
		ニ		期待損失額の合計額から適格引当金の合計額を控除した額（適格引当金不足額）
		ホ		証券化取引に伴い増加した自己資本に相当する額
		ヘ		負債の時価評価により生じた時価評価差額であって自己資本に算入される額
		ト		退職給付に係る資産の額
	2号			自己保有普通株式の額
	3号			意図的に保有している他の金融機関等の普通株式の額
	4号			少数出資金融機関等の普通株式の額
	5号			特定項目に係る10％基準超過額
	6号			特定項目に係る15％基準超過額
	7号			その他Tier1資本不足額

告　示		その他Tier1資本に係る調整項目の額
6条2項	1号	自己保有その他Tier1資本調達手段の額
	2号	意図的に保有している他の金融機関等のその他Tier1資本調達手段の額
	3号	少数出資金融機関等のその他Tier1資本調達手段の額
	4号	その他金融機関等のその他Tier1資本調達手段の額
	5号	Tier2資本不足額

第2章　自己資本比率の算定方法

告示		Tier 2 資本に係る調整項目の額
7条2項	1号	自己保有Tier 2 資本調達手段の額
	2号	意図的に保有している他の金融機関等のTier 2 資本調達手段の額
	3号	少数出資金融機関等のTier 2 資本調達手段の額
	4号	その他金融機関等のTier 2 資本調達手段の額

b 調整項目の内容と国内基準との相違点

 普通株式等Tier 1 資本に係る調整項目の内容については、ほぼ国内基準におけるコア資本に係る調整項目と同様であるが、繰延ヘッジ損益(ヘッジ対象がその他有価証券に係るものを除く)の額については国際統一基準の特有の部分である。国際統一基準においては、普通株式等Tier 1 資本の基礎項目に繰延ヘッジ損益(その他の包括利益累計額)が含まれることに対応するものである。

 また、国内基準との重要な相違としては、コレスポンディングアプローチにより各Tier区分に調整項目が設けられていることがあげられる。これは、保有する他の金融機関等の対象資本調達手段の商品性に応じて自らのTier区分の調整項目とするものである。

 さらに、国際統一基準においてはTier 2 資本に係る調整項目の額がTier 2 資本に係る基礎項目の額を上回る場合、当該上回る部分の金額をTier 2 資本不足額としてその他Tier 1 資本に係る調整項目の額とし、上位のTier区分から控除されるような仕組みとなっている。同様にその他Tier 1 資本に係る調整項目の額がその他Tier 1 資本に係る基礎項目の額を上回る場合、当該上回る部分の金額がその他Tier 1 資本不足額として普通株式等Tier 1 資本の調整項目の額とされることになる。

4 国際統一基準における調整項目に係る経過措置

　国際統一基準においても国内基準と同様に、バーゼルⅢへの移行に伴う影響を緩和する目的で調整項目に係る経過措置が設けられている。

a　調整項目に係る経過措置の内容

　国際統一基準附則7条によると、平成25年3月31日から起算して5年を経過する日まで表2-25における期間区分に応じた掛目を乗じた金額を各Tier資本に係る調整項目の額とすることができるとされており、この調整項目に係る経過措置を適用した場合に調整項目に算入されない部分、すなわち（1－掛目）部分の額についてはバーゼルⅡの取扱いに準じた対応をする必要がある。

　ここで、国際統一基準の場合は、普通株式等Tier1資本、その他Tier1資本およびTier2資本という3段階のTier区分が設定されていることにより、算入されない部分の取扱いが国内基準に比べて若干複雑となっている。すなわち、調整項目に係る経過措置を適用した結果、算入されない部分の内容がバーゼルⅡのときに基本的項目から控除されていたものについては、その他Tier1資本に係る調整項目の額とし、補完的項目または控除項目とされていたものについては、Tier2資本に係る調整項目の額とする必要がある。国内基準の自己資本は従来のTier区分を廃止し、コア資本のみとして定義されていることから、この算入されない部分についてもバーゼルⅡのときにどの区分から控除されていたかにかかわらず自己資本から控除されていたものにつ

表2-25　国際統一基準における調整項目
　　　　に係る経過措置の掛目

25年	26年	27年	28年	29年	31年以降
0%	20%	40%	60%	80%	100%

いてはコア資本に係る調整項目の額とされるのに対して、国際統一基準ではどのTier区分の調整項目とするかについて検討することになる。

なお、国際統一基準の適用日が平成25年3月31日であるため、掛目が適用される期間は国内基準に比べて1年だけズレていることに留意が必要である。

また、国際統一基準でもこの調整項目に係る経過措置は任意適用であるが、ほとんどの金融機関が適用を選択しているものと考えられる。

> **（調整項目に係る経過措置）**
> **国際統一基準附則第7条** 新銀行告示第5条第2項第1号から第6号まで、第6条第2項第1号から第4号まで及び第7条第2項各号に掲げる額並びに新銀行告示第17条第2項第1号から第6号まで、第18条第2項第1号から第4号まで及び第19条第2項各号に掲げる額については、適用日から起算して5年を経過する日までの間は、附則第5条第1項の表の上欄に掲げる期間の区分に応じ、これらの額に同表の下欄に掲げる率を乗じて得た額を、新銀行告示第2条第1号若しくは第14条第1号の算式における普通株式等Tier1資本に係る調整項目の額、新銀行告示第2条第2号若しくは第14条第2号の算式におけるその他Tier1資本に係る調整項目の額又は新銀行告示第2条第3号若しくは第14条第3号の算式におけるTier2資本に係る調整項目の額にそれぞれ算入することができる。
> 2 新銀行告示第5条第2項第1号から第6号まで、第6条第2項第1号から第4号まで及び第7条第2項各号に掲げる額並びに新銀行告示第17条第2項第1号から第6号まで、第18条第2項第1号から第4号まで及び第19条第2項各号に掲げる額のうち、前項の規定により新銀行告示第2条第1号若しくは第14条第1号の算式における普通株式等Tier1資本に係る調整項目の額、新銀行告示第2条第2号若しくは第14条第2号の算式におけるその他Tier1資本に係る調整項目の額又は新銀行告示第2条第3号若しくは第14条第3号の算式におけるTier2

資本に係る調整項目の額に算入された額に対応する部分以外の部分の額については、当該額のうち、旧銀行告示第2条又は第14条の算式における基本的項目に該当する部分の額については、新銀行告示第2条第2号又は第14条第2号の算式におけるその他Tier 1資本に係る調整項目の額に算入するものとし、旧銀行告示第2条又は第14条の算式における補完的項目又は控除項目に該当する部分の額については、新銀行告示第2条第3号又は第14条第3号の算式におけるTier 2資本に係る調整項目の額に算入するものとし、旧銀行告示第2条又は第14条の算式における基本的項目、補完的項目及び控除項目に該当しない部分の額については、なお従前の例による。

図2-20 国際統一基準における調整項目に係る経過措置の基本的な考え方

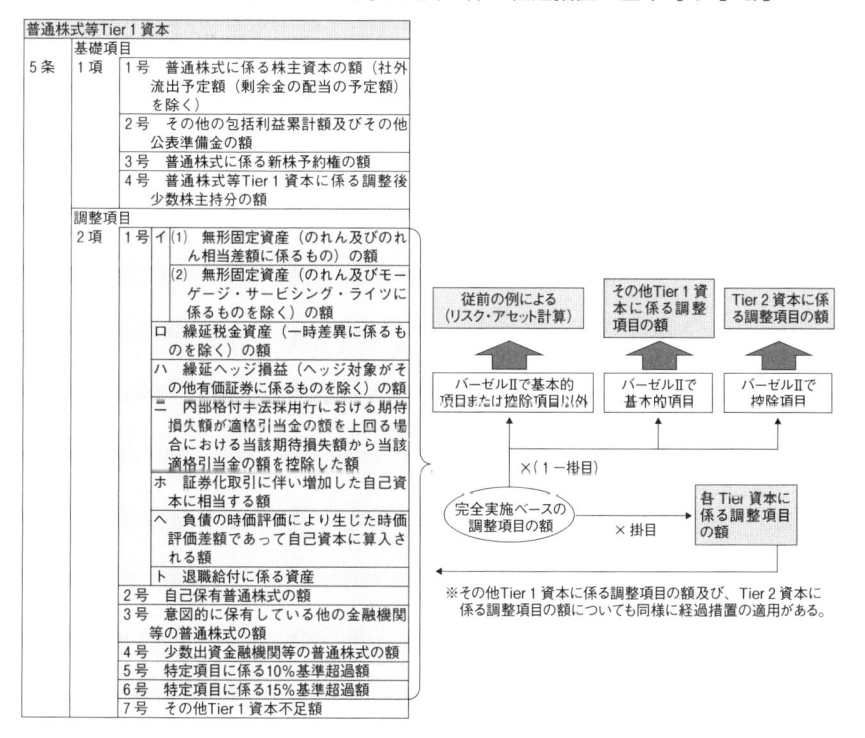

普通株式等Tier 1資本			
5条	1項 基礎項目	1号	普通株式に係る株主資本の額（社外流出予定額（剰余金の配当の予定額）を除く）
		2号	その他の包括利益累計額及びその他公表準備金の額
		3号	普通株式に係る新株予約権の額
		4号	普通株式等Tier 1資本に係る調整後少数株主持分の額
	2項 調整項目	1号 イ	(1) 無形固定資産（のれん及びのれん相当差額に係るもの）の額
			(2) 無形固定資産（のれん及びモーゲージ・サービシング・ライツに係るものを除く）の額
		ロ	繰延税金資産（一時差異に係るものを除く）の額
		ハ	繰延ヘッジ損益（ヘッジ対象がその他有価証券に係るものを除く）の額
		ニ	内部格付手法採用行における期待損失額が適格引当金の額を上回る場合における当該期待損失額から当該適格引当金の額を控除した額
		ホ	証券化取引に伴い増加した自己資本に相当する額
		ヘ	負債の時価評価により生じた時価評価差額であって自己資本に算入される額
		ト	退職給付に係る資産
		2号	自己保有普通株式の額
		3号	意図的に保有している他の金融機関等の普通株式の額
		4号	少数出資金融機関等の普通株式の額
		5号	特定項目に係る10％基準超過額
		6号	特定項目に係る15％基準超過額
		7号	その他Tier 1資本不足額

従前の例による（リスク・アセット計算） ← バーゼルIIで基本的項目または控除項目以外
その他Tier 1資本に係る調整項目の額 ← バーゼルIIで基本的項目
Tier 2資本に係る調整項目の額 ← バーゼルIIで控除項目

完全実施ベースの調整項目の額 ×(1-掛目) / ×掛目 → 各Tier資本に係る調整項目の額

※その他Tier 1資本に係る調整項目の額及び、Tier 2資本に係る調整項目の額についても同様に経過措置の適用がある。

b 調整項目に係る経過措置の計算例

ここで、国際統一基準における調整項目に係る経過措置について、簡単な例を用いてその考え方を整理する。たとえば、のれんの金額を100万円とし平成27年3月期の自己資本比率の計算を考えた場合、調整項目に係る経過措置適用前の無形固定資産（のれんおよびのれん相当差額）の額が100万円となり、当該100万円に経過措置の適用によって表2-25の期間区分に対応する掛目である40％を乗じた金額である40万円がまず普通株式等Tier1資本に係る調整項目の額となる。算入されない部分である60％（＝1-40％）を乗じた60万円については、バーゼルⅡでのれんは基本的項目から控除されていたことから、その他Tier1資本に係る調整項目の額として扱われることになる。

なお、普通株式等Tier1資本に係る調整項目のその他Tier1資本不足額およびその他Tier1資本に係る調整項目のTier2資本不足額については、各Tier区分において控除しきれなかった部分を上位のTier区分から控除するという性質上、調整項目に係る経過措置の適用対象外であることに留意が必要である。

5 無形固定資産の取扱い

ここからは調整項目の各内容についての計算方法と実務上の論点を解説する。国内基準と国際統一基準でその計算方法等が共通する部分が多いためあわせて解説することとし、相違がある部分については解説のなかで触れていくこととする。

無形固定資産については自己資本比率の算定上、表2-26のように区分することができる。

a のれんおよびのれん相当差額

のれんおよびのれん相当差額についてはその全額が、国内基準であればコ

表2-26 無形固定資産の規制上の取扱い

項目	告示	取扱い
のれんおよびのれん相当差額	国内基準 28条2項1号イ(1)	コア資本に係る調整項目の額として全額控除
	国際統一基準 5条2項1号イ(1)	普通株式等Tier1資本に係る調整項目の額として全額控除
モーゲージ・サービシング・ライツ	国内基準 28条2項5号・6号、29条6項2号	特定項目として一定の基準額を超過する部分はコア資本に係る調整項目の額とし、基準額以内の部分は250％のリスク・ウェイトを適用する。
	国際統一基準 5条2項5号・6号、8条9項2号	特定項目として一定の基準額を超過する部分は普通株式等Tier1資本に係る調整項目の額とし、基準額以内の部分は250％のリスク・ウェイトを適用する。
のれんおよびのれん相当差額、モーゲージ・サービシング・ライツを除くその他の無形固定資産	国内基準 28条2項1号イ(2)	コア資本に係る調整項目の額として全額控除
	国際統一基準 5条2項1号イ(2)	普通株式等Tier1資本に係る調整項目の額として全額控除

ア資本に係る調整項目の額となり、国際統一基準であれば普通株式等Tier1資本に係る調整項目の額となる。なお、非連結子会社または関連会社に持分法を適用した場合に、連結貸借対照表上の子会社株式または関連会社株式のなかにのれんに相当する額が含まれることがあるか、自己資本比率算定上、当該金額はのれん相当差額として調整項目とすることになる。

なお、告示5条4項および28条5項では、のれんおよびのれん相当差額に関連する繰延税金負債がある場合には、当該繰延税金負債の額と相殺した金額を調整項目の額とすることができるとされているが、会計上、のれんやのれん相当差額に対して繰延税金負債が計上されるケースは非常に限定的であ

るため、実務上はほぼ無視できると考えられる。

（普通株式等Tier 1 資本の額）

第5条第4項 第2項第1号イ又はトに掲げる額を算出する場合において、これらの規定に掲げる額に関連する繰延税金負債の額があるときは、これの規定に掲げる額と当該関連する繰延税金負債の額を相殺することができる。

（自己資本の額）

第28条第5項 第2項第1号イ又はヘに掲げる額を算出する場合において、これらの規定に掲げる額に関連する繰延税金負債の額があるときは、これの規定に掲げる額と当該関連する繰延税金負債の額を相殺することができる。

また、調整項目に係る経過措置を適用した場合、国内基準であれば表2－23における期間区分に応じた掛目を乗じた金額をコア資本に係る調整項目の額とし、国際統一基準であれば表2－25における期間区分に応じた掛目を乗じた金額を普通株式等Tier 1 資本に係る調整項目の額とすることになる。調整項目に係る経過措置を適用した結果、調整項目に算入されない部分の額は、バーゼルⅡでののれんに相当する額として基本的項目から控除されているものについては、国内基準であればコア資本に係る調整項目の額として、国際統一基準であればその他Tier 1 資本に係る調整項目の額として扱うことになる。

b モーゲージ・サービシング・ライツ

モーゲージ・サービシング・ライツは特定項目となり、特定項目に係る10％基準額および特定項目に係る15％基準額を超過する部分の額は、国内基準であればコア資本に係る調整項目の額とし、国際統一基準であれば普通株式等Tier 1 資本に係る調整項目の額とする。特定項目に係る15％基準額以内の部分の額については、250％のリスク・ウェイトが適用されてリスク・ア

セットとして計算することになる。

　ここで、モーゲージ・サービシング・ライツについて簡単に解説する。モーゲージ・サービシング・ライツとは、住宅ローン等を証券化した場合に発生する可能性のある項目であり、サービシング業務を引き続きオリジネーターが行う場合において市場価格を超えるサービシングフィーを受領するときに、当該市場価格を超える部分に見合いの資産として計上される日本の会計基準において回収サービス業務資産と呼ばれるものである。ただし、わが国の実務上、サービシング業務に関する客観的な市場が存在しないこと等の理由により、モーゲージ・サービシング・ライツが計上される事例は少ないと考えられる。

　なお、特定項目に係る基準額計算の詳細については本節13において述べる。

C　のれんおよびのれん相当差額、モーゲージ・サービシング・ライツを除くその他の無形固定資産

　のれんおよびのれん相当差額、モーゲージ・サービシング・ライツを除くその他の無形固定資産については、国内基準であればコア資本に係る調整項目の額となり、国際統一基準であれば普通株式等Tier 1 資本に係る調整項目の額となる。ソフトウェアや電話加入権などがこの項目に該当するためほとんどすべての金融機関に関係のある項目であり、特にソフトウェアが多額に計上されている新たな形態の銀行業等への影響は大きいものと想定される。

(a)　その他の無形固定資産と税効果相当額との相殺

　調整項目の額の算出については、のれんおよびのれん相当差額と同様に、告示5条4項および28条5項で、関連する繰延税金負債がある場合には、当該繰延税金負債の額と相殺した金額を調整項目の額とすることができるとされている。

　ここで、その他の無形固定資産に関する税効果会計の考え方を整理する。ソフトウェア等を想定した場合、会計上の償却額が税務上の損金算入限度額を超えるときに、当該超えた金額が将来減算一時差異となり回収可能性を判

断したうえで繰延税金資産が計上されることになり、日本の会計基準においては繰延税金負債は計上されることはない。また、電話加入権などの無形固定資産についても同様であり、会計上、繰延税金負債は計上されないことになる。ただし、企業を買収した際などに生じる企業結合に係る無形資産については、繰延税金負債が計上されることがあるが、このようなケースはあまり多くないと考えられる。

　この点、その他の無形固定資産について会計上は繰延税金負債が計上されていないものの、Q&Aにおいては、無形固定資産を全額費用処理した場合に生じる税効果相当額を、実効税率を合理的に見積もることにより計算し、当該税効果相当額と相殺した金額を調整項目の額とすることができるとされている。

> 【無形固定資産】
> **Q&A第5条－Q8**　無形固定資産（のれん及びモーゲージ・サービシング・ライツを除く。）の額の算出に際して実効税率相当分を勘案しても良いでしょうか。
> ［A］
> 　無形固定資産（のれん及びモーゲージ・サービシング・ライツを除く。以下同じ。）の額の算出に際して、税効果会計の適用対象ではないため繰延税金負債が認識されていない無形固定資産についても、繰延税金資産の回収可能性の判断にかかわらず、その全額を費用認識した場合に生じる税効果相当額を実効税率等により合理的に見積もった上で、この額と当該無形固定資産の額を相殺しても構いません。ただし、この場合、第8条第9項第3号及び第10項第3号又は第20条第6項第3号及び第7項第3号（国内基準行の場合には、第29条第6項第3号及び第7項第3号又は第41条第5項第3号及び第6項第3号）に掲げる繰延税金資産（一時差異に係るものに限る。）の額に当該税効果相当額を加算することが求められます。
> 　なお、のれんについては、このような税効果相当額を勘案すること

はできません。

　会計上では繰延税金負債が計上されていないが、会計から離れた規制上の概念としての税効果相当額を実効税率を合理的に見積もることにより計算し、当該税効果相当額との相殺を許容していると考えられる。

　この税効果相当額との相殺は任意適用であるため、相殺しないという方針でも問題ないが、その他の無形固定資産の全額を調整項目の額とするよりも、税効果相当額と相殺した金額を調整項目の額とするほうが計算上有利に働くため、大部分の金融機関がこの税効果相当額との相殺を行っていると考えられる。

　ただし、その他の無形固定資産と税効果相当額を相殺した場合には、後述する調整項目としての繰延税金資産の額に当該相殺された額を加算する必要があるため、繰延税金資産への影響も同時に検討することになる。繰延税金資産のうち一定の金額は特定項目として基準額計算の対象となることにより、基準超過が発生しない状況においては250％のリスク・ウェイトの適用となることから、計算上有利に働くケースが多いと考えられる。

(b)　実効税率の見積り

　実務的にはこの税効果相当額の計算に使用する実効税率の見積りが必要となるが、Q&Aでは税効果相当額は繰延税金資産の回収可能性の判断にかか

図2-21　その他の無形固定資産と税効果相当額

バーゼルⅢによる無形固定資産（のれんおよびモーゲージ・サービシング・ライツを除く）の額

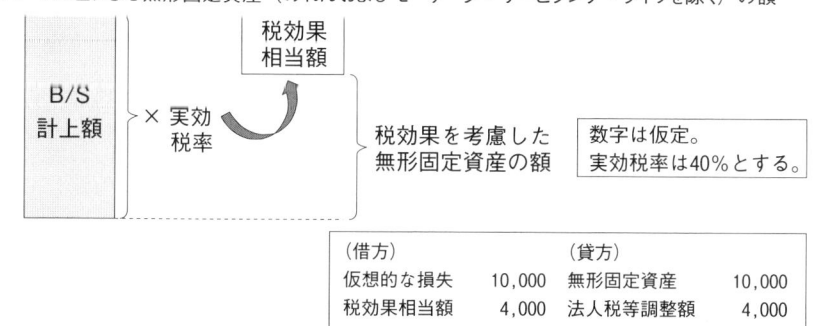

| B/S計上額 × 実効税率 → 税効果相当額 | 税効果を考慮した無形固定資産の額 | 数字は仮定。実効税率は40％とする。 |

(借方)		(貸方)	
仮想的な損失	10,000	無形固定資産	10,000
税効果相当額	4,000	法人税等調整額	4,000

第2章　自己資本比率の算定方法

わらず計算できるとされているため、会計との厳密な整合は求められていないと解釈できる一方で、具体的な見積方法については定められていないため、各金融機関がそれぞれどのような実効税率を用いるか検討する必要がある。

実務的には親会社の翌年度に適用される実効税率を使用するケースが多いようであるが、それ以外にも将来5年間の平均実効税率を使用するケースなどもある。

また、調整項目に係る経過措置を適用した場合、国内基準であれば表2－23における期間区分に応じた掛目を乗じた金額をコア資本に係る調整項目の額とし、国際統一基準であれば表2－25における期間区分に応じた掛目を乗じた金額を普通株式等Tier1資本に係る調整項目の額とすることになる。調整項目に係る経過措置を適用した結果、調整項目に算入されない部分の額は、基本的にはバーゼルⅡでその他資産としてリスク・アセットで対応していたことから、100％のリスク・ウェイトを適用することになる。ただし、企業結合に係る無形固定資産がある場合には、バーゼルⅡで基本的項目から控除されていたため、国内基準ではコア資本に係る調整項目の額とし、国際統一基準ではその他Tier1資本に係る調整項目の額とすることになる。

(c) その他の無形固定資産に関する調整項目に係る経過措置の適用

ここで、その他の無形固定資産と税効果相当額と相殺した場合の調整項目に係る経過措置について確認する。

図2－22を参照いただきたい。たとえば無形固定資産が100万円とし、実効税率を40％と見積もったとした場合、まず調整項目に係る経過措置を適用する前の調整項目の額は、税効果相当額が40万円と計算されることから100万円－40万円＝60万円と計算される。この税効果相当額40万円は別途後述の繰延税金資産の額に加算する必要がある。

ここで、調整項目に係る経過措置を適用し、その掛目を20％と仮定したとき、60万円×20％＝12万円が経過措置ベースでのその他の無形固定資産の額となり、60万円×（1－20％）＝48万円がリスク・ウェイト100％を適用してリスク・アセットで対応する部分となる。ここでの重要な点は、あくまで調

図2−22 調整項目に係る経過措置

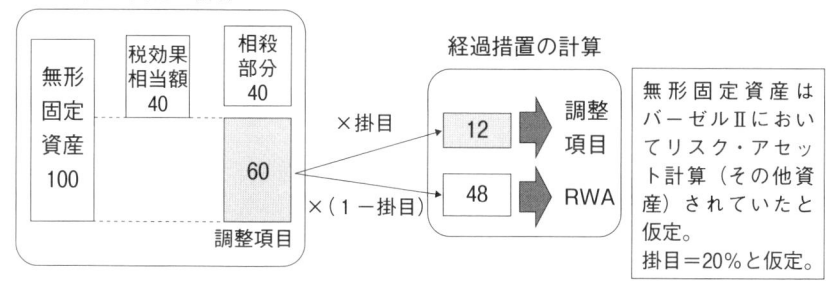

完全実施の計算

| 無形固定資産 100 | 税効果相当額 40 | 相殺部分 40 |

調整項目 60

経過措置の計算

×掛目 → 12 → 調整項目

×(1−掛目) → 48 → RWA

無形固定資産はバーゼルⅡにおいてリスク・アセット計算（その他資産）されていたと仮定。
掛目＝20％と仮定。

整項目に係る経過措置適用前の金額である60万円に対して、調整項目に係る経過措置の掛目を乗じて計算するのであり、税効果相当額40万円は完全実施ベースでも経過措置ベースでも変わらないということである。

また、告示10条2項および33条2項によると、税効果相当額と相殺された無形固定資産の額については、信用リスク・アセットとしての計算も不要であることに留意が必要である。

（信用リスク・アセットの額の合計額）

第10条第2項 前項の規定にかかわらず、次の各号に掲げる場合の区分に応じ、当該各号に定めるものについては、信用リスク・アセットの額を算出することを要しない。

（中略）

ト 第5条第4項の規定により繰延税金負債の額と相殺された額に相当する部分

（信用リスク・アセットの額の合計額）

第33条第2項 前項の規定にかかわらず、次の各号に掲げる場合の区分に応じ、当該各号に定めるものについては、信用リスク・アセットの額を算出することを要しない。

（中略）

ト 第28条第5項の規定により繰延税金負債の額と相殺された額に

> 相当する部分

6 退職給付に係る資産（前払年金費用）

　退職給付に係る資産の額については、バーゼルⅢにおいて国内基準であればコア資本に係る調整項目の額となり、国際統一基準であれば普通株式等Tier 1資本に係る調整項目の額となる。ただし、退職給付については、平成26年3月末に改正退職給付に係る会計基準等が適用されたことにより、個別財務諸表における退職給付の取扱いと連結財務諸表における退職給付の取扱いがそれぞれ異なることになり、個別財務諸表においては従来どおりの会計処理によって前払年金費用が計上されるのに対して、連結財務諸表上では年金資産と退職給付債務との差額として退職給付に係る資産が計上されることになる。単体自己資本比率の算出上は前払年金費用が調整項目となり、連結自己資本比率の算出上は退職給付に係る資産が調整項目として取り扱われることになる。

a 退職給付に係る資産（前払年金費用）と関連する繰延税金負債との相殺

　調整項目の額の計算は国内基準と国際基準で共通である。基本的には連結貸借対照表上の退職給付に係る資産の額が調整項目の額となる。複数の退職給付制度を利用している場合などは、連結貸借対照表上に退職給付に係る資産と退職給付に係る負債が両方計上されることがあるが、調整項目の計算上、退職給付に係る資産は退職給付に係る負債とは相殺することができない。ただし、退職給付に係る資産に関連する繰延税金負債がある場合には、退職給付に係る資産と当該繰延税金負債を相殺することが許容されている。なお、退職給付に係る資産と当該繰延税金負債を相殺した場合には、後述の調整項目としての繰延税金資産の額に当該相殺された額を調整する必要がある。

ここで、退職給付に係る資産に関連する繰延税金負債について解説する。会計上は年金資産と退職給付債務との差額が連結貸借対照表上に退職給付に係る資産として計上されることになるが、税務上ではその全額が否認されることにより、退職給付に係る資産に実効税率を乗じた金額が繰延税金負債として計上されることになる。

　図２−23を参照いただきたい。年金資産と退職給付債務との差額である4,000万円−2,500万円＝1,500万円が銀行の連結貸借対照表上に退職給付に係る資産として、この1,500万円に実効税率40％を乗じた600万円が繰延税金負債として計上されている。調整項目の額の計算において退職給付に係る資産と関連する繰延税金負債の額を相殺する場合には、1,500万円−600万円＝900万円が調整項目としての退職給付に係る資産の額となる。

　ただし、図２−23は非常にシンプルなケースである。実務的には退職給付信託が設定されていることによって、図２−23のような退職給付に係る資産と繰延税金負債との関連性が大きく崩れている状況がよく見受けられる。退職給付信託を設定すると、会計上は拠出した株式の時価だけ退職給付に係る資産を増加（または退職給付に係る負債を減少）をさせる一方で、税務上は退職給付信託に拠出した株式を引き続き取得原価で保有しているとみなされることから、これらの関連性が崩れることになる。

　図２−24は極端なケースではあるが、連結貸借対照表上に退職給付に係る資産が2,000万円計上されているのに対して、繰延税金資産が3,600万円と繰

図２−23　退職給付に係る資産と繰延税金負債の関係

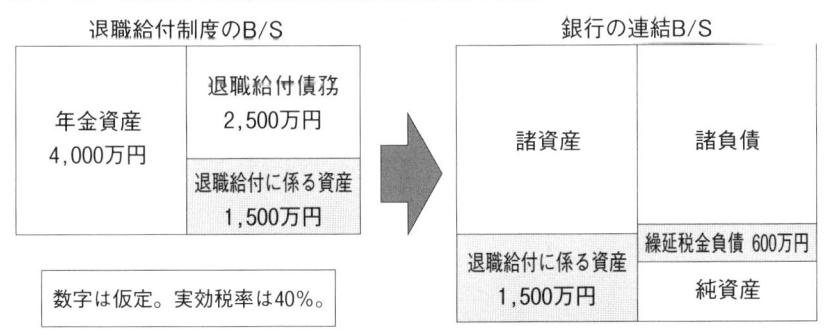

退職給付制度のB/S	銀行の連結B/S
年金資産 4,000万円 ／ 退職給付債務 2,500万円 ／ 退職給付に係る資産 1,500万円	諸資産 ／ 諸負債 ／ 退職給付に係る資産 1,500万円 ／ 繰延税金負債 600万円 ／ 純資産

数字は仮定。実効税率は40％。

第２章　自己資本比率の算定方法　81

図2－24 退職給付に係る資産と繰延税金負債の関連性

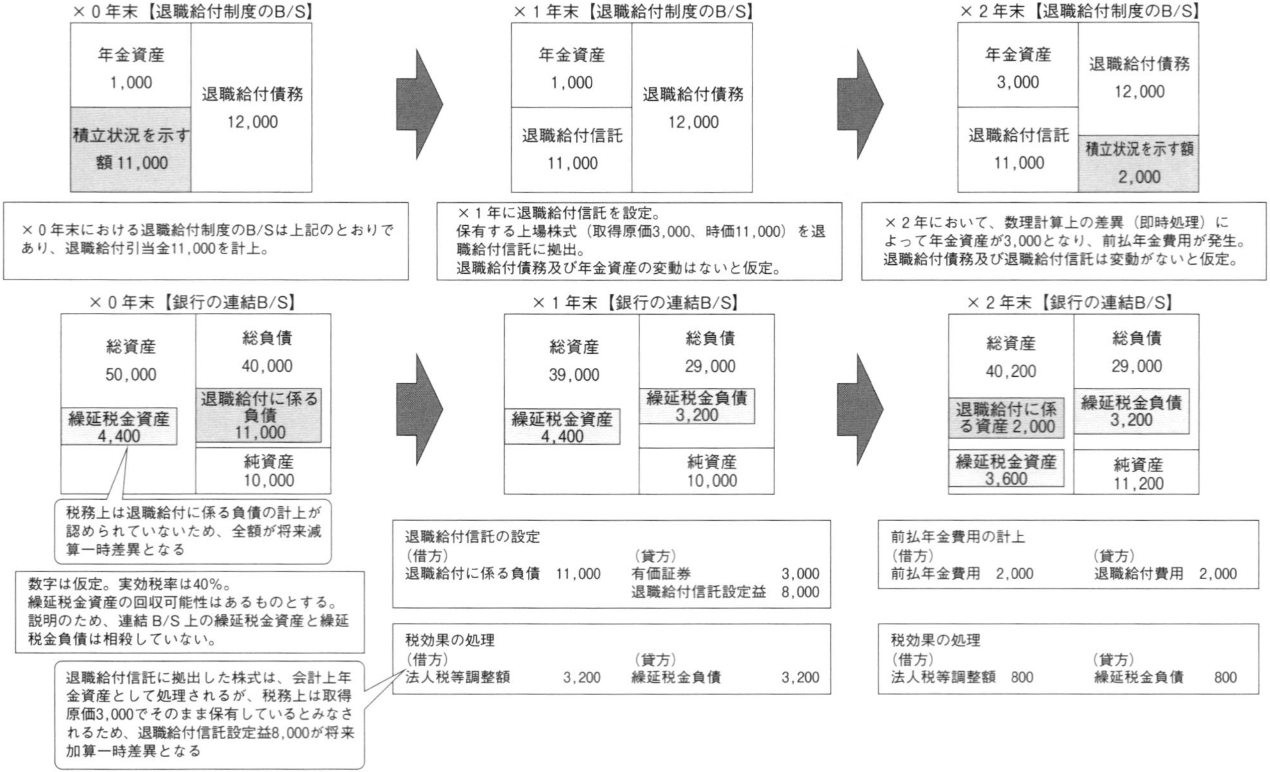

×0年末【退職給付制度のB/S】

年金資産 1,000	退職給付債務 12,000
積立状況を示す額 11,000	

×1年末【退職給付制度のB/S】

年金資産 1,000	退職給付債務 12,000
退職給付信託 11,000	

×1年に退職給付信託を設定。保有する上場株式（取得原価3,000、時価11,000）を退職給付信託に拠出。退職給付債務及び年金資産の変動はないと仮定。

×2年末【退職給付制度のB/S】

年金資産 3,000	退職給付債務 12,000
退職給付信託 11,000	積立状況を示す額 2,000

×2年において、数理計算上の差異によって年金資産が3,000増加し（即時処理）、前払年金費用が発生。退職給付債務及び退職給付信託は変動がないと仮定。

×0年末【銀行の連結B/S】

総資産 50,000	総負債 40,000
繰延税金資産 4,400	退職給付に係る負債 11,000
	純資産 10,000

数字は仮定。実効税率は40％。繰延税金資産の回収可能性はあるものとする。説明のため、連結B/S上の繰延税金資産と繰延税金負債は相殺していない。

×1年末【銀行の連結B/S】

総資産 39,000	総負債 29,000
繰延税金資産 4,400	退職給付に係る負債 11,000
	純資産 10,000

退職給付信託の設定
（借方）
退職給付に係る負債 11,000
（貸方）
有価証券 3,000
退職給付信託設定益 8,000

税効果の処理
（借方）
法人税等調整額 3,200
（貸方）
繰延税金負債 3,200

退職給付信託に拠出した株式は、会計上年金資産として処理されるが、税務上は取得原価3,000でそのまま保有しているとみなされるため、退職給付信託設定益8,000が将来加算一時差異となる

×2年末【銀行の連結B/S】

総資産 40,200	総負債 29,000
退職給付に係る資産 2,000	繰延税金負債 3,200
繰延税金資産 3,600	純資産 11,200

前払年金費用の計上
（借方）
前払年金費用 2,000
（貸方）
退職給付費用 2,000

税効果の処理
（借方）
法人税等調整額 800
（貸方）
繰延税金負債 800

延税金負債3,200万円計上されており、ネットで繰延税金資産400万円となっている。調整項目の額を算出するに際して、退職給付に係る資産に関連する繰延税金負債を相殺する方針であるとすると、このように繰延税金資産が計上されている場合にはどのように扱うかを検討する必要がある。また、図2－24のケースとは逆に退職給付に係る資産を上回る繰延税金負債が計上されるケースも想定されるが、この場合の調整項目の額をどのように扱うかもあわせて検討しておく必要があるものと考えられる。

b 退職給付に係る資産（前払年金費用）に関連する繰延税金負債の見積り

Q&A第5条－Q10によると、退職給付に係る資産の額と繰延税金負債の額の相殺方法に関する数値例が示されており、会計上で実際に計上されている退職給付に関連する繰延税金負債と相殺するのではなく、退職給付に係る資産の残高に対して実効税率を乗じることによって繰延税金負債を計算し、退職給付に係る資産と当該繰延税金負債とを相殺したうえで、調整項目としての退職給付に係る資産の額を計算する方法が示されている。このQ&Aは上述のように会計上の退職給付に係る資産の額と関連する繰延税金負債の額の関連性が崩れている状況を想定して簡便的に実効税率を用いて計算することを実務上許容しているものと解釈される。

これら関連する繰延税金負債との相殺の考え方を整理すると、まずそもそも関連する繰延税金負債とを相殺するかは任意であり、相殺するか否かの方針を決定する必要がある。相殺するとした場合、関連する繰延税金負債の額として、会計上の繰延税金負債を用いるか実効税率により見積もるかを決定することになる。会計上の繰延税金負債を用いる場合、退職給付に係る資産に関連する繰延税金資産が計上されていた場合はどのように扱うか、また、退職給付に係る資産を上回る繰延税金負債が計上されていた場合はどのように扱うかの方針を決めておく必要があるものと考えられる。他方、実効税率で見積もる方針とした場合、その他の無形固定資産における税効果相当額を計算する際の実効税率の見積りと同様の論点となる。

また、関連する繰延税金負債と相殺された部分については、その他の無形固定資産と同様にリスク・アセットの計算は不要となることに留意いただきたい。

C　退職給付に係る資産（前払年金費用）に関する調整項目に係る経過措置の適用

　調整項目に係る経過措置を適用した場合、国内基準であれば表2－23における期間区分に応じた掛目を乗じた金額をコア資本に係る調整項目の額とし、国際統一基準であれば表2－25における期間区分に応じた掛目を乗じた金額を普通株式等Tier1資本に係る調整項目の額とすることになる。調整項目に係る経過措置を適用した結果、調整項目に算入されない部分の額は、基本的にはバーゼルIIでその他資産としてリスク・アセットで対応していたことから、100％のリスク・ウェイトを適用することになる。

7　繰延税金資産

　繰延税金資産については、表2－27のとおり一時差異に係る繰延税金資産と一時差異に係るものを除く繰延税金資産で調整項目としての取扱いが異なる。

　一時差異に係るものを除く繰延税金資産については、その全額が国内基準であればコア資本に係る調整項目の額、国際統一基準であれば普通株式等Tier1資本に係る調整項目の額となる。これに対して、一時差異に係る繰延税金資産については、特定項目として扱われ、基準額計算の結果、一定の基準額を上回る部分の額については、国内基準であればコア資本に係る調整項

表2－27　繰延税金資産の取扱い

繰延税金資産の発生原因	バーゼルIIIの取扱い
一時差異	特定項目として基準額計算の対象となる
一時差異以外	全額調整項目となる

目の額、国際統一基準であれば普通株式等Tier 1 資本に係る調整項目の額とし、基準額以内の部分については250％のリスク・ウェイトが適用されることになる。国内基準と国際統一基準のこの取扱いは共通であるが、それぞれの調整項目の額の算出方法が国内基準と国際統一基準で相違する。

なお、繰延税金資産についての会計的な解説は第5章を参照いただきたいが、実務的には一時差異以外の繰延税金資産は、繰越欠損金および繰越外国税額控除に係るものを想定していれば十分である。

a 国内基準

ここでの目的は繰延税金資産を一時差異に係るものと一時差異以外に分けることであるが、国内基準における繰延税金資産の額の計算は非常に複雑である。

計算するにあたってのポイントは以下のとおりである。
・繰延税金資産と繰延税金負債の相殺
・繰延税金資産・負債の集計の範囲
・規制上の加算減算

(a) 繰延税金資産の計算

まず、一時差異に係る繰延税金資産と一時差異以外の繰延税金資産の額の算出にあたり、繰延税金負債の額との相殺が可能である。ここで、会計上は異なる納税主体の繰延税金資産と繰延税金負債は相殺することができないとされている。すなわち、親会社の繰延税金資産と子会社の繰延税金負債は相殺できないとされているが、調整項目としての繰延税金資産の額の算出においては、異なる納税主体であっても、同一の所在地国に存するのであればそれら繰延税金資産と繰延税金負債は相殺可能と解釈されている。これは、Q&A第5条Q－6において銀行の繰延税金資産の額を、所在地国が異なる子法人等の繰延税金負債の額は相殺できないとされていることによるものである。

また、その他有価証券評価差額金、繰延ヘッジ損益および土地再評価差額金に係るものは調整項目となる繰延税金資産の集計の範囲から除外する必要

があり、それらに係る繰延税金負債も繰延税金資産と相殺することはできない。これは、国内基準においてコア資本の基礎項目の額に、その他有価証券評価差額金、繰延ヘッジ損益および土地再評価差額金が含まれないことに対応するものである。ここで、土地再評価差額金については、前述のとおり経過措置によって一定の範囲内でコア資本の基礎項目に算入可能となる。これに伴い土地再評価差額金に係る経過措置の適用期間中は、土地再評価差額金に係る繰延税金負債も繰延税金資産と相殺することができる。なお、土地再評価差額金に係る繰延税金負債は、連結貸借対照表上、再評価に係る繰延税金負債として繰延税金負債とは別に表示されており、有価証券報告書における繰延税金資産の主な発生原因別の内訳注記の対象ともならないことに留意が必要である。

さらに、その他の無形固定資産と相殺された税効果相当額および退職給付に係る資産と相殺された繰延税金負債については、繰延税金資産の計算において調整を行う必要がある。その他の無形固定資産の税効果相当額については、一時差異に係る繰延税金資産に加算し、退職給付に関連する繰延税金負債については、相殺可能となる繰延税金負債から控除することになる。

このような相殺や調整を加えたうえで、ネットの繰延税金資産を算出し、一時差異に係る繰延税金資産と一時差異以外の繰延税金資産の金額の比を用いて、それぞれの金額を算出することになる。

(調整後少数株主持分の額及び調整項目の額の算出方法)

第29条第10項 第6項第3号及び第7項各号並びに前条第2項第1号ロに掲げる額を算出する場合において、繰延税金資産の額及びこれに関連する繰延税金負債の額(同条第5項の規定により相殺された額を除く。以下この項において同じ。)があるときは、次の各号に掲げる繰延税金資産の額の区分に応じ、当該額と当該各号に定める額を相殺することができる。

1 繰延税金資産(一時差異に係るものに限る。)の額 繰延税金負債の額のうち当該額に繰延税金資産(一時差異に係るものに限る。)の

図2-25 繰延税金資産の取扱いのイメージ

① 繰延税金資産の取扱いイメージ

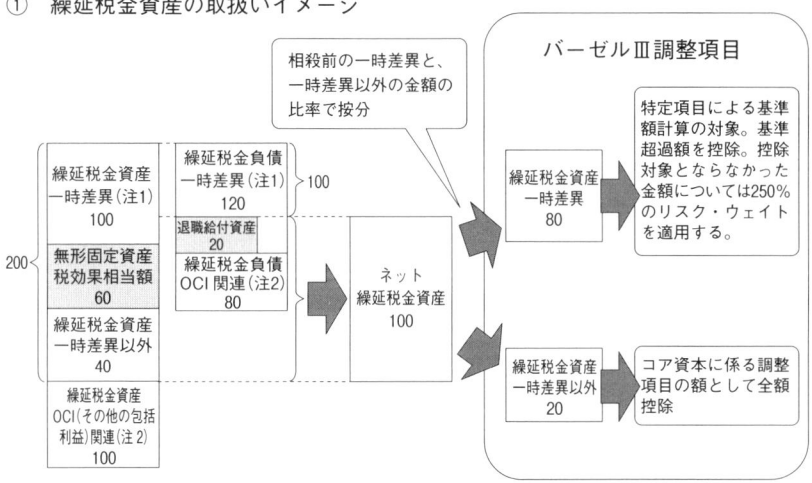

```
                    繰延税金負債
    繰延税金資産     一時差異(注1)            相殺前の一時差異と、     バーゼルⅢ調整項目
    一時差異(注1)        120      >100       一時差異以外の金額の
        100          退職給付資産              比率で按分                    特定項目による基準
                         20                                              額計算の対象。基準
    無形固定資産      繰延税金負債                           繰延税金資産      超過額を控除。控除
200<  税効果相当額     OCI関連(注2)                          一時差異        対象とならなかった
        60                80                   ネット          80         金額については250%
                                            繰延税金資産                    のリスク・ウェイト
    繰延税金資産                                 100                       を適用する。
    一時差異以外
        40
                                                              繰延税金資産      コア資本に係る調整
    繰延税金資産                                               一時差異以外     項目の額として全額
    OCI(その他の包括                                              20         控除
    利益)関連(注2)
        100
```

（注1）　その他の包括利益累計額（その他有価証券評価差額金、繰延ヘッジ損益および土地再評価差額金）に関連するものを除く一時差異に係る繰延税金資産および繰延税金負債。

（注2）　その他有価証券評価差額金、繰延ヘッジ損益および土地再評価差額金に係るものは、調整項目の繰延税金資産の計算に含めない。

② 繰延税金資産（経過措置）の取扱いイメージ

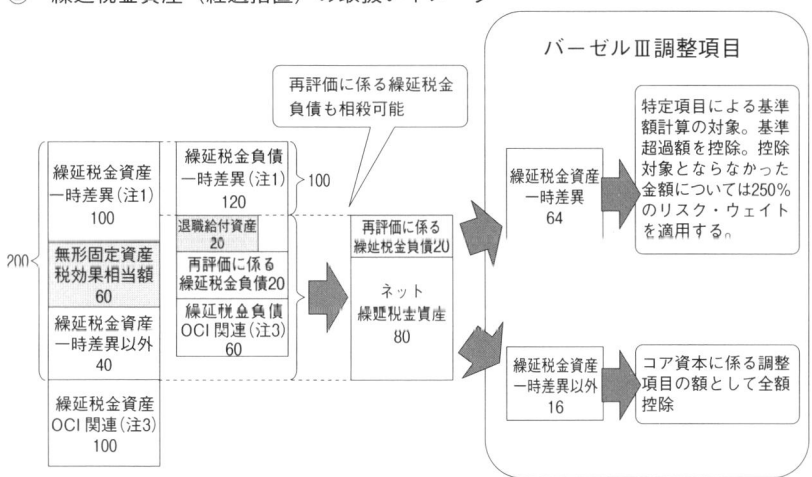

```
                    繰延税金負債
    繰延税金資産     一時差異(注1)            再評価に係る繰延税金       バーゼルⅢ調整項目
    一時差異(注1)        120      >100       負債も相殺可能
        100          退職給付資産                                         特定項目による基準
                         20                                              額計算の対象。基準
    無形固定資産      再評価に係る          再評価に係る                     超過額を控除。控除
200<  税効果相当額     繰延税金負債20       繰延税金負債20    繰延税金資産     対象とならなかった
        60           繰延税金負債             ネット         一時差異       金額については250%
                     OCI関連(注3)         繰延税金資産         64         のリスク・ウェイト
    繰延税金資産          60                   80                         を適用する。
    一時差異以外
        40
                                                              繰延税金資産      コア資本に係る調整
    繰延税金資産                                               一時差異以外     項目の額として全額
    OCI関連(注3)                                                  16         控除
        100
```

（注3）　その他有価証券評価差額金および繰延ヘッジ損益に係るものは、調整項目の繰延税金資産の計算に含めない。

>　　額を繰延税金資産の額で除して得た割合を乗じて得た額
>
>　２　繰延税金資産（一時差異に係るものを除く。）の額　繰延税金負債の額のうち前号に定める額を控除した額
>
> **第29条第11項**　第６項第３号及び第７項各号に掲げる額を算出する場合並びに前項の規定により繰延税金資産の額と繰延税金負債の額を相殺する場合には、繰延税金資産の額及び同項の規定により繰延税金資産の額と相殺される繰延税金負債の額は、その他有価証券評価差額金、繰延ヘッジ損益及び土地再評価差額金に係るものが含まれないものとした場合の額とする。

(b)　繰延税金資産の計算例

　実務上は評価性引当額の調整も必要になるため、より複雑な計算となる。それでは具体的に計算例を解説する。

　まず、図２-26を参照いただきたい。有価証券報告書における繰延税金資産の主な発生原因別の内訳の注記からスタートするのがよいと考える。繰延税金資産と繰延税金負債は所在地国が異なる場合には相殺できないため、連結子会社のうち、所在地国別にそれぞれの内訳を集計することになり、ここでは日本とアメリカを想定する。この内訳は、その他有価証券評価差額金および繰延ヘッジ損益に係るもの、一時差異以外およびその他の一時差異に区分する必要がある。なお、繰越欠損金や繰越外国税額控除は一時差異以外の繰延税金資産であるため、繰延税金資産の主な発生原因別の内訳の注記のなかの繰延税金資産および繰延税金負債の「その他」のなかに含まれている場合は区分する。

　また、海外に所在する連結子会社が複数存在する場合などにおいては、連結修正部分をどこの国に帰属させるかが問題となることがあるが、金額的な重要性を勘案し連結修正部分はすべて日本に帰属させることも考えられる。

　次に評価性引当額をその他有価証券評価差額金および繰延ヘッジ損益に係るもの、一時差異以外に係るものおよびその他の一時差異に係るものに按分

図2-26 国内基準における繰延税金資産の計算例①

① 連結税効果注記からスタート

繰延税金資産および繰延税金負債の発生の主な原因別の内訳（百万円）	親会社（日本）	子会社1（日本）	子会社2（アメリカ）	連結修正	修正後合算
繰延税金資産					
貸倒引当金損金算入限度超過額	120	50	20	▲10	180
その他有価証券評価差額金	200	30	10		240
税務上の繰越欠損金	150	—	—		150
その他	50	10	10		70
繰延税金資産 小計	520	90	40	▲10	640
評価性引当額	▲50	▲10	▲10		▲70
繰延税金資産 合計	470	80	30	▲10	570
繰延税金負債					
その他有価証券評価差額金	200	10	10		220
リース取引関連	100	—	—		100
その他	50	10	50		110
繰延税金負債 合計	350	20	60		430
繰延税金資産の純額	120	60	▲30	▲10	140
土地再評価に係る繰延税金負債	50	—	—		50

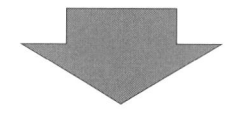

> 税効果内訳を国別に集計する。連結修正部分は親会社と子会社1との取引に関連するものと仮定

② 国別の合算（相殺）

繰延税金資産および繰延税金負債の発生の主な原因別の内訳（百万円）	日本	アメリカ
繰延税金資産		
貸倒引当金損金算入限度超過額	160	20
その他有価証券評価差額金	230	10
税務上の繰越欠損金	150	—
その他	60	10
繰延税金資産 小計	600	40
評価性引当額	▲60	▲10
繰延税金資産 合計	540	30
繰延税金負債		
その他有価証券評価差額金	210	10
リース取引関連	100	—
その他	60	50
繰延税金負債 合計	370	60
繰延税金資産の純額	170	▲30
土地再評価に係る繰延税金負債	50	—

第2章 自己資本比率の算定方法

することを考える。会計上は繰延税金資産の回収可能性の検討を行った結果、回収不能部分が評価性引当額とされているため、評価性引当額を厳密にそれぞれに帰属させることが可能であると考えられるが、Q&A第28条-Q2では評価性引当額控除前の繰延税金資産の金額の比で按分させる計算例となっている。ただし、Q&A第28条-Q2では評価性引当額の内訳が明らかな場合には、その内訳に応じて評価性引当額を繰延税金資産から除外することも可能とされている。

　図2-27において、日本の評価性引当額は60百万円とされており、これを評価性引当額控除前の繰延税金資産の金額の比でそれぞれに按分する。日本における評価性引当額控除前の一時差異に係るものは160百万円+60百万円=220百万円、その他有価証券評価差額金および繰延ヘッジ損益に係るものは230百万円、一時差異以外に係るものが150百万円であるため、評価性引当額控除前の繰延税金資産の合計は600百万円である。したがって、一時差異に係るものに帰属する評価性引当額は60百万円×220百万円÷600百万円=22百万円となる。同様に、その他有価証券評価差額金および繰延ヘッジ損益に係るものは60百万円×230百万円÷600百万円=23百万円、一時差異以外に係るものは60百万円×150百万円÷600百万円=15百万円となる。アメリカの評価性引当額10百万円も同様の考え方でそれぞれに按分することになる。

　次に規制上の加算・減算を行う。国内基準における繰延税金資産の算出においては、その他有価証券評価差額金および繰延ヘッジ損益に係る繰延税金資産および繰延税金負債は除外して計算する必要がある。また、土地再評価差額金に係る経過措置適用期間中は、再評価に係る繰延税金負債は繰延税金資産との相殺が可能であるため、別途金額を集計することになることに留意が必要である。ここでは完全実施ベースを前提に解説する。

　また、先述のとおりその他の無形固定資産と相殺された税効果相当額については、一時差異に係る繰延税金資産の額に加算する必要があり、他方、退職給付に係る資産と相殺された繰延税金負債については、繰延税金負債の合計額から控除することになる。ただし、Q&A第28条-Q2では、退職給付に係る資産と相殺された繰延税金負債は、繰延税金負債の合計から控除する

図2-27 国内基準における繰延税金資産の計算例②

① 国別の合算（相殺）

繰延税金資産および繰延税金負債の発生の主な原因別の内訳(百万円)		
	日本	アメリカ
繰延税金資産		
貸倒引当金損金算入限度超過額	160	20
その他有価証券評価差額金	230	10
税務上の繰越欠損金	150	—
その他	60	10
繰延税金資産 小計	600	40
評価性引当額	▲60	▲10
繰延税金資産 合計	540	30
繰延税金負債		
その他有価証券評価差額金	210	10
リース取引関連	100	—
その他	60	50
繰延税金負債 合計	370	60
繰延税金資産の純額	170	▲30
土地再評価に係る繰延税金負債	50	—

⬇

② 評価性引当額の按分

繰延税金資産および繰延税金負債の発生の主な原因別の内訳(百万円)		
	日本	アメリカ
繰延税金資産		
一時差異	220	30
その他有価証券評価差額金	230	10
一時差異以外	150	—
繰延税金資産 小計	600	40
評価性引当額	▲60	▲10
一時差異	▲22	▲7.5
その他有価証券評価差額金	▲23	▲2.5
一時差異以外	▲15	—
繰延税金資産 合計	540	30
繰延税金負債		
その他有価証券評価差額金	210	10
リース取引関連	100	—
その他	60	50
繰延税金負債 合計	370	60
繰延税金資産の純額	170	▲30
土地再評価に係る繰延税金負債	50	—

> 評価性引当額を繰延税金資産の金額の比で按分する。別法として、評価性引当額の内訳が明らかな場合には、その内訳に応じて帰属させることができる

第2章 自己資本比率の算定方法

のではなく、一時差異に係る繰延税金資産に加算する計算例を示している。これは、退職給付に係る資産に関連する繰延税金負債についてもその他の無形固定資産に係る税効果相当額と同様に、実効税率を見積もることにより計算することを許容していることに伴うものと考えられるが、実務的には繰延税金資産に加算する方法と繰延税金負債から控除する方法のどちらの方法でも採用可能と解釈される。

　図2-28において、その他有価証券評価差額金および繰延ヘッジ損益に係る繰延税金資産、評価性引当額および繰延税金負債がそれぞれ集計・計算できたので、これらは今後の計算から除外することになる。また、日本におけるその他の無形固定資産と相殺された税効果相当額が30百万円、退職給付に係る資産と相殺された繰延税金負債が20百万円と仮定すると、30百万円は一時差異に係る繰延税金資産に加算し、20百万円は一時差異に係る繰延税金負債から控除することになる。

　これら規制上の加算・減算を行ったうえで次は繰延税金負債を一時差異と一時差異以外に按分する。ここで、会計上では一時差異以外の繰延税金負債は存在しないが、調整項目としての繰延税金資産の額を計算する際には、会計の概念とは離れて、繰延税金負債を一時差異と一時差異以外に按分したうえで、それぞれ繰延税金資産と相殺することが求められている。ただし、評価性引当額を会計上の発生原因に応じてそれぞれ厳密に一時差異と一時差異以外に帰属させた場合には、会計の概念と整合的に繰延税金負債も一時差異とのみ相殺させることが考えられる。

　図2-29において、日本における繰延税金負債の合計額は140百万円であり、これを評価性引当額控除前の繰延税金資産の金額の比で一時差異と一時差異以外に按分する。評価性引当額控除前の一時差異に係る繰延税金資産は250百万円、一時差異以外の繰延税金資産は150百万円であるから、合計で400百万円である。したがって、一時差異に係るものに帰属する繰延税金負債は140百万円×250百万円÷400百万円＝87.5百万円、一時差異以外に係るものに帰属する繰延税金負債は140百万円×150百万円÷400百万円＝52.5百万円となる。

図2-28 国内基準における繰延税金資産の計算例③

① 評価性引当額の按分

繰延税金資産および繰延税金負債の発生の主な原因別の内訳（百万円）		
	日本	アメリカ
繰延税金資産		
一時差異	220	30
その他有価証券評価差額金	230	10
一時差異以外	150	―
繰延税金資産 小計	600	40
評価性引当額	▲60	▲10
一時差異	▲22	▲7.5
その他有価証券評価差額金	▲23	▲2.5
一時差異以外	▲15	―
繰延税金資産 合計	540	30
繰延税金負債		
その他有価証券評価差額金	210	10
リース取引関連	100	―
その他	60	50
繰延税金負債 合計	370	60
繰延税金資産の純額	170	▲30
土地再評価に係る繰延税金負債	50	―

> その他有価証券評価差額金および土地再評価差額金に関連するものは計算から除外。
> 経過措置適用期間中は、再評価に係る繰延税金負債は全額考慮可能（集計から除外しない）

② 規制上の加算・減算

繰延税金資産および繰延税金負債の発生の主な原因別の内訳（百万円）		
	日本	アメリカ
繰延税金資産		
一時差異	220	30
一時差異（無形固定資産）	30	10
一時差異以外	150	―
繰延税金資産 小計	400	40
評価性引当額	▲37	▲7.5
一時差異	▲22	▲7.5
一時差異以外	▲15	
繰延税金資産 合計	363	32.5
繰延税金負債		
リース取引関連	100	―
その他	60	50
退職給付に係る資産(注)	▲20	
繰延税金負債 合計	140	50
繰延税金資産の純額	223	▲17.5

> 無形固定資産の税効果相当額を繰延税金資産（一時差異）に加算するとともに、退職給付に係る資産に関連する繰延税金負債を控除する

（注）退職給付に関連する繰延税金負債については、繰延税金負債からの控除として扱う方法と、繰延税金資産への加算として扱う方法がある。
　　　ネットの繰延税金資産の金額は同じだが、次の繰延税金負債の按分計算に影響がある。

第2章　自己資本比率の算定方法　93

図2-29　国内基準における繰延税金資産の計算例④

① 規制上の加算・減算

繰延税金資産および繰延税金負債の発生の主な原因別の内訳	日本	アメリカ
繰延税金資産		
一時差異	220	30
一時差異（無形固定資産）	30	10
一時差異以外	150	—
繰延税金資産　小計	400	40
評価性引当額	▲37	▲7.5
一時差異	▲22	▲7.5
一時差異以外	▲15	—
繰延税金資産　合計	363	32.5
繰延税金負債		
リース取引関連	100	—
その他	60	50
退職給付に係る資産	▲20	
繰延税金負債　合計	140	50
繰延税金資産の純額	223	▲17.5

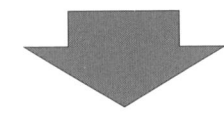

② 繰延税金負債の按分

繰延税金資産および繰延税金負債の発生の主な原因別の内訳	日本	アメリカ
繰延税金資産		
一時差異	250	40
一時差異以外	150	—
繰延税金資産　小計	400	40
評価性引当額	▲37	▲7.5
一時差異	▲22	▲7.5
一時差異以外	▲15	—
繰延税金資産　合計	363	32.5
繰延税金負債	140	50
一時差異	87.5	50
一時差異以外	52.5	—
繰延税金資産の純額	223	▲17.5

> 繰延税金負債を繰延税金資産の金額の比で按分する。別法として、評価性引当額の計算でその内訳に応じて計算した場合には、繰延税金負債は一時差異と相殺することが適当と考えられる

以上の計算から、繰延税金資産、評価性引当額および繰延税金負債をそれぞれ一時差異と一時差異以外に分類することができた。アメリカについても以上と同様の計算を行った結果、それぞれ分類できたとする。あとは、一時差異と一時差異以外のそれぞれで、評価性引当額控除前繰延税金資産から評価性引当額および繰延税金負債を控除してネットの繰延税金資産の額を計算することになる。

　図2－29において、日本におけるネットの一時差異に係る繰延税金資産の額は、250百万円－22百万円－87.5百万円＝140.5百万円となり、ネットの一時差異以外の繰延税金資産の額は、150百万円－15百万円－52.5百万円＝82.5百万円と計算される。同様にアメリカにおいては、ネットの一時差異に係る繰延税金資産が▲17.5百万円となり、すなわちネットで繰延税金負債が計算されたことになる。

　ここで、日本の繰延税金資産と所在地国が異なる子会社の繰延税金負債は相殺することができないとされている。すなわち、アメリカの一時差異に係る繰延税金負債17.5百万円は日本の一時差異に係る繰延税金資産140.5百万円と相殺できないため、最終的に一時差異に係る繰延税金資産は140.5百万円と計算され、当該金額は特定項目となり基準額計算の対象になる。他方、一時差異以外の繰延税金資産は82.5百万円と計算され、当該金額は全額コア資本に係る調整項目の額となる。

(c) 繰延税金資産に関する調整項目に係る経過措置の適用

　調整項目に係る経過措置を適用した場合、国内基準であれば表2－23における期間区分に応じた掛目を乗じた金額をコア資本に係る調整項目の額とすることになる。調整項目に係る経過措置を適用した結果、調整項目に算入されない部分の額は、基本的にはバーゼルⅡでその他資産としてリスク・アセットで対応していたことから、100％のリスク・ウェイトを適用することになる。

図2-30　国内基準における繰延税金資産の計算例⑤

① 繰延税金負債の按分

繰延税金資産および繰延税金負債の発生の主な原因別の内訳（百万円）		
	日本	アメリカ
繰延税金資産		
一時差異	250	40
一時差異以外	150	―
繰延税金資産 小計	400	40
評価性引当額	▲37	▲7.5
一時差異	▲22	▲7.5
一時差異以外	▲15	―
繰延税金資産 合計	363	32.5
繰延税金負債	140	50
一時差異	87.5	50
一時差異以外	52.5	―
繰延税金資産の純額	223	▲17.5

② 繰延税金資産の集計

繰延税金資産および繰延税金負債の発生の主な原因別の内訳（百万円）		
	日本	アメリカ
繰延税金資産		
一時差異	140.5	▲17.5
一時差異以外	82.5	―

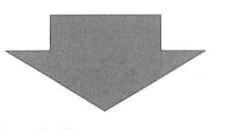

所在地国の異なる繰延税金資産と繰延税金負債は相殺できない

③ 調整項目の集計

繰延税金資産および繰延税金負債の発生の主な原因別の内訳（百万円）			
	日本	アメリカ	調整項目
繰延税金資産			
一時差異	140.5	―	140.5
一時差異以外	82.5	―	82.5

一時差異は特定項目の計算へ
一時差異以外はそのまま調整項目へ

b 国際統一基準

(a) 繰延税金資産の計算

　一時差異に係る繰延税金資産は特定項目となり基準額計算の対象へ、一時差異以外の繰延税金資産は全額が普通株式等Tier 1資本に係る調整項目の額となる。

　国内基準ではその他有価証券評価差額金および繰延ヘッジ損益に係るものを除外する必要があることから、評価性引当額をいったんその他有価証券評価差額金および繰延ヘッジ損益に按分計算により帰属させてから当該金額を計算から除外したが、国際統一基準ではこのような調整は行わないため、比較的シンプルな計算となる。

　まず、国際統一基準においても一時差異に係る繰延税金資産と一時差異以外の繰延税金資産の額の算出に当たり、繰延税金負債の額との相殺が可能である。相殺の範囲についても国内基準と同様に親会社の繰延税金資産と所在地国が異なる子会社の繰延税金負債とは相殺することができないが、同一所在地国同士であれば相殺は可能と解釈される。

　また、その他の無形固定資産と相殺された税効果相当額および退職給付に係る資産と相殺された繰延税金負債については、繰延税金資産の計算において調整を行う必要がある。その他の無形固定資産の税効果相当額については、一時差異に係る繰延税金資産に加算し、退職給付に関連する繰延税金負債については、相殺可能となる繰延税金負債から控除することになる。

　このような相殺や調整を加えたうえで、ネットの繰延税金資産を算出し、一時差異に係る繰延税金資産と一時差異以外の繰延税金資産の金額の比を用いて、それぞれの金額を算出することになる。

　国内基準との相違は、その他有価証券評価差額金、繰延ヘッジ損益および土地再評価差額金に関連する繰延税金資産および繰延税金負債を計算対象から除外しないことである。これは、国際統一基準においては、普通株式等Tier 1資本に係る基礎項目の額にその他の包括利益累計額の全額が算入されることによるものである。

図2－31　国際統一基準における繰延税金資産の取扱いのイメージ

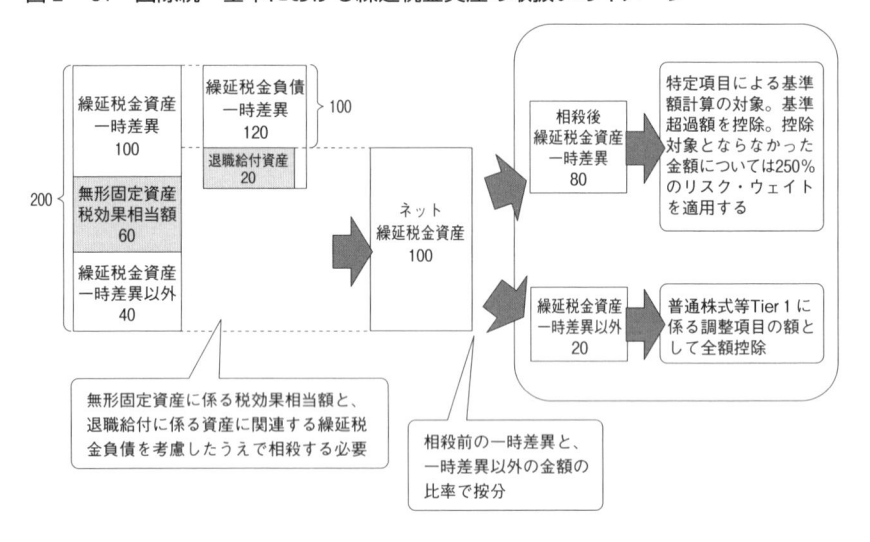

(b)　繰延税金資産に関する調整項目に係る経過措置の適用

　調整項目に係る経過措置を適用した場合、国際統一基準であれば表2－25における期間区分に応じた掛目を乗じた金額を普通株式等Tier 1 資本に係る調整項目の額とすることになる。調整項目に係る経過措置を適用した結果、調整項目に算入されない部分の額は、基本的にはバーゼルⅡでその他資産としてリスク・アセットで対応していたことから、100％のリスク・ウェイトを適用することになる。

　ただし、一部主要行においては、バーゼルⅡでは繰延税金資産の純額が基本的項目の20％を超過する場合に超過部分を基本的項目から控除する扱いを行っていた。この場合、調整項目に算入されない部分の額を、リスク・アセットで対応する部分とその他Tier 1 資本に係る調整項目の額とする部分に区分する必要がある。しかしながら、バーゼルⅡでの繰延税金資産の純額は、連結貸借対照表上の繰延税金資産と繰延税金負債の単純な差額であるのに対し、バーゼルⅢでの繰延税金資産の計算は上述のとおりの調整を行ったうえでの金額であるため、その金額の前提が異なることから、普通株式等Tier 1 資本に係る調整項目の額とする部分を厳密に計算することができな

い。実務的には、バーゼルⅡにおける繰延税金資産の純額に対する基本的項目の20％を超過する部分の割合を計算し、当該超過割合を調整項目に算入されない部分の額に乗じることで計算することになる。

8 適格引当金不足額

a 適格引当金不足額の取扱い

適格引当金不足額については、基本的な考え方はバーゼルⅡから変更はない。内部格付手法採用行において、事業法人等向けエクスポージャーおよびリテール向けエクスポージャーの期待損失額の合計額が適格引当金の合計額を超過する場合の当該超過額を、国内基準であればコア資本に係る調整項目の額とし、国際統一基準であれば普通株式等Tier 1 資本に係る調整項目の額となる。

b 適格引当金不足額に関する調整項目に係る経過措置の適用

調整項目に係る経過措置を適用した場合、国内基準であれば表 2 − 23における期間区分に応じた掛目を乗じた金額をコア資本に係る調整項目の額とし、国際統一基準であれば表 2 − 25における期間区分に応じた掛目を乗じた金額を普通株式等Tier 1 資本に係る調整項目の額とすることになる。調整項目に係る経過措置を適用した結果、調整項目に算入されない部分の額は、国内基準と国際統一基準でその取扱いが若干相違する。バーゼルⅡにおいて適格引当金不足額はその金額に50％を乗じた金額を基本的項目から控除し、残りの50％を乗じた金額を控除項目とする取扱いであったことから、国内基準であればコア資本に係る調整項目の額とする一方で、国際統一基準では50％を乗じた金額をその他Tier 1 資本に係る調整項目の額、残りの50％を乗じた金額はTier 2 資本に係る調整項目の額とすることになる。

また、国際統一基準において、適格引当金不足額に関連していわゆる循環構造が生じることになるが、具体的には第 3 節で解説することにする。

9　繰延ヘッジ損益

　調整項目としての繰延ヘッジ損益は国際統一基準にのみ関連する。これは国際統一基準では普通株式等Tier 1 資本に係る基礎項目の額に、その他の包括利益累計額の内訳として繰延ヘッジ損益の全額が含まれることになるのに対して、国内基準におけるコア資本に係る基礎項目の額には繰延ヘッジ損益は含まれないことに対応するものである。

a　繰延ヘッジ損益の取扱い

　国際統一基準における調整項目としての繰延ヘッジ損益の額は、その他有価証券をヘッジ対象とするもの以外に限定される。すなわち、図 2 − 32 のとおり、普通株式等Tier 1 資本に係る基礎項目の額に繰延ヘッジ損益の全額を加算したうえで、ヘッジ対象がその他有価証券以外の繰延ヘッジ損益を調整項目として控除することによって、結果としてその他有価証券をヘッジ対象

図 2 − 32　繰延ヘッジ損益の取扱い

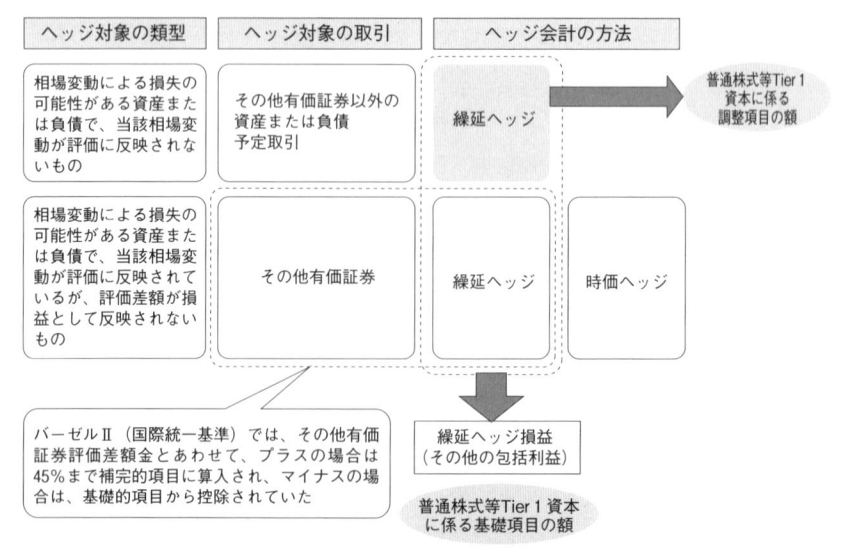

ヘッジ対象の類型	ヘッジ対象の取引	ヘッジ会計の方法	
相場変動による損失の可能性がある資産または負債で、当該相場変動が評価に反映されないもの	その他有価証券以外の資産または負債 予定取引	繰延ヘッジ	→ 普通株式等Tier 1 資本に係る調整項目の額
相場変動による損失の可能性がある資産または負債で、当該相場変動が評価に反映されているが、評価差額が損益として反映されないもの	その他有価証券	繰延ヘッジ	時価ヘッジ

バーゼルⅡ（国際統一基準）では、その他有価証券評価差額金とあわせて、プラスの場合は45％まで補完的項目に算入され、マイナスの場合は、基礎的項目から控除されていた

↓ 繰延ヘッジ損益（その他の包括利益）

普通株式等Tier 1 資本に係る基礎項目の額

とする繰延ヘッジ損益のみが普通株式等Tier 1 資本の額に含まれることになる。

b 繰延ヘッジ損益に関する調整項目に係る経過措置の適用

調整項目に係る経過措置を適用した場合、表2－25における期間区分に応じた掛目を乗じた金額を普通株式等Tier 1 資本に係る調整項目の額とすることになる。調整項目に係る経過措置を適用した結果、調整項目に算入されない部分の額は、バーゼルⅡにおいて自己資本でもリスク・アセットでも対応されていないことから、特段の調整は不要となる部分である。

10 自己保有資本調達手段

a 自己保有資本調達手段の取扱い

自己保有資本調達手段については、親会社または連結子会社が自らの資本調達手段をファンド等を通して間接的に保有している場合に調整項目とするものである。親会社または連結子会社に直接的に保有され、連結貸借対照表上で自己株式とされているものについては、調整項目の対象とはならず基礎項目から控除されることになり、調整項目となるのは自らの資本調達手段を間接的に保有されているものであることに留意が必要である。

また、オプションや先物などのデリバティブ取引を通じたシンセティック保有分や、トレーディング勘定で保有するものも対象となる。

国内基準においては普通株式または強制転換条項付優先株式が対象となり、コア資本に係る調整項目の額として扱われることになるが、自己保有普通株式等に係る経過措置として、適用日である平成26年3月31日から起算して10年間は適格旧非累積的永久優先株および適格旧資本調達手段も対象となることに留意が必要である。

国際統一基準においては、いわゆるコレスポンディングアプローチによって、その商品性に応じて、普通株式等Tier 1 資本に係る調整項目の額、その

他Tier 1 資本に係る調整項目の額およびTier 2 資本に係る調整項目の額とすることになる。

b 自己保有資本調達手段に関する調整項目に係る経過措置の適用

調整項目に係る経過措置を適用した場合、国内基準であれば表2－23における期間区分に応じた掛目を乗じた金額をコア資本に係る調整項目の額とし、国際統一基準であれば表2－25における期間区分に応じた掛目を乗じた金額を各Tier資本に係る調整項目の額とすることになる。調整項目に係る経過措置を適用した結果、調整項目に算入されない部分の額は、バーゼルⅡでは直接保有分のみ基本的項目から控除されており、ファンド等を通じた間接保有分はリスク・アセットで対応していたことから、リスク・アセットで対応することになる。

なお、間接保有分の把握に関する実務的な論点は、ダブルギアリングにおけるルックスルーとあわせて第3章で解説する。

11 意図的に保有している他の金融機関等の資本調達手段

a バーゼルⅢにおけるダブルギアリング

バーゼルⅢのダブルギアリングは、バーゼルⅡに比べてその対象範囲が拡

表2－28 バーゼルⅢにおけるダブルギアリング

国内基準	国際統一基準
意図的に保有している他の金融機関等の対象資本調達手段	意図的に保有している他の金融機関等の対象資本調達手段
連結外のその他金融機関等向け普通株式等：議決権10％超出資先	連結外のその他金融機関等向け資本調達手段：議決権10％超出資先
連結外の少数出資金融機関等向け普通株式等：議決権10％以下出資先	連結外の少数出資金融機関等向け資本調達手段：議決権10％以下出資先

図2-33 他の金融機関等の範囲（連結）

■他の金融機関等（告示8条6項1号、29条4項）
金融機関若しくはこれに準ずる外国の者又は金融業、保険業その他の業種に属する事業を主たる事業として営む者（これに準ずる外国の者を含み、金融システムに影響を及ぼすおそれがないと認められる者その他の者を除く。）であって**連結自己資本比率の算出に当たり連結の範囲に含まれないもの**

[少数出資金融機関等]
告示
8条7項1号
29条5項
銀行及び連結子法人等がその総株主等の議決権の10％を超える議決権を保有していない他の金融機関等

[その他金融機関等]
告示8条8項1号、29条6項

イ
当該銀行及び連結子法人等がその総株主等の議決権の10％を超える議決権を保有している他の金融機関等

ホ
他の金融機関等であって、当該銀行を子法人等とする親法人等であるもの（イを除く）

ヘ
他の金融機関等であって、当該銀行を子法人等とする親法人等の子法人等又は関連法人等（イからホを除く）

ニ
金融業務を営む(※)関連法人等（イを除く）

ハ
連結財規5条1項各号、2項により連結の範囲に含まれない金融業務を営む(※)非連結子法人等（イ・ロを除く）

ロ
連結財規5条第1項各号に該当する非連結金融子会社（イを除く）

（※）金融業務を営む会社とは、銀行法16条の2第1項1号から11号までまたは13号に掲げる会社（同項11号に掲げる会社のうち従属業務を専ら営むものを除く。）

[意図的な保有]
告示
8条6項1号
29条4項

銀行又は連結子法人等が、他の金融機関等との間で相互に自己資本比率を向上させるため（主観的要件）、意図的に当該他の金融機関等の対象資本調達手段を保有していると認められ、かつ、当該他の金融機関等が意図的に**当該銀行又は連結子法人等**の資本調達手段を保有している（客観的要件）と認められる場合

大している。まず、対象となる金融機関の範囲が、バーゼルⅡでは国内の預金取扱金融機関のみであったのに対して、バーゼルⅢでは銀行、証券、保険等を含む金融機関が対象であり、外国の者も含まれる。さらに、控除対象となるケースも拡大されており、具体的には表2-28のとおりである。

バーゼルⅢでは新たに「他の金融機関等」という概念が定義されており、該当する先は図2-33（、34）のとおり、意図的な保有、少数出資金融機

図 2-34 他の金融機関等の範囲（単体）

```
■他の金融機関等（告示20条3項1号、41条3項）
金融機関若しくはこれに準ずる外国の者又は金融業、保険業その他の業種に属する事業を
主たる事業として営む者（これに準ずる外国の者を含み、金融システムに影響を及ぼすお
それがないと認められる者その他の者を除く。）であって連結自己資本比率の算出に当たり
連結の範囲に含まれないもの
```

[少数出資金融機関等] 告示 20条4項1号 41条4項 銀行がその総株主等の議決権の10%を超える議決権を保有していない他の金融機関等	[その他金融機関等] 告示20条5項1号、41条5項		
	イ 当該銀行がその総株主等の議決権の10%を超える議決権を保有している他の金融機関等	ロ 他の金融機関等であって、当該銀行を子法人等とする親法人等であるもの（イを除く）	ハ 他の金融機関等であって、当該銀行を子法人等とする親法人等の子法人等又は関連法人等（イ・ロを除く）
[意図的な保有] 告示 20条3項1号 41条3項	ニ 金融業務を営む(※)関連法人等　❌	ハ 連結財規5条1項各号・2項により連結の範囲に含まれない金融業務を営む(※)非連結子法人等	ロ 連結財規5条1項各号に該当する非連結金融会社　❌

(※)金融業務を営む会社とは、銀行法16条の2第1項1号から11号までまたは13号に掲げる会社（同項11号に掲げる会社のうち従属業務を専ら営むものを除く。）

銀行が、他の金融機関等との間で相互に自己資本比率を向上させるため（主観的要件）、意図的に当該他の金融機関等の対象資本調達手段を保有していると認められ、かつ、当該他の金融機関等が意図的に当該銀行の資本調達手段を保有している（客観的要件）と認められる場合

等およびその他金融機関等に分類されることになる。

b 意図的な保有の取扱い

　他の金融機関等の具体的な定義や実務上の論点については第3章で解説するが、実務的にはバーゼルⅢにおいては本邦の金融機関では意図的な保有に該当するものはないと解釈されている。

　なお、仮に意図的に保有する他の金融機関等の対象資本調達手段を保有し

ている場合、国内基準では保有する商品にかかわらずすべてコア資本に係る調整項目の額となる。他方、国際統一基準では、コレスポンディングアプローチによりその商品性に応じて、各Tier資本に係る調整項目の額とすることになる。

C 意図的な保有に関する調整項目に係る経過措置の適用

調整項目に係る経過措置を適用した場合、国内基準であれば表2－23における期間区分に応じた掛目を乗じた金額をコア資本に係る調整項目の額とし、国際統一基準であれば表2－25における期間区分に応じた掛目を乗じた金額を各Tier資本に係る調整項目の額とすることになる。調整項目に係る経過措置を適用した結果、調整項目に算入されない部分の額は、保有する資本調達手段がバーゼルⅡでどのような扱いをされていたかに応じて、調整項目とするかリスク・アセットとするかを決定する必要がある。バーゼルⅢで意図的な保有に該当したもののうち、バーゼルⅡにおいても意図的な保有などにより控除項目とされているものがある場合には、当該部分に相当する額は国内基準であればコア資本に係る調整項目の額とし、国際統一基準であればTier2資本に係る調整項目の額とすることになる。バーゼルⅡでリスク・ア

図2－35 意図的保有に係る経過措置

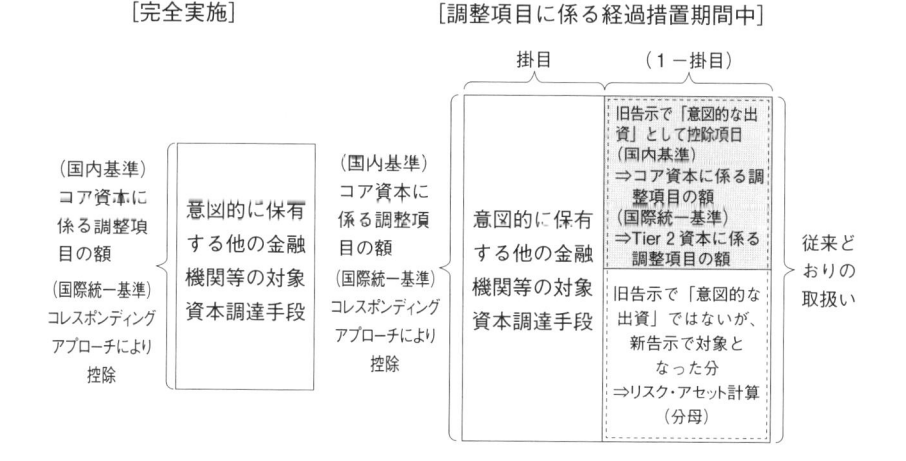

セットで対応していた部分に相当する額は、リスク・アセットで対応することになる。

12 少数出資金融機関等の基準超過額

バーゼルⅢの計算の特徴的な1つである少数出資金融機関等に係る基準額計算について解説する。

第2章第2節11で述べたとおり、国際統一基準であれば少数出資金融機関に該当する先の資本調達手段のすべてが基準額計算の対象となり、国内基準であれば少数出資金融機関等に該当する先の対象普通株式等が基準額計算の対象となる。

a 国内基準

保有する少数出資金融機関等の対象普通株式等の合計額が、少数出資に係る10％基準額を超過した場合、超過部分をコア資本に係る調整項目の額とする。ここで、この基準額計算の対象となるのは、少数出資金融機関等の普通株式または強制転換条項付優先株式であり、優先株や劣後債等については別途250％リスク・ウェイトの適用となることに留意が必要である。

(a) 少数出資金融機関等に係る基準超過額の計算

少数出資に係る10％基準額は、コア資本に係る基礎項目の額から調整項目1号〜3号を控除した額に10％を乗じて計算することになる。この調整項目1号〜3号は、調整項目を告示の条文どおりに並べた場合の少数出資金融機関等および特定項目よりも前の調整項目が該当する。したがって、少数出資金融機関等の基準額計算を行う前には、少数出資および特定項目以外のすべての調整項目が計算されている必要がある。

また、基準額計算の結果、基準額以内に収まった部分の金額については、信用リスク・アセットとして計算する必要がある。超過部分はコア資本に係る調整項目の額となるため、信用リスク・アセットの計算対象外となる。具体的な計算方法については、標準的手法採用行ではリスク・ウェイト100％

が適用されるためあまり意識する必要はないが、内部格付手法採用行などの場合は、少数出資金融機関等の対象普通株式等の全体について信用リスク・アセットの額を計算し、基準額計算の結果算出された超過割合を当該リスク・アセットの額に乗じることで、リスク・アセットの計算対象外部分を除外することが考えられる。

また、少数出資に係る10%基準額は、資本調達手段やその他の基礎項目に関する経過措置を適用する前の基礎項目の額から調整項目に係る経過措置を適用する前の調整項目の額を控除して計算されると解釈される。

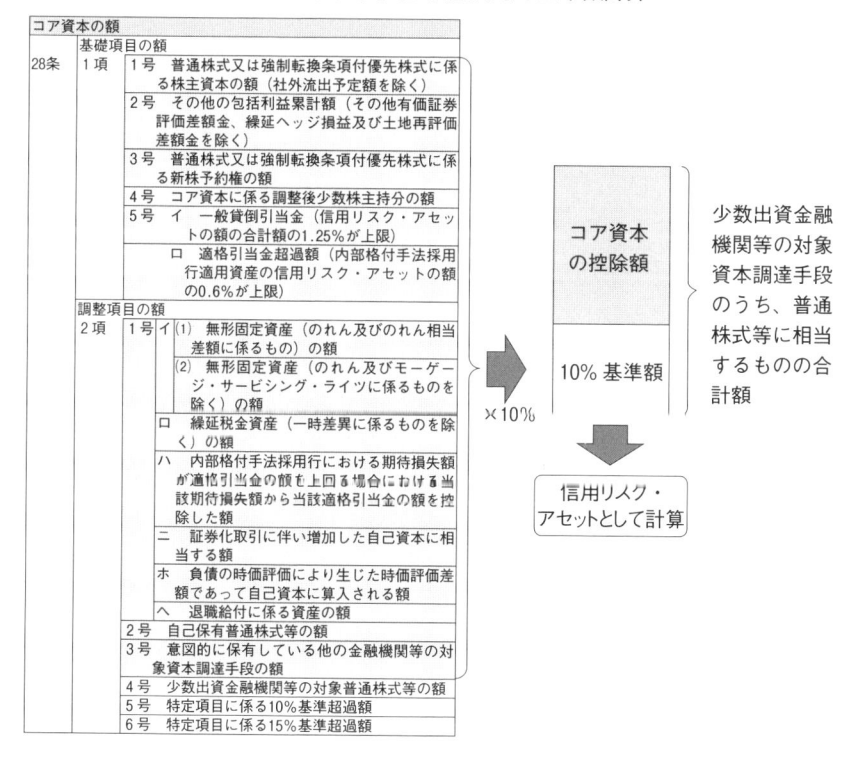

(b) 少数出資金融機関等に係る基準超過額に関する調整項目に係る経過措置の適用

このように計算された10%基準超過額に対して、調整項目に係る経過措置

図2－36　国内基準における少数出資金融機関等の基準額計算

コア資本の額			
28条	基礎項目の額		
	1項	1号	普通株式又は強制転換条項付優先株式に係る株主資本の額（社外流出予定額を除く）
		2号	その他の包括利益累計額（その他有価証券評価差額金、繰延ヘッジ損益及び土地再評価差額金を除く）
		3号	普通株式又は強制転換条項付優先株式に係る新株予約権の額
		4号	コア資本に係る調整後少数株主持分の額
		5号	イ　一般貸倒引当金（信用リスク・アセットの額の合計額の1.25%が上限） ロ　適格引当金超過額（内部格付手法採用行適用資産の信用リスク・アセットの額の0.6%が上限）
	調整項目の額		
	2項	1号	イ(1)　無形固定資産（のれん及びのれん相当差額に係るもの）の額 (2)　無形固定資産（のれん及びモーゲージ・サービシング・ライツに係るものを除く）の額 ロ　繰延税金資産（一時差異に係るものを除く）の額 ハ　内部格付手法採用行における期待損失額が適格引当金の額を上回る場合における当該期待損失額から当該適格引当金の額を控除した額 ニ　証券化取引に伴い増加した自己資本に相当する額 ホ　負債の時価評価により生じた時価評価差額であって自己資本に算入される額 ヘ　退職給付に係る資産の額
		2号	自己保有普通株式等の額
		3号	意図的に保有している他の金融機関等の対象資本調達手段の額
		4号	少数出資金融機関等の対象普通株式等の額
		5号	特定項目に係る10%基準超過額
		6号	特定項目に係る15%基準超過額

→ ×10% → コア資本の控除額　10%基準額 → 信用リスク・アセットとして計算

少数出資金融機関等の対象資本調達手段のうち、普通株式等に相当するものの合計額

図2-37　国内基準における少数出資金融機関等に係る経過措置

[完全実施]　　　　　　　　[調整項目に係る経過措置期間中]

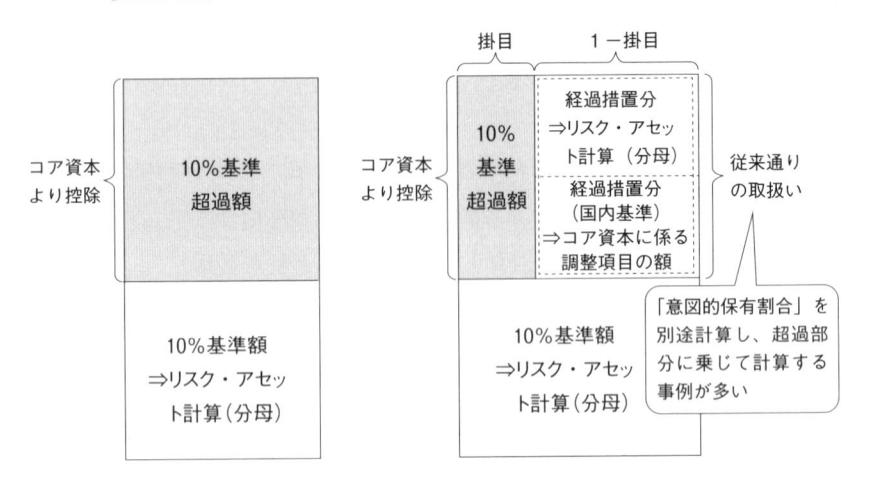

を適用し、表2-23における期間区分に応じた掛目を乗じた金額をコア資本に係る調整項目の額とする。また、調整項目に算入されない部分の額、すなわち10％基準超過額に（1-掛目）を乗じた金額は、バーゼルⅡの取扱いに応じてコア資本に係る調整項目の額とする部分と、リスク・アセットで対応する部分に区分する必要がある。バーゼルⅡで意図的な保有に該当するとして控除項目となっていたもののうち普通株式または強制転換条項付優先株式は、バーゼルⅢにおいてそのほとんどが少数出資金融機関等の対象普通株式等に該当すると考えられる。実務的には、少数出資金融機関等の対象普通株式等の金額に対する、少数出資金融機関等の対象普通株式等のうちバーゼルⅡでの意図的保有に該当するものの金額の割合である「旧意図的保有割合」を計算し、この（1-掛目）部分に旧意図的保有割合を乗じることで、コア資本に係る調整項目の額とする部分とリスク・アセットで対応する部分に区分することが考えられる。

b 国際統一基準

(a) 少数出資金融機関等に係る基準超過額の計算

保有する少数出資金融機関等の対象資本調達手段の合計額が、少数出資に係る10％基準額を超過した場合、超過部分を各Tier区分の保有割合に応じて各Tier資本に係る調整項目の額とする。ここで、この基準額計算の対象となるのは、少数出資金融機関等の資本調達手段のすべてであり、超過部分をコレスポンディングアプローチにより各Tier資本に係る調整項目の額とするため、各Tier区分ごとにその金額を集計し、それぞれの保有割合を計算する必要がある。

また、少数出資に係る10％基準額は、普通株式等Tier 1 資本に係る基礎項目の額から調整項目1号～3号を控除した額に10％を乗じて計算することになる。この調整項目1号～3号は、調整項目を告示の条文どおりに並べた場合の少数出資金融機関等および特定項目よりも前の調整項目が該当する。したがって、少数出資金融機関等の基準額計算を行う前には、少数出資および特定項目以外のすべての調整項目が計算されている必要があるのは国内基準

図2－38 国際統一基準における少数出資金融機関等の基準額計算

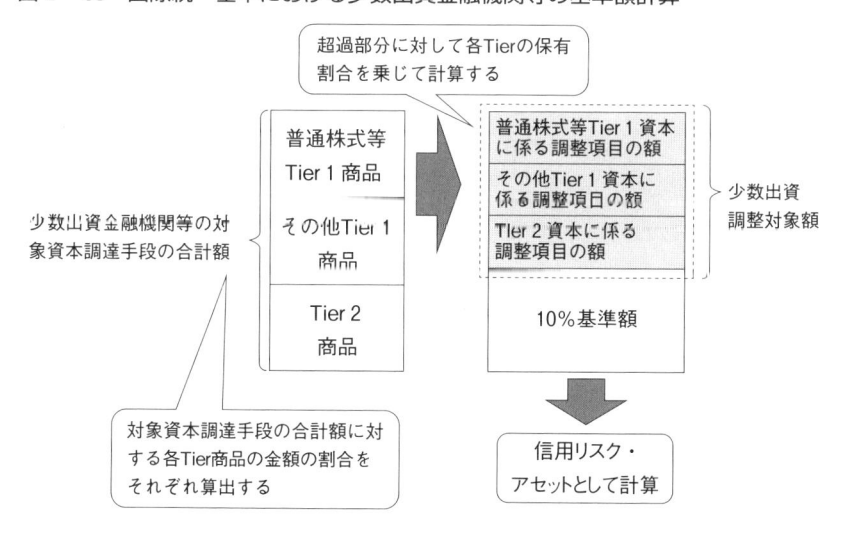

と同様である。

　少数出資金融機関等の対象資本調達手段の合計額が少数出資金融機関等の10％基準額を超過する部分が少数出資調整対象額となり、当該少数出資調整対象額に対して各Tier区分ごとの保有割合を乗じることによって、普通株式等Tier 1 資本に係る調整項目の額、その他Tier 1 資本に係る調整項目の額およびTier 2 資本に係る調整項目の額を計算することになる。

　また、少数出資に係る10％基準額は、国内基準と同様に資本調達手段やその他の基礎項目に関する経過措置を適用する前の基礎項目の額から調整項目に係る経過措置を適用する前の調整項目の額を控除して計算されると解釈されている。

(b)　少数出資金融機関等に係る基準超過額に関する調整項目に係る経過措置の適用

　調整項目に係る経過措置を適用した場合、各Tier資本に係る10％基準超過額に対して、調整項目に係る経過措置を適用し、表2－25における期間区分に応じた掛目を乗じた金額を各Tier資本に係る調整項目の額とする。

　また、調整項目に算入されない部分の額、すなわち10％基準超過額に（1－掛目）を乗じた金額は、バーゼルⅡの取扱いに応じてTier 2 資本に係る調整項目の額とする部分と、リスク・アセットで対応する部分に区分する必要がある。バーゼルⅡで意図的な保有に該当するとして控除項目となっていたものは、バーゼルⅢにおいてそのほとんどが少数出資金融機関等の対象資本調達手段に該当すると考えられる。実務的には、少数出資金融機関等の対象資本調達手段の金額に対する、各Tier区分ごとのバーゼルⅡでの意図的保有に該当するものの金額の割合である「旧意図的保有割合」を計算し、（1－掛目）部分に旧意図的保有割合を乗じることで、Tier 2 資本に係る調整項目の額とする部分とリスク・アセットで対応する部分に区分することが考えられる。

(c)　少数出資金融機関等に係る基準超過額の計算例

　具体的計算例を解説する。図2－39を参照いただきたい。平成26年3月末を基準日とした場合、調整項目に係る経過措置の掛目は20％となる。まず、

図 2-39 国際統一基準における少数出資金融機関等の計算例

■ 具体的計算例（平成26年3月末（調整項目に係る経過措置の掛目：20％）、数値は仮定、金額単位：万円）

項　目	金額
普通株式等Tier 1 資本に係る基礎項目の額から調整項目1号〜3号を控除した額（CET 1）	8,000

① 完全実施ベースの計算

項　目	金額	保有割合	10％基準額	調整対象額	調整項目の額	基準額以内（リスク・アセット対応部分）
① 普通株式等Tier 1 資本への出資	300	30％			60	240
② その他Tier 1 資本への出資	200	20％			40	160
③ Tier 2 資本への出資	500	50％			100	400
合計	1,000		800	200	200	800

② 経過措置ベースの計算

項　目	金額	うち、旧告示における意図的保有	旧意図的保有割合	調整項目の額	経過措置	算入されなかった額	経過措置によるTier 2 調整項目の額	経過措置によるリスク・アセット対応部分
① 普通株式等Tier 1 資本への出資	300	150	50％	60	12	48	24	24
② その他Tier 1 資本への出資	200	0	0％	40	8	32	0	32
③ Tier 2 資本への出資	500	50	10％	100	20	80	8	72
合計	1,000	200		200	40	160	32	128

少数出資金融機関等への普通株式等Tier 1 資本への出資、その他Tier 1 資本への出資およびTier 2 資本への出資をそれぞれ300万円、200万円および500万円と仮定する。この時、少数出資金融機関等への対象資本調達手段の合計額は1,000万円であるので、各Tier区分の保有割合は、それぞれ30％、20％および50％と計算される。

また、普通株式等Tier 1 資本に係る基礎項目の額から調整項目1 号～3 号を控除した額（CET 1）を8,000万円とすると、少数出資に係る10％基準額は8,000万円×10％＝800万円となる。したがって、少数出資に係る調整対象額は、少数出資金融機関等への対象資本調達手段の合計額1,000万円から少数出資に係る10％基準額800万円を控除して、200万円と計算されることになる。

　少数出資に係る調整対象額200万円を、コレスポンディングアプローチにより各Tier区分へと按分する。各Tier区分の保有割合はそれぞれ30％、20％および50％と計算されているので、200万円にこれらを乗じることにより、完全実施ベースでの普通株式等Tier 1 資本に係る調整項目の額が60万円、その他Tier 1 資本に係る調整項目の額が40万円およびTier 2 資本に係る調整項目の額が100万円と計算される。

　次に、経過措置ベースの計算を行う。調整項目に係る経過措置の適用によって、各Tier区分への調整項目の額に算入されなかった部分については、旧告示の取扱いに準じた対応をする必要があることから、各Tier区分ごとに旧告示において意図的な保有等で控除項目とされていた金額を集計しておく必要がある。この金額を普通株式等Tier 1 資本への出資については150万円、その他Tier 1 資本への出資については0 万円およびTier 2 資本への出資については50万円と仮定すると、旧意図的保有割合はそれぞれ、50％、0 ％および10％と計算されることになる。

　完全実施ベースで計算された各Tier区分の調整項目の額に対して、調整項目に係る経過措置の掛目20％を乗じることにより、経過措置ベースでの各Tier区分の調整項目の額を計算した結果、調整項目の額に算入されない部分の額は、それぞれ60万円－12万円＝48万円、40万円－8 万円＝32万円および100万円－20万円＝80万円となる。これらの金額が旧告示の取扱いに準じた対応をする部分であるので、普通株式等Tier 1 資本に係る調整項目の額に算入されない部分に旧意図的保有割合を乗じて、48万円×50％＝24万円が経過措置によりTier 2 資本に係る調整項目の額とされる金額である。同様に、32万×0 ％＝0 万円、80万円×10％＝8 万円と計算されるため、合計で32万円

が最終的に経過措置によりTier2資本に係る調整項目の額とされることになる。

また、調整項目の額に算入されない部分の額のうち、旧告示において控除項目ではなくリスク・アセットで対応していた部分については、それぞれ48万円－24万円＝24万円、32万円－0万円＝32万円および80万円－8万円＝72万円となるため、当該部分についてはリスク・アセットを計算することになる。

13 特定項目の基準超過額

特定項目については2段階の基準額計算を行った結果、基準額を超過する部分の額は調整項目の額に算入し、基準額以内の部分の額についてはリスク・ウェイト250％を適用したうえでリスク・アセットとして計算することになる。

a 特定項目の内容

バーゼルⅢにおいて、特定項目とされるものは表2－29の特定項目の内容のとおりである。

その他金融機関等については第2章第2節11で、モーゲージ・サービシング・ライツについては第2章第2節5bで、繰延税金資産（一時差異に係る

表2－29 特定項目の内容

	国内基準	国際統一基準
①	その他金融機関等の対象普通株式等の額	その他金融機関等の対象資本調達手段のうち普通株式に該当するものの額
②	モーゲージ・サービシング・ライツに係る無形固定資産の額	モーゲージ・サービシング・ライツに係る無形固定資産の額
③	繰延税金資産（一時差異に係るものに限る）の額	繰延税金資産（一時差異に係るものに限る）の額

ものに限る)については第2章第2節7で解説している。

　その他金融機関等の対象資本調達手段のうち、特定項目となるのは国内基準では普通株式および強制転換条項付優先株式であるのに対して、国際統一基準では普通株式に該当するものの額であるため範囲が異なる。また、繰延税金資産(一時差異に係るものに限る)についても、国内基準と国際統一基準で定義は同様であるが、計算方法が異なるため、特定項目に集計される金額は異なることになる。ただし、具体的な特定項目に関する計算方法については国内基準と国際統一基準で共通するため、ここでは、特定項目についての具体的な計算方法についてあわせて解説する。

b　特定項目に係る基準超過額の計算

　特定項目は個別に10％基準額を上回る額が調整項目として控除されることになる。「個別」の単位については、表2－29における区分ごとを意味する。10％基準額は、国内基準であればコア資本に係る基礎項目の額から調整項目1号～4号を控除した額に10％を乗じて計算された金額となり、国際統一基準であれば普通株式等Tier1資本に係る基礎項目の額から調整項目1号～4号を控除した額に10％を乗じて計算された金額となる。この調整項目1号～4号は、調整項目を告示の条文通りに並べた場合の特定項目よりも前の調整項目が該当するため、特定項目の基準額計算を行うには、少数出資金融機関

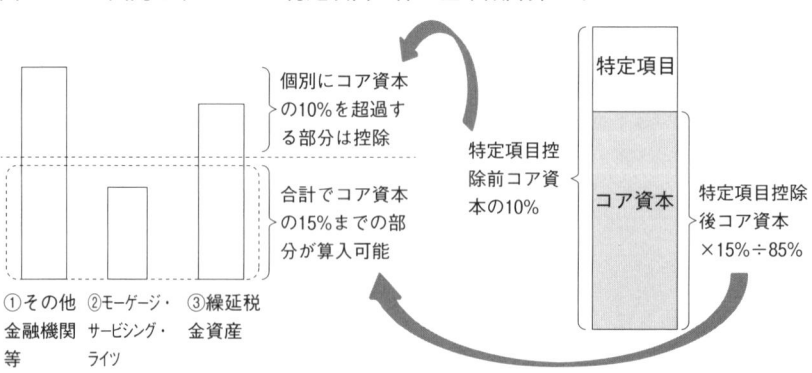

図2－40　国内基準における特定項目に係る基準額計算のイメージ

等の調整項目までが計算されている必要がある。

　次に、特定項目合計のうち10％基準超過額で控除されなかった部分を合計した額（特定項目に係る10％基準対象額）が、特定項目に係る15％基準額を上回る部分の額が特定項目に係る調整対象額として控除される部分の金額となる。さらに、特定項目に係る調整対象額を各特定項目に按分する必要がある。ここでの按分計算は、特定項目に係る調整対象額を、特定項目に係る10％基準対象額に対する各特定項目の額から特定項目に係る10％基準超過額を控除した額の割合で各特定項目に按分し、その按分された金額が特定項目に係る15％基準超過額として調整項目の額となる。

　ここで、特定項目に係る15％基準額は、国内基準であればコア資本に係る基礎項目の額から調整項目1号～4号および特定項目合計を控除した額に15％を乗じて85％で除して計算された額であり、国際統一基準であれば普通株式等Tier1資本に係る基礎項目の額から調整項目1号～4号および特定項目合計を控除した額に15％を乗じて85％で除して計算された額となる。ここで、15％基準額については下線部の箇所の計算方法に留意が必要である。

　また、10％基準額および15％基準額はともに、資本調達手段やその他の基礎項目および調整項目に係る経過措置を適用する前の金額で計算されると解釈されている。

　このように計算した結果、基準額以内の部分については250％のリスク・ウェイトを適用したうえで、リスク・アセットとして計算することになる。

C　特定項目に係る基準超過額の計算例

　以下国際統一基準における具体的な計算例を解説する。図2－41を参照いただきたい。普通株式等Tier1資本に係る基礎項目の額から調整項目1号・4号を控除した額を100万円とし、①特定項目（その他金融機関等の対象普通株式）の額が12万円、②特定項目（モーゲージ・サービシング・ライツ）の額が5万円および、③特定項目（繰延税金資産（一時差異に係るもの））の額が15万円と仮定する。

　まず、特定項目に係る10％基準超過額を算出する。特定項目に係る10％基

図2-41　国際統一基準における特定項目に係る具体的計算例

項　目	金額
特定項目控除前の普通株式等Tier1資本（CET1）（注）	100
10％基準額（CET1×10％）	10
15％基準額（特定項目合計調整後CET1×15％÷85％）	12

特定項目	金額	10％基準超過額	10％基準対象額	特定項目に係る調整対象額	特定項目金額－10％基準超過額	按分割合	15％基準超過額
①　その他金融機関等の対象普通株式	12	2	—		10	0.4	5.2
②　モーゲージ・サービシング・ライツ	5	0	—		5	0.2	2.6
③　繰延税金資産	15	5	—		10	0.4	5.2
合計	32	7	25	13	25	—	13

項　目	金額
特定項目控除後CET1	80
特定項目控除後CET1×15％	12

（注）　CET1は、普通株式等Tier1資本に係る基礎項目の額から調整項目1号～4号を控除した額。

準額は特定項目控除前の普通株式等Tier1資本に10％を乗じて10万円と計算される。この特定項目に係る10％基準額を特定項目①～③のそれぞれ個別に超過する部分が特定項目に係る10％基準超過額となるので、①12万円－10万円＝2万円、②5万円－10万円＝－5万円となるので0万円、および、③15万円－10万円＝5万円と計算されることになる。

　次に、特定項目に係る15％基準超過額を計算する。まず特定項目に係る15％基準額は普通株式等Tier1資本に係る基礎項目の額から調整項目1号～

4号および特定項目合計を控除した額に15％を乗じて85％を除して得た額として計算される。したがって、(100万円－32万円)×15％÷85％＝12万円と計算される。ここで、特定項目①〜③の合計額である32万円から、先ほど計算した特定項目に係る10％基準超過額2万円＋0万円＋5万円＝7万円を控除した額である25万円が特定項目に係る10％基準対象額となる。特定項目に係る10％基準対象額25万円が特定項目に係る15％基準額12万円を上回る額である13万円が特定項目に係る調整対象額となる。この特定項目に係る調整対象額を各特定項目に按分する必要があり、それぞれ①13万円×(12万円－2万円)÷25万円＝5.2万円、②13万円×(5万円－0万円)÷25万円＝2.6万円および③13万円×(15万円－5万円)÷25万円＝5.2万円と計算される。

このように計算した結果、基準額以内の部分である32万円－7万円－13万円＝12万円については250％のリスク・ウェイトを適用することになる。

d 特定項目に係る15％基準超過額に係る経過措置

また、特定項目の計算においては、調整項目に係る経過措置の他に、特定項目に係る15％基準超過額に係る経過措置も考慮する必要がある。

特定項目に係る15％基準超過額に係る経過措置は、特定項目に係る15％基準額の計算について、国際統一基準の適用日である平成25年3月31日から起算して5年を経過する日までの間は簡便的な計算方法を適用するものである。特定項目に係る15％基準額は、国際統一基準告示本則においては、「普通株式等Tier1資本に係る基礎項目の額から調整項目1号〜4号および特定項目合計を控除した額に、15％を乗じて85％で除して得た額」とされているが、経過措置期間中は「普通株式等Tier1資本に係る基礎項目の額から調整項目1号〜4号を控除した額に15％を乗じて得た額」とするものである。この特定項目に係る15％基準超過額に係る経過措置は、強制適用であることに留意が必要である。

また、特定項目に係る10％基準額および15％基準額は、資本調達手段やその他の基礎項目に関する経過措置を適用する前の基礎項目の額と、調整項目に係る経過措置を適用する前の調整項目の額に基づいて計算することにな

る。

　なお、特定項目に係る15％基準超過額に係る経過措置については、国内基準においても同様の経過措置が定められている。

> **（特定項目に係る15％基準超過額に係る経過措置）**
> **国内基準附則第11条第１項**　適用日から起算して５年を経過する日までの間における新銀行告示第29条第７項第１号及び第41条第６項第１号の規定の適用については、これらの規定中「同条第２項第１号から第４号までに掲げる額及び特定項目の額の合計額を控除した額に15パーセントを乗じ、これを85パーセントで除して得た額」とあるのは、「同条第２項第１号から第４号までに掲げる額の合計額を控除した額に15パーセントを乗じて得た額」とする。

e　特定項目に係る基準超過額に関する調整項目に係る経過措置の適用

　次に、特定項目に係る基準超過額について、調整項目に係る経過措置を適用した場合について考える。

　国際統一基準においては、各特定項目に係る基準超過額に対して、表２－25における期間区分に応じた掛目を乗じた金額を普通株式等Tier 1 資本に係る調整項目の額とする。

　また、調整項目に算入されない部分の額、すなわち特定項目に係る10％基準超過額および15％基準超過額に、（１－掛目）を乗じた金額は、バーゼルⅡの取扱いに応じてその他Tier 1 資本に係る調整項目の額とする部分、Tier 2 資本に係る調整項目の額とする部分と、リスク・アセットで対応する部分に区分する必要がある。これらの判断は各特定項目の内容によって判断することになる。まず、①その他金融機関等の対象資本調達手段のうち普通株式に該当するものの額については、バーゼルⅡで金融業務を営む関連法人等に該当するとして控除項目となっていたものについては、Tier 2 資本に係る調

整項目の額とすることになる。それ以外の部分については、リスク・アセットで対応することになる。また、②モーゲージ・サービシング・ライツに係る無形固定資産の額については、バーゼルⅡにおいてリスク・アセットで対応していたと考えられることから、（１－掛目）部分はすべてリスク・アセットで対応することになる。さらに③繰延税金資産（一時差異に係るものに限る）は、（１－掛目）部分は、基本的にはリスク・アセットで対応することになるが、一部主要行において、バーゼルⅡにおいて繰延税金資産の純額が基本的項目の20％を超過する場合に超過部分を基本的項目から控除する扱いをしていた場合は、当該超過部分に対応する額を、その他Tier 1資本に係る調整項目の額とすることになる。この考え方は、繰延税金資産（一時差異に係るものを除く）の額と同様であり、詳細は本章第２節７ｂを参照いただきたい。

　また、国内基準においては、各特定項目に係る基準超過額に対して、表２－23における期間区分に応じた掛目を乗じた金額をコア資本に係る調整項目の額とする。また、調整項目に算入されない部分の額、すなわち特定項目に係る10％基準超過額および15％基準超過額に（１－掛目）を乗じた金額は、バーゼルⅡの取扱いに応じてコア資本に係る調整項目の額とする部分と、リスク・アセットで対応する部分に区分する必要がある。まず、①その他金融機関等の対象普通株式等の額については、バーゼルⅡで金融業務を営む関連法人等に該当するとして控除項目となっていたものについては、コア資本に係る調整項目の額とすることになる。それ以外の部分については、リスク・アセットで対応することになる。また、②モーゲージ・サービシング・ライツに係る無形固定資産の額については、バーゼルⅡにおいてリスク・アセットで対応していたと考えられることから、（１－掛目）部分はすべてリスク・アセットで対応することになる。さらに③繰延税金資産（一時差異に係るものに限る）は、（１－掛目）部分は、基本的にはリスク・アセットで対応することになる。

第3節 自己資本の額の計算方法

1 基準額計算と循環構造

　本章第1節および第2節では、各基礎項目および調整項目の内容を個別に解説してきたが、バーゼルⅢの自己資本比率の計算では、ある項目の計算結果が基準額計算を通じて他の項目の計算結果に影響を与えることになり各基礎項目および調整項目は相互に関連している。これにより、ある項目の計算が基準額計算の結果に依存し、また基準額計算が当該項目の計算結果に依存するという循環構造が生じる可能性がある。

　基準額計算については、第2節で解説したとおり、①少数出資金融機関等に係る基準超過額、②特定項目に係る基準超過額の2つがあり、基準額計算を行った結果、基準額を超過する部分は調整項目となり、基準額以内の部分についてはリスク・アセットで対応することになる。この考え方は、国内基準と国際統一基準で共通である。また、基準額の計算については、国際統一基準における特定項目に係る10％基準額であれば、普通株式等Tier1資本に係る基礎項目の額から調整項目1号～4号を控除した額に10％を乗じて計算された金額として計算され、基礎項目および他の調整項目の計算結果に基づいて計算されることになる。

　また、基礎項目や調整項目の中には、信用リスク・アセットの金額に基づいて、その算入額が決定されるものがあり、基準額計算によって最終的にリスク・アセットで対応する部分が計算されないと、信用リスク・アセットの金額が確定せず当該項目の算入額の計算ができないことになる。他方、基準額計算における基準額は、基礎項目および調整項目の金額に基づいて行われることから、基準額計算のためには、基礎項目および調整項目の金額が確定している必要がある。このように、基礎項目および調整項目の計算と、基準

額計算が相互に依存することからこれら計算が循環する可能性があるのである。

計算が循環する可能性がある項目は、適格引当金不足額、調整後少数株主持分および一般貸倒引当金が考えられる。以下、それぞれ解説する。

a 適格引当金不足額の循環構造

適格引当金不足額については、内部格付手法採用行において、事業法人等向けエクスポージャーおよびリテール向けエクスポージャーの期待損失額の合計額が適格引当金の合計額を超過する場合の当該超過額を、国内基準であ

図2－42 適格引当金不足額の循環構造のイメージ

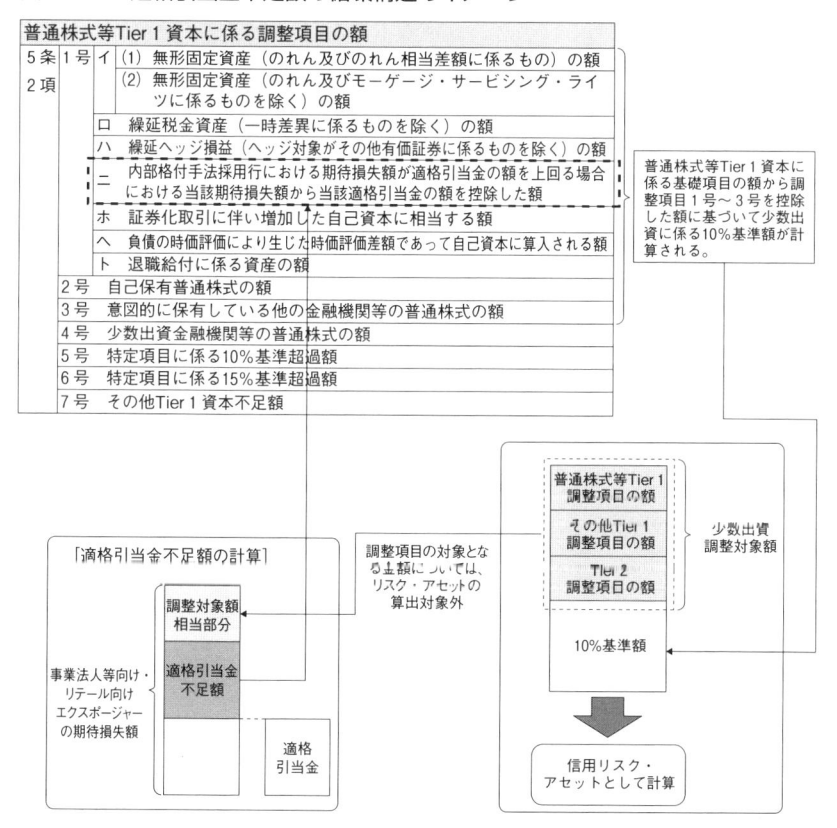

ればコア資本に係る調整項目の額とし、国際統一基準であれば普通株式等Tier 1 資本に係る調整項目の額とする。当然に標準的手法採用行であれば適格引当金不足額に伴い循環が発生することはない。

(a) 適格引当金不足額に関する計算の循環

　ここで、基準額計算の対象に事業法人等向けエクスポージャーおよびリテール向けエクスポージャーが含まれる場合、基準額を超過した部分は調整項目として自己資本から控除されるため、基準超過部分に対応する期待損失額を適格引当金不足額に係る計算に含める必要はなく、基準額以内の部分に対応する期待損失額のみを対象とすることになる。したがって、適格引当金不足額を計算するためには、基準額計算が行われている必要がある一方で、適格引当金不足額は調整項目であるため、基準額の計算に含まれるという循環が生じる可能性がある。当然、基準額計算を行った結果、基準超過が生じなければ事業法人等向けエクスポージャーおよびリテール向けエクスポージャーの期待損失額の合計額のすべてが適格引当金不足額の計算に含まれることになり、結果として循環は生じないことになる。

(b) 適格引当金不足額に関する循環への対応

　ここで、適格引当金不足額に係る循環が生じた場合、その計算例についてQ&Aで示されている。

【期待損失額の合計額から適格引当金の合計額を控除した額の計算】

Q&A第5条-Q9　少数出資に係る10パーセント基準額、特定項目に係る10パーセント基準額及び特定項目に係る15パーセント基準額は、普通株式等Tier 1 資本に係る基礎項目の額（国内基準行については、コア資本に係る基礎項目の額）から普通株式等Tier 1 資本に係る調整項目（国内基準行については、コア資本に係る調整項目）のうち告示に定めるものの額を控除することで計算されるところ、他の金融機関等の対象資本調達手段のうち、これらの基準額を超えることから普通株式等Tier 1 資本に係る調整項目の額、その他Tier 1 資本に係る調整項目の額又はTier 2 資本に係る調整項目の額（国内基準行については、コア

資本に係る調整項目の額）とされたものの額については、リスク・アセットの額の算出の対象とならないこととなります。これを前提として、第５条第２項第１号ニ若しくは第17条第２項第１号ニ又は第28条第２項第１号ハ若しくは第40条第２項第１号ハに掲げる事業法人等向けエクスポージャー及びリテール向けエクスポージャーの期待損失額の合計額から適格引当金の合計額を控除した額についての具体的な計算手順を教えてください。（平成24年６月６日追加、平成25年９月20日修正）

[A]

循環構造となるため計算が困難な場合には、以下の方法に従って計算することが可能です。

まず、他の金融機関等の対象資本調達手段の額のうち最終的に調整項目の額に含まれることとなる部分についてもリスク・アセットの額に含まれるものと仮定して、事業法人等向けエクスポージャー及びリテール向けエクスポージャーの期待損失額の合計額（以下「当初期待損失額」という。）から適格引当金の合計額を控除した額をいったん計算します。その後、この計算結果に基づく基準額を前提に、告示に従い他の金融機関等の対象資本調達手段の額のうち調整項目の額に含まれる部分の額を計算します。その上で、この調整項目の額に含まれる部分に係る他の金融機関等の対象資本調達手段の額に相当するエクスポージャーの期待損失額（当初期待損失額×他の金融機関等の対象資本調達手段の額のうち調整項目の額に含まれる部分÷他の金融機関等の対象資本調達手段の合計額）を、当初期待損失額から事後的に控除し、その控除後の額から適格引当金の合計額を控除した額を、最終的に、第５条第２項第１号ニ若しくは第17条第２項第１号ニ又は第28条第２項第１号ハ若しくは第40条第２項第１号ハに掲げる額とします。なお、最終的に確定した第５条第２項第１号ニ若しくは第17条第２項第１号ニ又は第28条第２項第１号ハ若しくは第40条第２項第１号ハに掲げる額に基づく基準額による調整項目の再計算

> は必要ありません。

　Q＆A第5条－Q9に従った計算を行う場合、以下のとおり基準額計算は1回のみ行うことになる。ただし、Q＆Aで示されているのはあくまで計算例であると考えられるため、その他合理的な方法によって計算することも可能と考えられる。

〔Step 1〕
　基準額計算の対象となる他の金融機関等の対象資本調達手段の合計額のうち、最終的に調整項目の額に含まれることとなる部分についても、全額リスク・アセットに含まれるものとして、期待損失額（当初期待損失額）から適格引当金を控除した額を計算する。

〔Step 2〕
　Step 1で計算された額を前提に、少数出資金融機関等および特定項目に係る基準額計算を行い、他の金融機関等の対象資本調達手段の額のうち調整項目の額に含まれる部分の額を計算する。

〔Step 3〕
　Step 2で計算された調整項目に含まれる部分に係るエクスポージャーの期待損失額を下式により計算し、当初期待損失額から事後的に控除し、控除後の金額から適格引当金の合計額を控除した額を、最終的な適格引当金不足額とする。最終的な適格引当金不足額に基づいて再度基準額計算を行う必要はない。

　　調整対象額相当部分
$$= 当初期待損失額 \times \frac{調整項目に含まれる部分の額}{他の金融機関等の対象資本調達手段合計}$$

　なお、Q＆Aの文言からは読み取りにくいが、当初期待損失額は、すべて基準額以内と仮定した場合の事業法人等向けエクスポージャーおよびリテール向けエクスポージャーの期待損失額の全額ではなく、すべて基準額以内と仮定した場合の他の金融機関等の対象資本調達手段に係る期待損失額であることに留意が必要である。

(c) 適格引当金不足額に関する循環の生じる状況

　ここで、株式等エクスポージャーに係る期待損失額については、1,250％のリスク・ウェイトが適用されることになり、適格引当金不足額の計算対象外であるため、上式の調整対象額相当部分の計算における「他の金融機関等の対象資本調達手段合計」については、株式等を除いた適格引当金の計算対象となる他の金融機関等の対象資本調達手段に係る期待損失額であるとし、「調整項目に含まれる部分の額」はそれらのうち超過部分に対応する金額であるとすることが適切であるものと考えられる。

　このように整理すると、国際統一基準については、少数出資金融機関等の対象資本調達手段のうち劣後債等のTier2資本調達手段を保有する場合には、少数出資金融機関等の基準超過額の発生に伴い適格引当金不足額に係る循環が生じることになり、上記Q＆Aの方法等によって循環構造への対応が必要となる。また、特定項目のその他金融機関等の普通株式については、基準額超過部分について普通株式等Tier1資本に係る調整項目の額として自己資本から控除され、基準額以内の部分については250％リスク・ウェイトが適用されることになり、適格引当金不足額の計算における期待損失額には影響を与えない。

　他方、国内基準においては、少数出資金融機関等の基準額計算の対象となるのは、少数出資金融機関等の対象普通株式等（普通株式および強制転換条項付優先株式）であるため、基準超過が発生したとしても適格引当金不足額の計算における期待損失額には影響を与えないことから、国内基準では適格引当金不足額に係る循環は生じないものと考えられる。

h　調整後少数株主持分の循環構造

(a) 調整後少数株主持分に関する計算の循環

　特定連結子法人等に係る調整後少数株主持分については、国際統一基準であれば普通株式等Tier資本に係る基礎項目の額に、国内基準であればコア資本に係る基礎項目の額となる。特定連結子法人等に係る調整後少数株主持分は、当該特定連結子法人等のリスク・アセットの額に所要自己資本比率およ

図2-43 国際統一基準における調整後少数株主持分に係る循環構造のイメージ

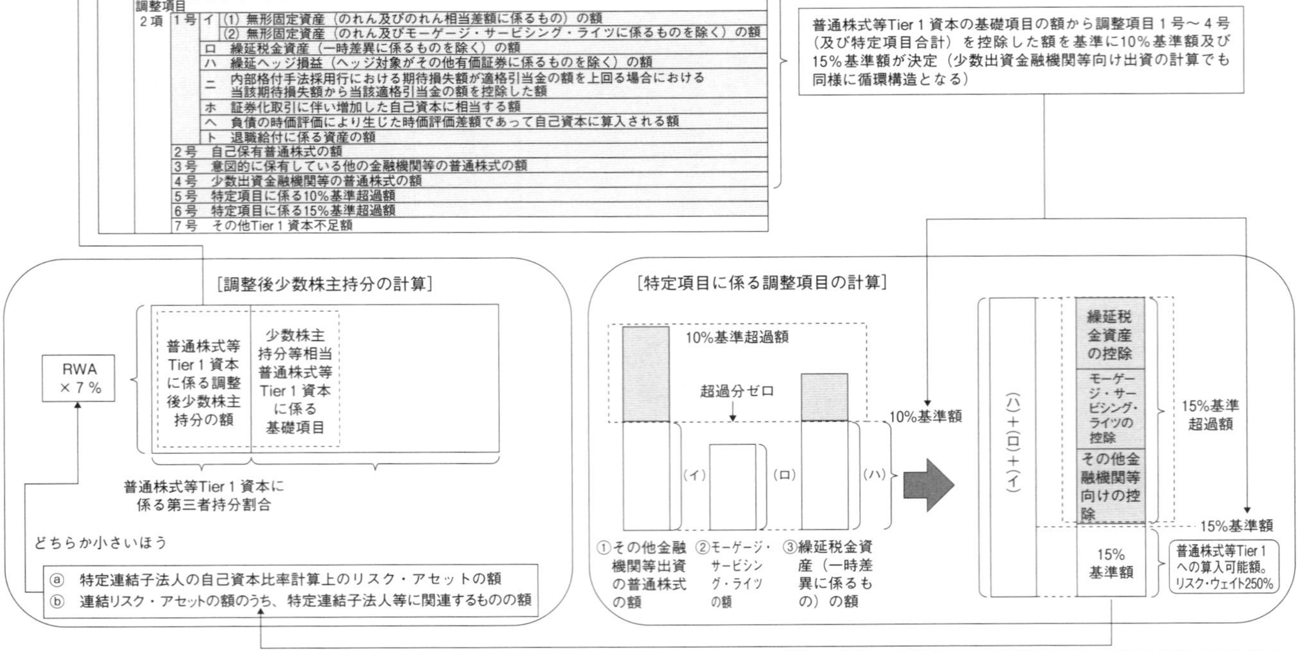

び第三者持分割合を乗じて計算されるが、リスク・アセットの額は、ⓐ特定連結子法人等の連結リスク・アセットの額と、ⓑ親会社の連結リスク・アセットの額のうち、特定連結子法人等に関連するものの額のうち、どちらか小さいほうを用いることになる。ここで、ⓑ親会社の連結リスク・アセットの額のうち、特定連結子法人等に関連するものの額について、当該特定連結子法人等の保有する他の金融機関等の対象資本調達手段のうち基準超過額に対応する部分はリスク・アセットの額の計算対象外となることから、調整後少数株主持分を計算するためには、基準額計算が行われている必要がある。その一方で、調整後少数株主持分は国際統一基準であれば普通株式等Tier1資本に係る基礎項目の額に、国内基準であればコア資本に係る基礎項目の額に含まれることから、基準額を計算するためには、特定連結子法人に係る調整後少数株主持分が計算されている必要があるという循環が生じる可能性がある。なお、当然ながら特定連結子法人等がない場合や、特定連結子法人等があったとしても少数株主が存在しない場合は調整後少数株主持分に係る循環は発生しないことになる。また、基準額計算の結果、基準超過が発生しない場合には、結果として連結リスク・アセットのうち特定連結子法人等に関連するものの額に算入される額に影響はなく、循環は生じないことになる。

(b) 調整後少数株主持分に関する循環への対応

ここで、調整後少数株主持分に係る循環が生じた場合、その計算例についてQ&Aで示されている。

【リスク・アセットの額のうち特定連結子法人等に関する部分の額の計算】

Q&A第8条-Q3　少数出資に係る10パーセント基準額、特定項目に係る10パーセント基準額及び特定項目に係る15パーセント基準額は、普通株式等Tier1資本に係る基礎項目の額から普通株式等Tier1資本に係る調整項目のうち告示に定めるものの額を控除することで計算されるところ、普通株式等Tier1資本に係る基礎項目の額には、普通株式等Tier1資本に係る調整後少数株主持分の額が定義上含まれていま

す（第5条第1項第4号）。しかし、この調整後少数株主持分の額（第8条第1項第1号）を計算するためには、リスク・アセットの額のうち特定連結子法人等に関する部分の額（第8条第1項第1号ロ）を用いることになりますが、この額には、特定連結子法人等が保有する対象資本調達手段の額のうち、調整後少数株主持分の額を含む普通株式等Tier 1 資本の額に基づく基準額以内に収まったもののリスク・アセットの額が含まれうることから、結果として、調整後少数株主持分の額を計算するのに、調整後少数株主持分の額が必要となるという循環構造になっています。これを前提として、普通株式等Tier 1 資本に係る調整後少数株主持分の額はどのように計算すればよいか、具体的な計算手順を教えてください。

※国内基準行については、「普通株式等Tier 1 資本」を「コア資本」と読み替え、かつ、関連条文を国内基準行に適用ある条文に読み替えます。（平成24年6月6日追加、平成25年9月20日修正）

[A]

　循環構造となるため計算が困難な場合には、以下の方法に従って計算することが可能です。

　特定連結子法人等が保有する対象資本調達手段について、その全部（基準額を超えるため調整項目の額となる部分も含むという意味）がリスク・アセットの額の算出の対象となるものと仮定して計算したリスク・アセットの額を第8条第1項第1号ロの分母の額に含めて、これを基に、第8条第1項第1号の規定に基づき、調整後少数株主持分の額をいったん計算します。その後、この調整後少数株主持分の額を含む普通株式等Tier 1 資本の額に基づく基準額を前提に、告示に従い調整項目の額を計算するとともに、その基準額以下に収まった対象資本調達手段の額を、最終的にリスク・アセットの額の算出の対象とします（第76条の3及び第178条の3）。そして、そのリスク・アセットの額の算出の対象としたもののうち特定連結子法人等が保有する部分のみが第8条第1項第1号ロの分母の額に含まれるものとして、再度、第8条第1項第1号の

> 規定に基づき、調整後少数株主持分の額を計算し、この額を、最終的に調整後少数株主持分の額とします。なお、この調整後少数株主持分の額を含む普通株式等Tier1資本の額に基づく基準額による調整項目の再計算は必要ありません。
>
> 　以上の考え方は国内基準についても同様に妥当するものであり、「普通株式等Tier1資本」を「コア資本」と読み替え、また、関連条文を国内基準における条文と読み替えた上で、本Q&Aを準用することとなります。

　Q&A第8条－Q3に従った計算を行う場合、以下のとおり基準額計算は1回のみ行うことになる。ただし、Q&Aで示されているのはあくまで計算例であると考えられるため、その他合理的な方法によって計算することも可能と考えられる。

〔Step1〕
　特定連結子法人等が保有する基準額計算の対象となる他の金融機関等の対象資本調達手段について、最終的に調整項目の額に含まれることとなる部分についても、全額リスク・アセットの額に含まれるものとして、②連結リスク・アセットの額のうち特定連結子法人等に関連するものの額を計算し、調整後少数株主持分を計算する。

〔Step2〕
　Step1で計算された額を前提に、少数出資金融機関等および特定項目に係る基準額計算を行い、他の金融機関等の対象資本調達手段の額のうち調整項目の額に含まれる部分の額を計算する。

〔Step3〕
　Step1のリスク・アセットの額から、Step2で計算された調整項目に含まれる部分に対応するリスク・アセットの額を控除することにより、再度、②連結リスク・アセットの額のうち特定連結子法人等に関連するものの額を計算し、最終的な調整後少数株主持分を計算する。なお、この結果に基づいて再度基準額計算を行う必要はない。

第2章　自己資本比率の算定方法

C 一般貸倒引当金の循環構造

(a) 一般貸倒引当金に関する計算の循環

 国内基準において一般貸倒引当金の額は、信用リスク・アセットの額の合計額(内部格付手法採用行にあっては標準的手法により算出した信用リスク・アセットの合計額)の1.25%を上限としてコア資本に係る基礎項目の額に算入される。ここで、基準額計算の結果、超過部分については調整項目として自己資本から控除されることから、信用リスク・アセットの計算対象外となるため、一般貸倒引当金の上限額を計算するためには、基準額計算が行われている必要がある。

 その一方で、一般貸倒引当金の額についてはコア資本の基礎項目の額に含まれることから、基準額を計算するためには、一般貸倒引当金の額が計算されている必要があるという循環が生じる可能性がある。なお、国際統一基準の場合は一般貸倒引当金の額はTier 2 資本に係る基礎項目の額であるため、基準額の計算基礎には含まれないことから循環は生じない点に留意する必要がある。

(b) 一般貸倒引当金に関する循環への対応

 ここで、一般貸倒引当金に係る循環が生じた場合、その計算例についてQ&Aで示されており、以下、標準的手法採用行を前提に具体的な計算例を解説する。

 この例では、一般貸倒引当金の額を除くコア資本に係る基礎項目の額を2,000万円とし、コア資本に係る調整項目(告示28条 1 号〜 3 号)の額を125万円とする。また、基準額計算の対象となるエクスポージャーに係るもの以外の信用リスク・アセットの額を10,000万円とし、一般貸倒引当金の残高を150万円とする。

〔Step1〕

 まず、基準額計算の対象となるエクスポージャーに係るもの以外の信用リスク・アセットの額に基づき一般貸倒引当金の額を計算する。基準額計算の対象となるエクスポージャーに係るもの以外の信用リスク・アセットの額に

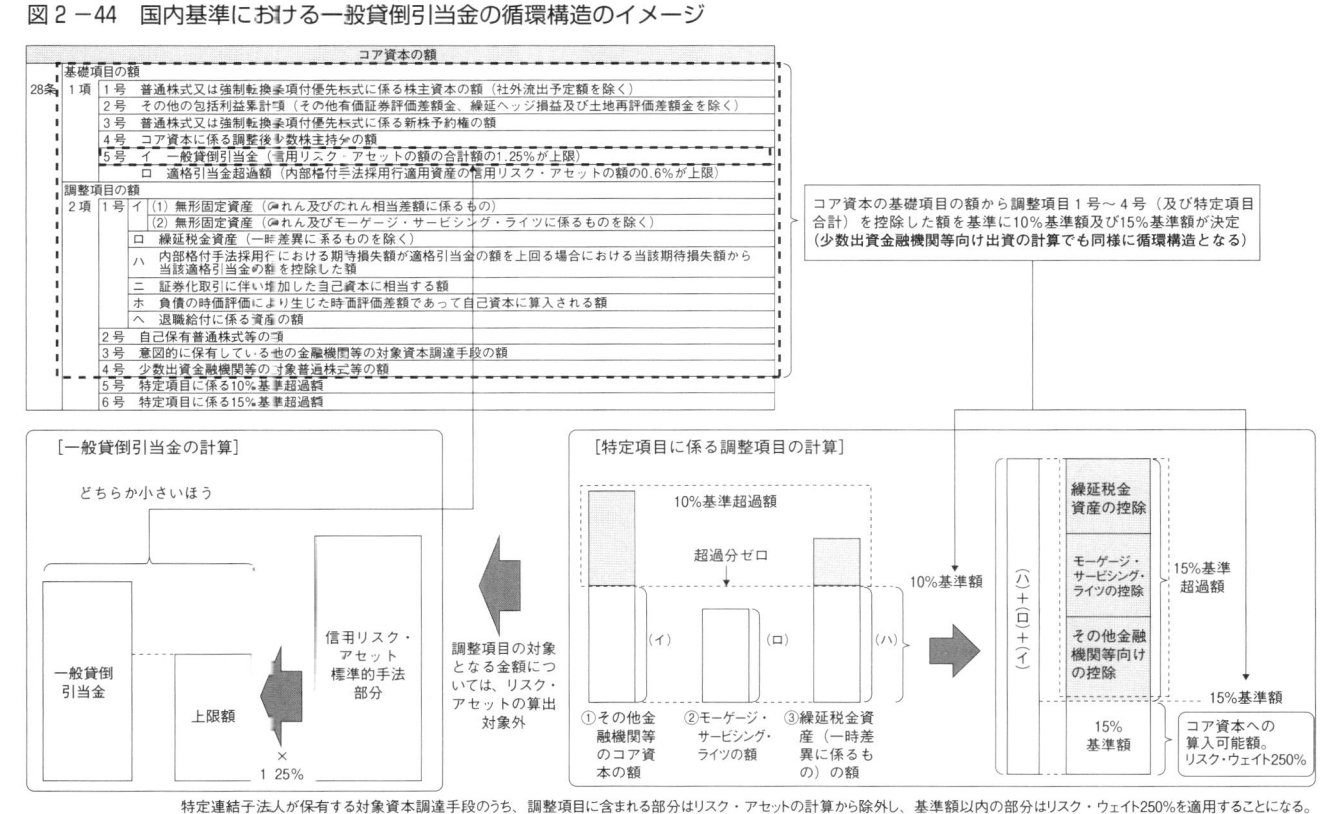

図2-44 国内基準における一般貸倒引当金の循環構造のイメージ

第2章 自己資本比率の算定方法　131

図2-45 一般貸倒引当金の循環への対応①

■一般貸倒引当金上限額の計算と少数出資金融機関等の基準額計算

基礎項目（一般貸倒引当金を除く）：2,000
調整項目（28条2項1号〜3号）：125
一般貸倒引当金：125

[Step 1]
一般貸倒引当金を150とすると、算入可能は以下で計算
Min（150、10,000×1.25％）

標準的手法適用資産の信用リスク・アセット（右に係るものを除く）：10,000

[Step 2]
Step 1 で計算した一般貸倒引当金を125を前提に、少数出資金融機関等の基準額計算を行う

少数出資基準額：200
少数出資超過額：100
リスク・アセット対象：200

×10％

基準額計算の対象エクスポージャー
- 少数出資金融機関等対象普通株式等エクスポージャー：300
- その他の金融機関等対象普通株式等エクスポージャー：240
- 繰延税金資産（一時差異）：200

基準額以下部分の信用リスク・アセットの額を一般貸倒引当金上限額に含めないものとして計算する。調整後少数株主持分や適格引当金不足額の計算との違いに留意

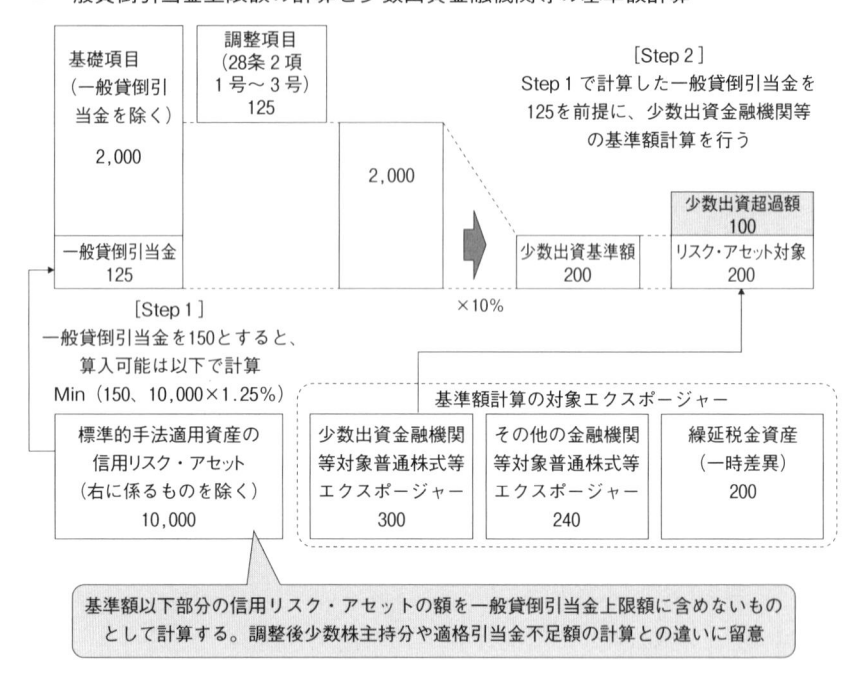

基づいて上限額を計算すると、10,000万円×1.25％＝125万円となるので、コア資本に係る基礎項目の額に算入される一般貸倒引当金の額は、残高150万円と上限額125万円のどちらか小さいほうとして計算されるため、125万円となる。

なお、適格引当金不足額や調整後少数株主持分の循環構造への対応では、基準額計算の対象となるエクスポージャーについて、いったんすべてリスク・アセットの算出の対象として基準額計算を行うのに対して、一般貸倒引当金に係る循環構造への対応では、いったんすべてリスク・アセットの算出対象外として基準額計算を行うことに留意が必要である。

〔Step 2〕

次に、Step 1 で計算した一般貸倒引当金の額に基づき少数出資金融機関等に係る基準額計算を行う。少数出資金融機関等の10％基準額は、｛(2,000万

図2-46 一般貸倒引当金の循環への対応②

■ 特定項目10%基準額の計算

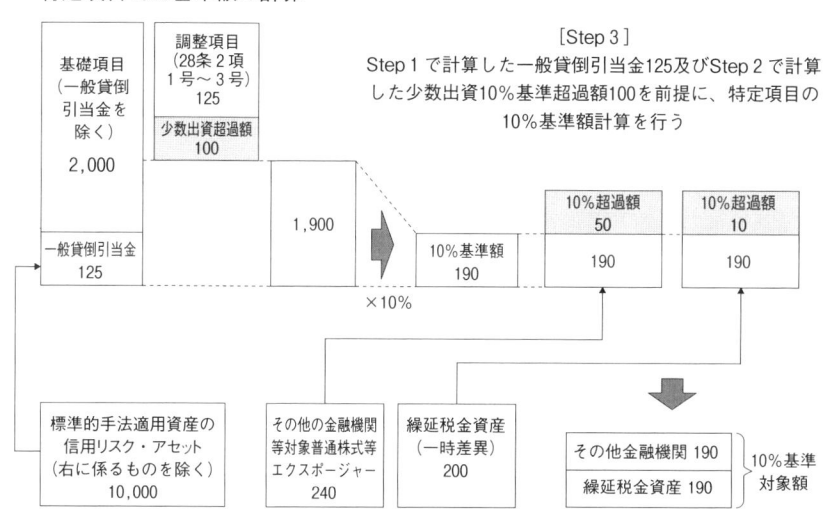

```
基礎項目
(一般貸倒
引当金を
除く)
2,000

調整項目
(28条2項
1号～3号)
125
少数出資超過額
100

一般貸倒引当金
125

標準的手法適用資産の
信用リスク・アセット
(右に係るものを除く)
10,000

その他の金融機関
等対象普通株式等
エクスポージャー
240

繰延税金資産
(一時差異)
200
```

[Step 3]
Step 1で計算した一般貸倒引当金125及びStep 2で計算した少数出資10%基準超過額100を前提に、特定項目の10%基準額計算を行う

1,900 ×10% → 10%基準額 190

10%超過額 50　10%超過額 10
190　　　　　　 190

その他金融機関 190
繰延税金資産 190
} 10%基準対象額

円+125万円)-125万円}×10%=200万円となる。少数出資金融機関等の対象普通株式等の額が300万円であるとすると、少数出資金融機関等の基準超過額は300万円-200万円=100万円と計算され、200万円に対応する部分がリスク・アセットの算出対象となる。

〔Step 3〕

そして、Step 1およびStep 2を前提に、特定項目に係る10%基準超過額の計算を行う。特定項目に係る10%基準額は、{(2,000万円+125万円)-125万円-100万円}×10%=190万円と計算される。特定項目である、①その他金融機関等の対象普通株式等が240万円、②モーゲージ・リービング・ライツは0万円、および、③繰延税金資産(一時差異に係るものに限る)が200万円とすると、個別に特定項目に係る10%基準額を上回る額が調整項目となるので、①は50万円、②は0万円、③は10万円と計算されることになる。特定項目に係る10%基準額以内の部分である①190万円と③190万円の合計額である380万円が特定項目に係る10%基準対象額となる。

〔Step 4〕

次に特定項目に係る15%基準超過額を計算する。特定項目に係る15%基準額は、コア資本に係る基礎項目の額から調整項目1号～4号および特定項目合計を控除した額に、15%を乗じて85%を除して得た額として計算されるため、｛(2,000万円＋125万円)－125万円－100万円－440万円｝×15%÷85%＝257.65万円となる。特定項目に係る調整対象額380万円から特定項目に係る15%基準額257.65万円を控除した額である122.35万円が、特定項目に係る調整対象額となり、これを各特定項目に按分して、特定項目に係る15%基準超過額は、それぞれ、①122.35万円×(240万円－50万円)÷380万円＝61.18万円、②122.35万円×0万円÷380万円＝0百万円、および③122.35万円×(200万円－10万円)÷380万円＝61.18万円と計算される。

なお、特定項目に係る15%基準超過額に係る経過措置の適用期間中は、特定項目に係る15%基準額は、コア資本に係る基礎項目から調整項目1号～4

図2－47　一般貸倒引当金の循環への対応③
■ 特定項目15%基準額の計算

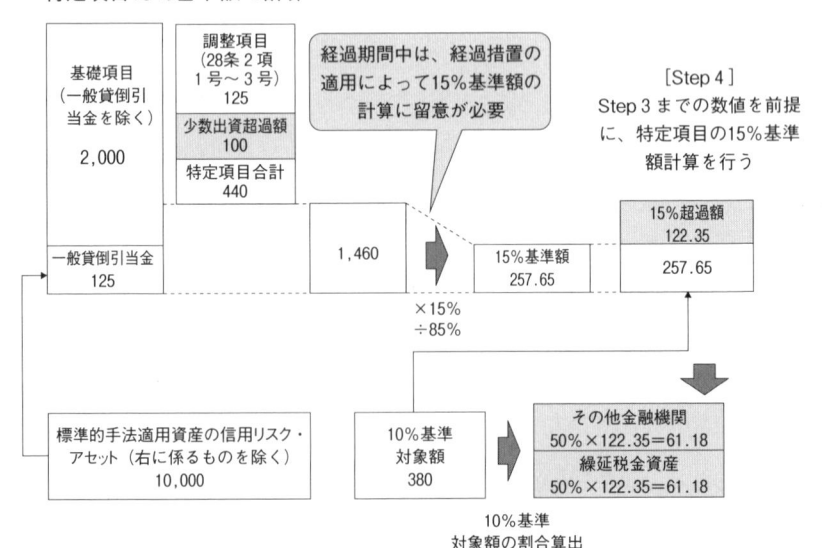

号を控除した額に15％を乗じて得た額として計算することに留意が必要である。

〔Step 5〕

Step 4 の結果、特定項目の基準額以内の部分の額は、①240万円－50万円－61.18万円＝128.82万円、②0万円、および③200万円－10万円－61.18万円＝128.82万円と計算される。

これまでの計算の結果、少数出資に係る基準額以内の部分の額は200万円であるため、リスク・アセットの額に算入される額は、リスク・ウェイト100％を適用して200万円×100％＝200万円となり、特定項目に係る基準額以内の部分の額は128.82万円であるため、リスク・アセットの額に算入される額は、リスク・ウェイト250％を適用して、128.82万円×250％＝644.1万円と計算される。

〔Step 6〕

以上の計算から基準額以内の部分に対応する信用リスク・アセットの額が算出された。最後に、これらの額を含めた信用リスク・アセットの額に基づいて再度一般貸倒引当金の額を計算する。基準額以内のエクスポージャーに係るものも含めた信用リスク・アセットの額は、10,000万円＋200万円＋644.1万円＝10,844.1万円となる。したがって、上限額は10,844.1万円×1.25％＝135.55万円となるため、残高150万円とどちらか小さいほうである135.55万円が最終的な一般貸倒引当金の額となる。この一般貸倒引当金の額に基づいて再度基準額計算は行う必要がない。

(c) 一般貸倒引当金に関する循環の生じる状況

以上の計算は、標準的手法採用行を前提としているが、内部格付手法採用行の場合に、この一般貸倒引当金の循環構造への対応をどのように整理するかが論点となる。

内部格付手法採用行の場合、一般貸倒引当金の額は、標準的手法により算出した信用リスク・アセットの合計額の1.25％を上限としてコア資本に係る基礎項目の額に算入されることから、基準額計算の対象エクスポージャーに標準的手法により信用リスク・アセットの額を算出するものが含まれるとし

第2章 自己資本比率の算定方法 135

図2-48 一般貸倒引当金の循環への対応④

■リスクアセットの計算と最終的な一般貸倒引当金の計算

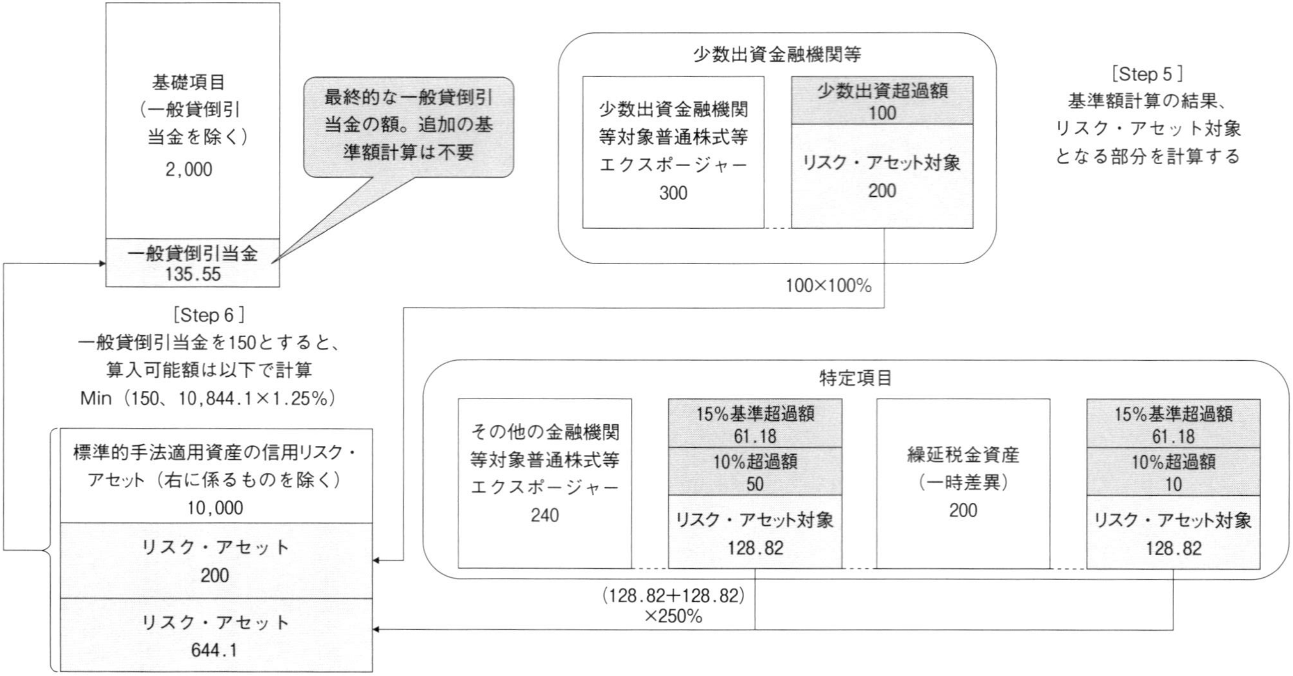

[Step 5] 基準額計算の結果、リスク・アセット対象となる部分を計算する

特定項目

その他の金融機関等対象普通株式等エクスポージャー 240	15%基準超過額 61.18
	10%超過額 50
	リスク・アセット対象 128.82

繰延税金資産（一時差異）200	15%基準超過額 61.18
	10%超過額 10
	リスク・アセット対象 128.82

少数出資金融機関等

| 少数出資金融機関等対象普通株式等エクスポージャー 300 | 少数出資超過額 100 |
| | リスク・アセット対象 200 |

100×100%

(128.82+128.82)×250%

基礎項目
（一般貸倒引当金を除く）
2,000

一般貸倒引当金 135.55

→ 最終的な一般貸倒引当金の額。追加の基準額計算は不要

[Step 6]
一般貸倒引当金を150とすると、算入可能額は以下まで計算
Min（150、10,844.1×1.25%）

| 標準的手法適用資産の信用リスク・アセット（右に係るものを除く）10,000 |
| リスク・アセット 200 |
| リスク・アセット 644.1 |

136

た場合、基準額計算の結果で一般貸倒引当金の上限額が変わるため循環が生じる可能性がある。

ただし、特定項目のうち基準額以内の部分については、内部格付手法採用行が国内基準行である場合には、250％のリスク・ウェイトを適用したうえでスケーリング・ファクターを乗じて信用リスク・アセットの額を算出する枠組みとなっており、標準的手法により算出される部分はないと解釈できるものと考えられる。また、少数出資金融機関等の対象普通株式等についても、株式等エクスポージャーについて標準的手法により信用リスク・アセットの額を算出していなければ、内部格付手法採用行においては一般貸倒引当金の上限額に係る循環は生じないものと考えられる。

2　調整項目に係る経過措置とリスク・アセットの額の関連

国際統一基準および国内基準で調整項目の額として自己資本の額から控除された部分については、信用リスク・アセットの額の算出を要しない。

ただし、調整項目に係る経過措置の適用によって調整項目の額に算入されない部分は、バーゼルⅡの取扱いに応じてリスク・アセットで対応するものがあり、第2節において各調整項目ごとに解説を行っているが、ここではリスク・アセットに含まれることになるものを、国際統一基準については表2－30に、国内基準については表2－31にまとめた。

なお、ダブルギアリングに関連する調整項目に関する不算入部分の具体的なリスク・アセットへの算入額は、当該エクスポージャーのリスク・アセットの計算方法に従うことになる。たとえば、国際統一基準である内部格付手法採用行において、少数出資金融機関等の対象普通株式の額に該当する株式にマーケット・ベース方式とPD（デフォルト率）/LGD（デフォルト時損失率）方式でリスク・アセットの額を算出している場合においては、たとえば少数出資金融機関の対象普通株式の額に係るリスク・アセットの額から加重平均リスク・ウェイトを算出し、当該加重平均リスク・ウェイトを用いて経過措置に伴うリスク・アセットへの算入額を計算することが考えられる。

表2-30 国際統一基準における調整項目の額の不算入部分の取扱い

普通株式等Tier1資本に係る調整項目の額	不算入部分の取扱い
無形固定資産（のれんおよびのれん相当差額）の額	バーゼルⅡにおいて基本的項目または控除項目とされており、リスク・アセットの額に含まれる部分はない。
無形固定資産（のれんおよびモーゲージ・サービシング・ライツに係るものを除く）の額	企業結合に係る無形固定資産を除き、リスク・アセットの額に含まれる（リスク・ウェイト：100%）。
繰延税金資産（一時差異に係るものを除く）の額	一部金融機関を除き、全額リスク・アセットの額に含まれる（リスク・ウェイト：100%）。
繰延ヘッジ損益（ヘッジ対象がその他有価証券に係るものを除く）の額	バーゼルⅡにおいて取扱いが定められておらず、リスク・アセットの額に含まれる部分はない。
期待損失額の合計額から適格引当金の合計額を控除した額	バーゼルⅡにおいて基本的項目および控除項目とされており、リスク・アセットの額に含まれる部分はない。
証券化取引に伴い増加した自己資本に相当する額	バーゼルⅡにおいて基本的項目とされており、リスク・アセットの額に含まれる部分はない。
負債の時価評価により生じた時価評価差額であって自己資本に算入される額	バーゼルⅡにおいて取扱いが定められておらず、リスク・アセットの額に含まれる部分はない。
退職給付に係る資産の額（前払年金費用）	全額リスク・アセットの額に含まれる（リスク・ウェイト：100%）。
自己保有普通株式の額	全額リスク・アセットの額に含まれる。
意図的に保有している他の金融機関等の普通株式の額	バーゼルⅡにおいて控除項目とされていたものを除き、リスク・アセットの額に含まれる。
少数出資金融機関等の普通株式の額	
特定項目に係る10%基準超過額	① その他金融機関等の対象普通株式等の額 　バーゼルⅡにおいて控除項目とさ

特定項目に係る15％基準超過額	れていたものを除き、リスク・アセットの額に含まれる。 ② モーゲージ・サービシング・ライツに係る無形固定資産の額 　全額リスク・アセットの額に含まれる（リスク・ウェイト：100％）。 ③ 繰延税金資産（一時差異に係るものに限る） 　一部金融機関を除き、全額リスク・アセットの額に含まれる（リスク・ウェイト：100％）。

その他Tier 1 資本に係る調整項目の額	不算入部分の取扱い
自己保有その他Tier 1 資本調達手段の額	全額リスク・アセットの額に含まれる。
意図的に保有している他の金融機関等のその他Tier 1 資本調達手段の額	バーゼルⅡにおいて控除項目とされていたものを除き、リスク・アセットの額に含まれる。
少数出資金融機関等のその他Tier 1 資本調達手段の額	
その他金融機関等のその他Tier 1 資本調達手段の額	

Tier 2 資本に係る調整項目の額	不算入部分の取扱い
自己保有Tier 2 資本調達手段の額	全額リスク・アセットの額に含まれる。
意図的に保有している他の金融機関等のTier 2 資本調達手段の額	バーゼルⅡにおいて控除項目とされていたものを除き、リスク・アセットの額に含まれる。
少数出資金融機関等のTier 2 資本調達手段の額	
その他金融機関等のTier 2 資本調達手段の額	

表2−31 国内基準における調整項目の額の不算入部分の取扱い

コア資本に係る調整項目の額	不算入部分の取扱い
無形固定資産（のれんおよびのれん相当差額）の額	バーゼルⅡにおいて基本的項目または控除項目とされており、リスク・アセットの額に含まれる部分はない。
無形固定資産（のれんおよびモーゲージ・サービシング・ライツに係るものを除く）の額	企業結合に係る無形固定資産を除き、リスク・アセットの額に含まれる（リスク・ウェイト：100％）。
繰延税金資産（一時差異に係るものを除く）の額	一部金融機関を除き、全額リスク・アセットの額に含まれる（リスク・ウェイト：100％）。
期待損失額の合計額から適格引当金の合計額を控除した額	バーゼルⅡにおいて基本的項目および控除項目とされており、リスク・アセットの額に含まれる部分はない。
証券化取引に伴い増加した自己資本に相当する額	バーゼルⅡにおいて基本的項目とされており、リスク・アセットの額に含まれる部分はない。
負債の時価評価により生じた時価評価差額であって自己資本に算入される額	バーゼルⅡにおいて取扱いが定められておらず、リスク・アセットの額に含まれる部分はない。
退職給付に係る資産の額（前払年金費用）	全額リスク・アセットの額に含まれる（リスク・ウェイト：100％）。
自己保有普通株式の額	全額リスク・アセットの額に含まれる。
意図的に保有している他の金融機関等の対象資本調達手段の額	バーゼルⅡにおいて控除項目とされていたものを除き、リスク・アセットの額に含まれる。
少数出資金融機関等の対象普通株式等の額	
特定項目に係る10％基準超過額	① その他金融機関等の対象普通株式等の額 　バーゼルⅡにおいて控除項目とされていたものを除き、リスク・アセットの額に含まれる。 ② モーゲージ・サービシング・ライ

特定項目に係る15％基準超過額	ツに係る無形固定資産の額 　全額リスク・アセットの額に含まれる（リスク・ウェイト：100％）。 ③　繰延税金資産（一時差異に係るものに限る） 　一部金融機関を除き、全額リスク・アセットの額に含まれる（リスク・ウェイト：100％）。

3　Excelスプレッドシートの作成例

　バーゼルⅢにおける自己資本の計算は、多くの金融機関がExcelでのスプレッドシートを作成して計算している。バーゼルⅢにおいては、これまで解説してきたとおり、調整後少数株主持分、基準額計算、経過措置の適用や循環構造への対応等によってその計算が非常に複雑であるため、各内容を理解したうえで正確なスプレッドシートのつくり込みが必要となる。また、国内基準であれば最長で15年間の経過措置が設けられていることから、経過措置適用期間中、計算基準日においてどの経過措置が適用されるのかをスプレッドシートに数式を組み込んでおくことも有用と考えられる。また、調整項目に係る経過措置を適用する場合で、少数出資金融機関等や特定項目に係る基準額計算の結果、超過が発生した場合は、当該超過部分が調整項目に係る経過措置の対象となり、調整項目の額に算入されなかった部分については、バーゼルⅡでの取扱いに準じた対応が必要となってくる。各金融機関の資産の状況により、基準額を超過する可能性が低いのであれば当該ロジックをスプレッドシートに組み込む必要性は低いと考えられるが、基準額を超過する場合もしくは基準額を超過する可能性が高いのであれば、適切なロジックをスプレッドシートに織り込む必要がある。実務上、どこまでスプレッドシートのつくり込みを行うかは各金融機関の状況次第であり、すべての状況に対して対応できるスプレッドシートを必ずしも作成する必要はない。

　本書においては、参考用として、標準的手法採用行を前提とした国内基準

および国際統一基準の自己資本比率計算プログラムを使って説明していく。計算プログラムは、これまで解説したとおり、告示上明確でない部分については、一定の解釈のもと作成している。また、可能な限り多様な状況に対応できるように作成しているため、金融機関によっては不要と考えられる箇所もあるはずであり、適宜必要な箇所を参照していただきたい（計算プログラムの入手方法は、ⅱページ【本書を読まれる前に】参照）。

本計算プログラムは、告示やQ＆Aの内容を理解し、各金融機関でのスプレッドシートの作成のための参考例として活用いただくことを想定しており、各金融機関の自己資本比率計算結果と必ずしも一致するとは限らない点に留意が必要である。

a 国内基準

(a) シートの全体構成と「計算サマリー」

国内基準自己資本比率計算用のプログラム（国内基準.xlsx）は、「計算サマリー」「基礎項目インプット」「調整項目インプット」「繰延税金資産インプット」「調整後少数株主持分等」「基準額計算」「資本調達手段経過措置」「RWA_DGインプット」および「国内基準経過措置テーブル」の各シートで構成されている。

「計算サマリー」シートはその他のシートで計算された各項目が集計されることになり、当シートでコア資本に係る基礎項目の額、調整項目の額の合計の計算が行われ、最終的な自己資本比率まで計算される仕組みとなっている。また各経過措置にも対応しており、「計算サマリー」シートのS3セルにおける計算基準年度を選択することにより、各シートにおいて「国内基準経過措置テーブル」から基準年度に対応した経過措置の掛目が適用され、計算が行われる仕組みとなっている。完全実施ベースでの計算を行う場合には、「計算サマリー」シートのS3セルにおけるプルダウンリストのなかから経過措置なしを選択することで、すべての経過措置を適用しない完全実施ベースの自己資本比率の計算を行うことが可能である。なお、公的資金に係る経過措置は期間の定めなく適用可能であるが、経過措置なしを選択した場合には

図2−49 「計算サマリー」計算基準年度の選択

	計算基準日	平成29年6月30日	リストから選択

項目	経過措置適用前	経過措置	経過措置による不算入額	
コア資本に係る基礎項目				
普通株式又は強制転換条項付優先株式に係る株主資本の額	1,572,524,000,000	1,572,524,000,000		
うち、資本金及び資本剰余金の額	1,077,554,000,000	1,077,554,000,000		
うち、利益剰余金の額	515,470,000,000	515,470,000,000		
うち、自己株式の額(△)	-500,000,000	-500,000,000		
うち、社外流出予定額(△)	-20,000,000,000	-20,000,000,000		
うち、上記以外に該当するものの額	0	0		
コア資本に算入されるその他の包括利益累計額	-5,000,000,000	-5,000,000,000		
うち、為替換算調整勘定	-5,000,000,000	-5,000,000,000		
うち、退職給付に係るものの額	0	0		
普通株式又は強制転換条項付優先株式に係る新株予約権の額	2,656,165,527	2,656,165,527		
コア資本に係る調整後少数株主持分等の額	25,000,000,000	25,000,000,000		
うち、一般貸倒引当金でコア資本に算入された額	25,000,000,000	25,000,000,000		
うち、適格引当金でコア資本算入額	0	0		
コア資本に係る基礎項目の額	1,595,180,165,527	3,066,772,307,193		
適格旧非累積的永久優先株のうち、コア資本に係る基礎項目の額に含まれる額		70,000,000,000	70,000,000,000	TRUE
公的機関による資本増強に関する措置を講じて発行された資本調達手段の額のうち、コア資本に係る基礎項目の額に含まれる額		1,300,740,764,090		TRUE
土地再評価額と再評価直前の帳簿価額の差額の45%に相当する額のうち、コア資本に係る基礎項目の額に含まれる額		20,007,543,103		
少数株主持分のうち、経過措置によりコア資本に係る基礎項目の額に含まれる額		10,843,834,473		
コア資本に係る調整項目				
無形固定資産(モーゲージ・サービシング・ライツに係るものを除く。)の額の合計額	121,692,800,000	118,574,720,000	3,118,080,000	TRUE
うち、のれんに係るもの(のれん相当差額を含む。)の額	110,000,000,000	110,000,000,000		
うち、のれん及びモーゲージ・サービシング・ライツに係るもの以外の額	11,692,800,000	8,574,720,000	3,118,080,000	
繰延税金資産(一時差異に係るものを除く。)の額	81,257,460,257	48,754,476,154	32,502,984,103	TRUE
適格引当金不足額	0	0		
証券化取引に伴い増加した自己資本に相当する額	9,999,999	9,999,999		
負債の時価評価により生じた時価評価差額であってコア資本に算入される額	8,888,888	5,333,333	3,555,555	TRUE
退職給付に係るものの額	6,946,000,000	3,897,600,000	2,598,400,000	TRUE
自己保有普通株式等(自己資本の額に含めるものを除く。)の額	2,000,000,000	1,200,000,000	800,000,000	TRUE
意図的に保有している他の金融機関等の対象資本調達手段のうち資本本職手段の額	33,333,333,333	20,044,444,444	13,288,888,889	TRUE
少数出資金融機関等の対象資本調達手段の額	44,951,648,248	32,964,542,048	11,987,106,199	TRUE
特定項目に係るしきい値超過額	58,275,566,398	35,276,488,848	22,999,077,550	TRUE
うち、その他の金融機関等に係る対象普通株式等に該当するものに関連するものの額	19,446,813,073	11,979,236,853	7,467,576,220	TRUE
うち、モーゲージ・サービシング・ライツに係るものに関連するものの額	38,828,753,326	23,297,251,996	15,531,501,330	TRUE
うち、繰延税金資産(一時差異に係るものに限る。)に関連するものの額	65,354,371,241	39,735,302,020	25,619,069,221	TRUE
うち、無形固定資産(モーゲージ・サービシング・ライツに係るものに限る。)に関連するものの額	32,667,454,713	20,123,152,103	12,544,302,610	TRUE
うち、その他の無形固定資産(モーゲージ・サービシング・ライツに係るものに限る。)に関連するものの額	19,461,815	11,677,089	7,784,726	TRUE
うち、繰延税金資産(一時差異に係るものに限る。)に関連するものの額	32,667,454,713	19,600,472,828	13,066,981,885	TRUE
コア資本に係る調整項目の額	413,380,068,364	300,462,906,847		
自己資本の額				
自己資本の額	1,181,800,097,163	2,766,309,400,346		

公的資金に係る経過措置も適用されないで計算されることになる。

　また、「計算サマリー」シートは第3の柱における開示に基づいて作成しており、H列が調整項目に係る経過措置適用前の金額であり、I列が経過措置適用後の金額、J列はこれらの差額として経過措置による不算入額が計算されている。

　「基礎項目インプット」「調整項目インプット」「繰延税金資産インプット」「調整後少数株主持分等」「資本調達手段経過措置」および「RWA_DGインプット」の各シートには、ハイライトされた数値入力セルが用意されており、別途日計表や総勘定元帳などの会計数値や、リスク・アセット計算システムから出力されたリスク・アセットの額をインプットすることになる。これら入力セルのすべてに数値を入力する必要はなく、該当する金額がない場合等には、当該セルをブランクにするかまたは0を入力すればよい。

　ハイライトセル以外については、Excelの数式が入力されているので、告示やQ&Aの内容とあわせて確認することでその理解が進むものと考えられる。数式自体は特にむずかしいものはないと思われるが、数式により各シート間でのリンクがなされており、数値のつながりや計算の流れを確認いただきたい。

(b)　「基礎項目インプット」

　「基礎項目インプット」シートでは、コア資本に係る基礎項目の額に関連する項目を計算している。ここでのインプット項目は、主に会計数値からのインプットがメインである。まず、純資産の部のインプットについては、基本的には連結貸借対照表上の純資産の部からの取得となるが、会計上の連結の範囲と規制上の連結の範囲が異なる場合には、当然ながら規制上の連結範囲に基づく連結貸借対照表から取得することになる。また、完全実施ベースでコア資本に係る基礎項目の額に算入可能な資本調達手段は普通株式または強制転換条項付優先株式のみであり、その他の優先株を発行しており、資本勘定に計上されている場合にはそれを区別して入力する必要がある。なお、「基礎項目インプット」シートでは、適格旧資本調達手段などの経過措置によりコア資本の基礎項目に算入できるものは対象としておらず、「資本調達

図2-50 「基礎項目インプット」

純資産の部

項目	連結B/S上額		
資本金	840,472,000,000		
普通株式又は強制転換条項付優先株式	840,472,000,000		
上記以外	0		
資本剰余金	237,082,000,000		
普通株式又は強制転換条項付優先株式	237,082,000,000		
上記以外	0		
利益剰余金	515,470,000,000		
自己株式	-500,000,000	マイナス入力	
普通株式又は強制転換条項付優先株式	-500,000,000		
上記以外	0		
株主資本合計			
その他有価証券評価差額金			
繰延ヘッジ損益	-4,260,000,000		
土地再評価差額金	-5,000,000,000		
為替換算調整勘定	0		
退職給付に係る調整累計額	0		
その他の包括利益累計額合計			
普通株式又は強制転換条項付優先株式に係る新株予約権	0		
少数株主持分			
上記以外に該当するものの額	0		
純資産の部合計			

項目	金額	
社外流出予定額	-20,000,000,000	マイナス入力

その他の包括利益累計額

項目	金額				
	再評価前に準拠した差額	繰延税効果相当額による算入額	45%相当額	算入額	再評価に係る繰延税効果負債
土地再評価差額金	63,516,009,852	28,582,204,433		20,007,543,103	22,256,009,852

項目	金額			
	再評価差額金計上額	繰延税効果調整前計上額	IRB(DCP/DVA以外)	算入額
土地再評価差額金	0	0		20,007,543,103
退職給付に係る調整累計額	5,000,000,000	5,000,000,000		0
為替換算調整勘定	-5,000,000,000	-5,000,000,000		-5,000,000,000
その他の包括利益累計額合計				15,007,543,103

一般貸倒引当金額及び適格引当金算入額の合計額

項目	金額					
	RWA(最終調整計算対象以外)	算入上限額①	算入額①	RWA調整値(少数出資)	RWA調整値(特定項目)	標準的手法RWA
一般貸倒引当金	25,000,000,000	18,507,500,000,000	231,343,750,000	135,048,351,752	489,574,450,978	19,132,122,802,730

標準的手法RWA	算入上限額②	算入額②
239,151,535,034	25,000,000,000	25,000,000,000 TRUE

計算基準日 平成29年6月30日 土地 70% 過圧縮分 60%

数値入力セル

手段経過措置」シートでのインプットとなるので留意が必要である。

　また、土地再評価差額金および退職給付に係る調整累計額については、その経過措置にも対応されている。土地再評価差額金に係る経過措置では、経過措置適用期間中は土地の再評価額と再評価直前の帳簿価額との差額の45％に相当する額に、計算基準年度に対応する掛目を乗じた金額をコア資本に係る基礎項目の額に算入することになる。この再評価額と再評価直前の帳簿価額との差額を計算するために「基礎項目インプット」シートI34セルに再評価に係る繰延税金負債を入力し、「基礎項目インプット」シートF34セルで土地再評価差額金と合計して算出している。また、再評価に係る繰延税金負債は、「繰延税金資産インプット」シートで繰延税金負債の額に加算されることになる。

　一般貸倒引当金の額については、国内基準では算入上限額と基準額計算の関係で循環する可能性があるため、この循環構造にも対応させている。循環構造への対応については後述する。

　「基礎項目インプット」シートで計算された各項目は、基本的にはいったん「基準額計算」シートのコア資本に係る基礎項目の額に集計されている。

(c)　「調整項目インプット」

　「調整項目インプット」シートでは、コア資本に係る調整項目の額に関連する項目を計算している。ここでのインプット項目は、主に会計数値からのインプットおよびダブルギアリングに関する報告資料等のバックデータからのインプットが想定される。

　無形固定資産は、規制上の取扱いに応じて、のれん、モーゲージ・サービシング・ライツおよびその他の無形固定資産に区分して入力する。その他の無形固定資産のうち、企業結合に係る無形固定資産は、調整項目に係る経過措置の適用による（1－掛目）部分についてもコア資本に係る調整項目の額となるが、企業結合に係る無形固定資産以外の無形固定資産の（1－掛目）部分はリスク・アセットで対応することになるため、これらを区分して入力する。なお、調整項目に係る経過措置の適用により、コア資本に係る調整項目の額に算入されない部分については、「計算サマリー」シートにおける経

図2−51 「調整項目インプット」

		計算基準日	平成29年6月30日 調整項目 80%
実効税率	35.04%	429/6	数値入力セル

無形固定資産

項目	金額	関連する繰延税金負債	税効果後相当額	業績	経過措置	不算入額
のれん	10,000,000,000	0		10,000,000,000	8,574,720,000	
モーゲージサービシングライツ	77,777,777		6,307,200,000	11,692,800,000	3,897,600,000	
その他の無形固定資産	18,000,000,000		2,102,400,000	3,897,600,000		
企業結合に係る無形固定資産	6,000,000,000					
その他	12,000,000,000		4,204,800,000	7,795,200,000	4,677,120,000	3,118,080,000

繰延税金資産

項目	期待損失額	適格引当金	連結引当金不足額
適格引当金不足額			0

その他の調整項目

項目	金額	関連する繰延税金負債	業績	経過措置	不算入額
	9,999,999		9,999,999	9,999,999	3,555,555
証券化取引に伴い増加した自己資本に相当する額	8,888,888		5,333,333		
負債の時価評価により生じた時価評価差額であって自己資本に算入された額	10,000,000,000	3,504,000,000	6,496,000,000	3,897,600,000	2,598,400,000
退職給付に係る資産	81,257,460,257		48,754,476,154	32,502,984,103	
繰延税金資産(一時差異に係るものを除く。)力額					

自己保有資本等の額(純資産の部に計上された者の主働く)

項目	金額	リスクアセット額	天算入額(経過措置)リスクアセット額
自己保有普通株式等の額	2,000,000,000	1,200,000,000	800,000,000

意図的な保有

	金額	うち、旧関連項目	リスクアセット額	当積立額(三十一取引)	経過措置 リスクアセット額
意図的に保有している他の金融機関等の対象資本に関する額	33,333,333,333	111,111,111	33,333,333,333	20,000,000,000	13,333,333,333	天算入額 20,044,444,444	13,288,888,889

少数出資金融機関等

	金額	うち、旧関連項目	リスクアセット額
少数出資金融機関の対象資本株式の額	180,000,000,000	60,000,000,000	180,000,000,000

その他金融機関等

項目	金額	うち、旧関連項目	リスクアセット額
その他金融機関等の対象資本株式の額	250,000,000,000		
のれん相当額	100,000,000,000	6,000,000,000	180,000,000,000
のれん相当額以外	150,000,000,000		

	TRUE	TRUE

第2章 自己資本比率の算定方法 147

過措置による不算入額に集計されることになる。

　さらに、その他の無形固定資産について、税効果相当額との相殺を行う場合には、「調整項目インプット」シートE6セルに実効税率を入力することで考慮することが可能である。「調整項目インプット」シートE6セルを0とするかまたはブランクとすればその他の無形固定資産と税効果相当額との相殺は行われないことになる。また、ここで計算された税効果相当額は、「繰延税金資産インプット」シートで繰延税金資産に加算されることになる。ここで入力する実効税率は、各金融機関が合理的に見積もった値を入力することになるが、当計算シートでは親銀行の翌期の実効税率を使用する場合等を想定しており、スケジューリング等を行い回収年度に応じた実効税率を適用する場合や子会社等を含めた各会社ごとの実効税率を適用する場合等の複数の実効税率を用いて税効果相当額を計算する場合は当計算シートでは対応できないため、別途計算した税効果相当額を直接H12～H14セルに入力する必要がある。

　また、退職給付に係る資産と関連する繰延税金負債との相殺は、その他の無形固定資産と同様の実効税率により見積もる方法を採用している。ここで相殺された関連する繰延税金負債についても「繰延税金資産インプット」シートで考慮されることとなる。

　自己保有普通株式等の額については、調整項目に係る経過措置の適用によって、コア資本の額に算入されない部分は信用リスク・アセットの額として対応することになるため、自己保有普通株式等の額に対応する信用リスク・アセットの額もインプットする必要がある。

　少数出資金融機関等の対象普通株式等については、ダブルギアリングに関する報告資料等において集計された金額およびリスク・アセットの額と、このうちバーゼルⅡで控除項目とされていた額の入力が必要となる。ここで入力された数値は「基準額計算」シートで集計され、少数出資金融機関等の基準額計算を行うことになる。

　その他金融機関等の対象普通株式等の額については、ダブルギアリングに関する報告資料等において集計された金額およびリスク・アセットの額と、

このうちバーゼルⅡで控除項目とされていた額の入力が必要となる。また、集計された金額にのれん相当差額が含まれる場合においては、コア資本に係る調整項目の額のうち、無形固定資産（のれんに係るもの（のれん相当差額を含む））の額となることから、のれん相当差額とそれ以外の部分について分けて入力する必要がある。なお、その他金融機関等の対象普通株式等の額は、「基準額計算」シートへ集計されて特定項目に係る基準額計算を行うことになる。

なお、適格引当金不足額については、当計算シートは標準的手法の採用を前提としており、入力の必要はない。

「調整項目インプット」で計算された各項目は、基本的にはいったん「基準額計算」シートのコア資本に係る調整項目の額に集計されている。

(d) 「繰延税金資産インプット」

「繰延税金資産インプット」シートでは、繰延税金資産の額を一時差異に係る繰延税金資産と一時差異に係るものを除く繰延税金資産に按分計算を行っている。ここでのインプット項目は、有価証券報告書における繰延税金資産の発生原因別の内訳注記またはそのバックデータから取得することになると考えられる。

繰延税金資産は、その他有価証券評価差額金および繰延ヘッジ損益に関する繰延税金資産、繰越欠損金および繰越外国税額控除に関する一時差異以外の繰延税金資産、これら以外の一時差異に係る繰延税金資産、そして評価性引当額のインプットを行うことになる。また、繰延税金負債はその他有価証券評価差額金および繰延ヘッジ損益に関する繰延税金負債とそれ以外の繰延税金負債をインプットする。

当計算シートでは、繰延税金資産と繰延税金負債の相殺を行い、評価性引当額および繰延税金負債は評価性引当額控除前の繰延税金資産の金額の比で一時差異に係るものと一時差異以外に係るものに按分して計算を行っている。さらに、「調整項目インプット」シートで計算されたその他の無形固定資産の税効果相当額は一時差異に係る繰延税金資産に加算し、退職給付に係る資産に関連する繰延税金負債は繰延税金負債の額から控除している。ま

図 2 −52 「繰延税金資産インプット」

計算基準日 平成29年6月30日　土地　70%

□：数値入力セル

繰延税金資産

繰延税金資産	金額	評価性引当額	損金上の資産等金額	繰延税金負債	繰延税金資産
一時差異（下記以外）	202,000,000,000	-3,740,740,741	202,000,000,000	-35,184,519,006	169,381,940,253
税効果相当額			6,307,200,000		
OCI関連：その他有価証券評価差額金・繰延ヘッジ損益	22,000,000,000	-407,407,407			
評価差以外（繰越欠損金・外国税額控除）	100,000,000,000	-1,851,851,852	100,000,000,000	-16,890,687,891	81,257,460,257
評価性引当額	-6,000,000,000				
合計	318,000,000,000	-6,000,000,000	308,307,200,000	-52,075,206,897	250,639,400,511

繰延税金負債

繰延税金負債	金額		損金上の資産等金額		
一時差異（下記以外）	40,000,000,000		40,000,000,000		
関連する繰延税金負債			-3,504,000,000		
OCI関連：その他有価証券評価差額金・繰延ヘッジ損益	30,000,000,000		15,579,206,897		
再評価に係る繰延税金負債			52,075,206,897		
合計	70,000,000,000				

繰延税金資産純額

た、「基礎項目インプット」シートでインプットされた再評価に係る繰延税金負債は、土地再評価差額金に係る経過措置適用期間中は繰延税金負債の額に加算を行っている。なお、当計算シートでは子会社はすべて日本に所在するものとしており、繰延税金資産と繰延税金負債の国別の相殺には対応していない。

このような前提で計算を行い「繰延税金資産インプット」シートJ10セルで一時差異に係る繰延税金資産が計算され、「基準額計算」シートの特定項目に集計される。また、「繰延税金資産インプット」シートJ13セルで一時差異に係るものを除く繰延税金資産が計算され、「基準額計算シート」におけるコア資本に係る調整項目の額に集計されている。

(e) 「調整後少数株主持分」

「調整後少数株主持分」シートでは、特定連結子法人等の調整後少数株主持分の額および少数株主持分に係る経過措置の計算を行っている。まず最初に「調整後少数株主持分」シート19行目において、特定連結子法人等の場合は「1」を入力し、それ以外の場合は「0」を入力する必要がある。特定連結子法人等の場合には、ⓐ当該特定連結子法人等の連結リスク・アセットの額、ⓑ特定連結子法人等の親会社の連結リスク・アセットの額のうち、当該特定連結子法人等に関連するものの額、単体コア資本に係る基礎項目の額および少数株主持分相当コア資本に係る基礎項目の額を入力することになる。この時、ⓑの額については、後述の循環構造への対応のため、信用リスク・アセットの額を、基準額計算の対象となる少数出資金融機関等の対象普通株式等および特定項目と、それ以外の信用リスク・アセットの額で区分して入力する必要がある。これにより、いったん基準額計算の対象となる金額がすべて基準額以内に収まったものとして1回目の調整後少数株主持分の額を計算し、「基準額計算」シートへ集計されることになる。そして「基準額計算」シートで計算された基準超過割合を用いて、ⓐの額を修正し、2回目の調整後少数株主持分の額が計算されて、「計算サマリー」シートに集計される。

また、特定連結子法人等については、少数株主持分相当コア資本に係る基礎項目の額のうちコア資本の額に算入されなかった部分の額に対して掛目を

図2-53 「調整後少数株主持分」

計算基準日	平成29年6月30日	少数持①	100%
		少数持②	70%

数値入力セル

調整後少数株主持分の計算(1回目)

全体リスクアセットとして計算

項目		子会社1	子会社2	子会社3	合計
特定連結子法人等の報告会社の連結リスクアセットの額のうち、当該特定連結子法人等に関連するものの額		50,000,000,000	70,000,000,000		120,000,000,000
信用リスクアセット	下記以外	5,000,000,000	7,000,000,000		12,000,000,000
	少数出資金融機関等	5,000,000,000	7,000,000,000		12,000,000,000
	特定項目(その他金融機関等)				0
	特定項目(MSR)				0
	特定項目(DTA)	10,000,000,000	3,500,000,000		13,500,000,000
マーケットリスク					0
オペレーショナルリスク		10,000,000,000	3,500,000,000		13,500,000,000
合計		80,000,000,000	91,000,000,000		171,000,000,000

調整後少数株主持分の計算(1回目)

項目	flag	子会社1	子会社2	子会社3	合計
特定連結子法人A、B以外:0		1	1	0	
特定連結子法人等の当該連結リスクアセットの額の合計	A	70,000,000,000	950,000,000,000		
特定連結子法人等の親会社の連結リスクアセットの額のうち、当該特定連結子法人等に関連するものの額	B	80,000,000,000	91,000,000,000		
信用リスクアセット	RWA=min(A,B)	70,000,000,000	91,000,000,000		
少数株主持分相当コア資本に係る基礎項目の額	CC	5,000,000,000	10,000,000,000		
コア資本に係る調整項目(コア資本に係る基礎項目の額)	CCmi	2,000,000,000	4,500,000,000	10,000,000,000	
コア資本に係る調整項目担当コア資本に係る基礎項目の額	Mcc = min(CCmi, RWA * 4% + CCmi) * flag	1,120,000,000	1,638,000,000		2,758,000,000

基準額計算によるリスクアセット調整額

項目		子会社1	子会社2	子会社3	合計
		1,248,656,896	1,748,119,654		2,996,776,550
		1,737,142,260	2,431,999,163		4,169,141,423
信用リスクアセット	少数出資金融機関等	70,000,000,000	950,000,000,000		
	特定項目(その他金融機関等)	72,793,195,469	85,342,529,301		
	特定項目(MSR)	4,221,005,376	1,477,351,882		5,698,357,257
	特定項目(DTA)				
合計		7,206,804,531	5,657,470,699		12,864,275,230

調整後少数株主持分の計算(2回目)と経過措置計算

項目	flag	子会社1	子会社2	子会社3	合計
特定連結子法人A、B以外:0		1	1	0	
	A	70,000,000,000	950,000,000,000		
	B	72,793,195,469	85,342,529,301		
信用リスクアセット	RWA=min(A,B)	70,000,000,000	85,342,529,301		
	CC	5,000,000,000	10,000,000,000		
単体コア資本に係る基礎項目の額	CCmi	2,000,000,000	4,500,000,000	10,000,000,000	
少数株主持分相当コア資本に係る基礎項目の額	Mcc = min(CCmi, RWA * 4% + CCmi) * flag	1,120,000,000	1,536,165,527		2,656,165,527
コア資本に係る調整担当コア資本に係る少数株主持分		880,000,000	2,963,834,473	7,000,000,000	10,843,834,473
(経過措置)コア資本調整後少数株主持分					

152

乗じた金額が「計算サマリー」シートに集計される。特定連結子法人以外の連結子法人等の少数株主持分については、「調整後少数株主持分」シート24行目の少数株主持分相当コア資本に係る基礎項目の額にその金額を入力し、その額に対して掛目を乗じた金額が「計算サマリー」シートに集計される。なお、少数株主持分相当コア資本に係る基礎項目の額に入力する数値は、その他有価証券評価差額金に関する部分を控除した金額とすると考えられる。

(f)「資本調達手段経過措置」

「資本調達手段経過措置」シートでは、資本調達手段に関連する経過措置の算入額の計算を行っている。ここでのインプット項目は、資本調達手段に関する残高や期日管理等を行っているバックデータ等が想定される。

適格旧非累積的永久優先株については、国内基準の適用日である平成26年3月31日時点の残高に基づいて算入限度額が計算されるため、適用日時点の残高を「資本調達手段経過措置」H18セルに入力する必要がある。これにより、計算基準日時点の残高と適用日時点の残高に計算基準年度に対応する掛目を乗じて計算した限度額のどちらか小さいほうがコア資本に係る基礎項目の額への算入額として計算される。

また、適格旧資本調達手段については、適用日時点の残高およびコア資本の額に基づいてコア資本に係る基礎項目の額への算入上限額が計算されることになる。この上限額は、期限付優先株および期限付劣後債務の合計額がコア資本の50％を超過する部分として控除額①を計算し、さらに永久劣後債務を加えたうえでコア資本の額を超過する部分として控除額②を計算して算出することになるため、適用日時点のそれぞれの資本調達手段の残高を入力することになる。なお、適用日時点のコア資本の額は完全実施ベースで計算したコア資本の額を「資本調達手段経過措置」H23セルに入力する。

また、計算基準日時点の資本調達手段の額は、償還期限までの期間が5年以内になったものについては、計算基準日における残高に、算出基準日から償還期限までの日数を償還期限が5年となった日から償還期限までの日数で除して得た割合を乗じて得た額を入力する必要がある。

「資本調達手段経過措置」シートで計算された経過措置による算入額は、

第2章 自己資本比率の算定方法 153

図2-54 「資本調達手段経過措置」

数値入力セル

公的機関による資本増強

項目	計算基準日残高
公的機関による資本増強	70,000,000,000

	算入額
	70,000,000,000

適格旧非累積的永久優先株

項目	計算基準日残高	2014年3月期残高	算入上限額
適格旧非累積的永久優先株	70,000,000,000	100,000,000,000	100,000,000,000

	算入額
	70,000,000,000

適格旧資本調達手段

項目	計算基準日残高	2014年5月期額残高	2014年5月期コア資本	削減前	控除額①	Tier2	控除額②	基準額
適格旧資本調達手段計	1,900,000,000,000	2,300,000,000,000	1,358,201,091,557	679,100,545,778	420,899,454,222	1,358,201,091,557	20,899,454,222	1,858,201,091,557
非累積的永久優先出資証券	333,333,333,333	500,000,000,000						
永久劣後債務	466,666,666,667	700,000,000,000				700,000,000,000		
期限付優先株	800,000,000,000	800,000,000,000				493,891,306,021		
期限付劣後債務	300,000,000,000	300,000,000,000				185,209,239,758		

固定枠	算入額
1,300,740,764,090	1,300,740,764,090
	228,200,134,051
	319,480,187,671
	547,680,321,722
	205,380,120,646

計算基準日	平成29年6月30日
適格永久	100%
適格旧資本	70%
公的資金	100%

「計算サマリー」シートのコア資本に係る基礎項目の額に集計されている。

(g)「基準額計算」

「基準額計算」シートでは、少数出資金融機関等および特定項目に係る基準額計算を行っている。ここでインプットすべき項目はなく、すべての数値が他のシートから集計されてくる。

少数出資金融機関等に係る基準額の計算については、「基準額計算」シートにおける基準額の計算のための集計にて計算された基礎項目の額および調整項目の額に基づいて計算される。少数出資金融機関等の基準超過額に対して調整項目に係る経過措置が適用された場合、少数出資金融機関等の対象普通株式等の額に対する旧意図的保有に該当するものの額として旧控除項目割合を計算し、調整項目に係る経過措置の適用によりコア資本に係る調整項目の額に算入されない部分のうち、バーゼルⅡで控除項目とされていたとしてコア資本に係る調整項目の額とする部分の額の計算を行っている。少数出資金融機関等の対象普通株式等の額およびこのうち旧控除項目とされていた額は、「調整項目インプット」シートで入力されたものが「基準額計算」シートに集計されてくる。

なお、特定項目についても、一時差異に係る繰延税金資産は「繰延税金資産インプット」シートから集計され、モーゲージ・サービシング・ライツおよびその他金融機関等の対象普通株式等の額は「調整項目インプット」シートから集計されている。その他金融機関等の対象普通株式等については、すべてバーゼルⅡで控除項目とされていた金融関連会社と仮定しており、調整項目に係る経過措置を適用しても全額がコア資本に係る調整項目の額とされている。

また、「基準額計算」シートにおけるコア資本に係る基礎項目の額は「基礎項目インプット」から集計された完全実施ベースでの額および「調整後少数株主持分」シートから集計された1回目の調整後少数株主持分の額になる。コア資本に係る調整項目の額については、調整項目に係る経過措置適用前の額が「調整項目インプット」シートおよび「繰延税金資産インプット」シートから集計されており、ここで集計されたコア資本の額を用いて、少数

図 2 –55 「基準額計算」

基準額の計算のための集計

項目	
コア資本に係る基礎項目の額	1,572,524,000,000
普通株式又は強制転換条項付優先株式に係る株主資本の額	1,077,554,000,000
うち、資本金及び資本剰余金の額	515,470,000,000
うち、利益剰余金の額	500,000,000
うち、自己株式の額（△）	-20,000,000,000
うち、処分未定の剰余金の額（△）	0
リスク・アセット等審査分	-5,000,000,000
その他の包括利益累計額	
コア資本に係る調整項目不算入額	2,759,000,000
うち、退職給付に係る資産の額	25,000,000,000
うち、一般貸倒引当金算入額	25,000,000,000
コア資本に係る調整項目の額	1,595,282,000,000
うち、無形固定資産（モーゲージ・サービシング・ライツに係るものを除く。）の額の合計額	121,692,800,000
うち、のれん及びモーゲージ・サービシング・ライツに係るもの以外の無形固定資産の額	110,000,000,000
うち、のれん及びモーゲージ・サービシング・ライツに係るもの以外の無形固定資産のうち のれんの額	11,692,800,000
繰延税金資産（一時差異に係るものを除く。）の額	81,257,460,257
適格引当金不足額	9,999,999
証券化取引に伴い増加した自己資本に相当する額	8,888,888
負債の時価評価により生じた時価評価差額であって自己資本に算入される額	6,496,000,000
退職給付に係る資産の額	2,000,000,000
自己保有普通株式等（純資産の部に計上されるものを除く。）の額	33,333,333,333
意図的に保有している他の金融機関等の対象資本調達手段の額	44,951,648,248
特定項目に係る十パーセント基準超過額	58,275,566,398
うち、その他金融機関等の対象普通株式又は強制転換条項付優先株式に係るものに該当するものの額	19,446,813,073
うち、無形固定資産（モーゲージ・サービシング・ライツに係るものに限る。）に関するものの額	38,828,753,326
うち、繰延税金資産（一時差異に係るものに限る。）に関するものの額	65,354,371,241
特定項目に係る十五パーセント基準超過額	32,667,454,713
うち、その他金融機関等の対象普通株式又は強制転換条項付優先株式に係るものに該当するものの額	19,461,815
うち、無形固定資産（モーゲージ・サービシング・ライツに係るものに限る。）に関するものの額	
うち、繰延税金資産（一時差異に係るものに限る。）に関するものの額	32,667,454,713
コア資本に係る調整項目の額	
自己資本の額	

基準額計算

	1,350,483,517,523

コア資本に係る基礎項目の額から調整項目の額＝1号を除いた額

少数株主資本等調整額の対象普通株式等の額

項目	金額	自己取引分	PMA	単価
対象普通株式等の額	A	180,000,000,000	120,000,000,000	180,000,000,000	60%
少数株主に係る10%基準額	B=a×5%	135,048,351,752		44,951,648,248	
少数株主に係る10%基準超過額	C=max(A-B,0)	44,951,648,248		135,048,351,752	
少数株主に係る対象普通株式等の自己取引分				26,970,988,949	
リスク・アセット等審査分				17,980,659,299	
経過措置不算入額				5,993,553,100	
経過措置額		25.0%			

特定項目

コア資本に係る基礎項目の額から調整項目＝1号を除いた額
コア資本に係る基礎項目の額から調整項目＝4号及び7号算定項目を合計を控除した額

項目		その他金融機関等	MSR	DTA	合計
金額	A	150,000,000,000	77,777,777	169,381,940,253	319,459,718,030
特定項目に係る10%基準額	B=a×10%	130,553,186,927	130,553,186,927	130,553,186,927	
特定項目に係る10%基準超過額	C=max(A-B,0)	19,446,813,073	0	38,828,753,326	58,275,566,398
特定項目に係る15%基準額	D=A×5%		77,777,777	130,553,186,927	261,184,151,632
特定項目に係る15%基準超過額	E=a×15%			195,829,780,391	
指定枠	F=max(D-E,0)		0.03%	49.99%	65,354,371,241
GHの合計額	G=D-D合計	49.99%	19,461,815	32,667,454,713	65,354,371,241
	H=F×G	32,667,454,713			195,829,780,391
特定項目に係る基準超過額		11,668,087,944	19,461,815	23,297,251,996	34,965,339,839
経過措置（15%基準超過額）		19,600,472,828	11,677,089	19,600,472,828	39,212,622,744
経過措置額		311,149,009			311,149,009
経過措置額不算入額		522,679,275	7,794,726	28,598,483,215	522,679,275
コア資本に係る調整項目の額		20,011,878,830			48,618,146,771

	経過措置	計算基準日 平成29年3月31日
参考記述事項		MSR 25% DTA 42%
その他自動調整額	35%	

出資および特定項目に係る基準額を計算している。

このように計算された少数出資金融機関等および特定項目に係る超過額は「計算サマリー」シートに集計されることになる。

(h) 「RWA_DGインプット」

「RWA_DGインプット」シートでは、リスク・アセットの額の集計を行うとともに、土地再評価差額金に係る経過措置に伴う土地の信用リスク・アセットの修正や、他の金融機関等の資本調達手段のうち普通株式等以外の資本調達手段に係る経過措置の適用に伴う信用リスク・アセットの修正を行っている。また、少数出資金融機関等および特定項目の基準超過額に対応する信用リスク・アセットの修正も行っている。

ここでのインプットは、リスク・アセット計算システムからの出力値やダブルギアリングに関する報告資料等のバックデータが想定される。

「RWA_DGインプット」シート10行目～13行目までが経過措置に伴う信用リスク・アセットの修正を行っており、15行目～18行目までで基準超過部分の信用リスク・アセットの修正を行っている。これら以外の信用リスク・アセットをH9セルに入力することになるが、当然ながら一時差異以外の繰延税金資産や退職給付に係る資産などの調整項目となるものについても除外することに留意が必要である。

(i) 循環構造への対応の流れ

国内基準における循環構造への対応として、Q&Aの計算例に準じて基準額計算は1回のみ行い、一般貸倒引当金の上限額の計算および調整後少数株主持分は2回計算している。

まず、「基準額計算」シートでコア資本に係る基礎項目および調整項目の額に集計されているのは、「調整後少数株主持分」シートJ25セルの1回目の調整後少数株主持分の額および「基礎項目インプット」シートJ44セルの1回目の一般貸倒引当金の額である算入額①の数値である。1回目の調整後少数株主持分の計算は、基準額計算の対象となるものはすべて信用リスク・アセットの額に含まれるものとして計算している。

他方、一般貸倒引当金の算入上限額①は、基準額計算の対象となるものの

第2章 自己資本比率の算定方法 157

図2-56「RWA_DGインプット」

図2-57 循環構造への対応①「調整後少数株主持分」

調整後少数株主持分の計算（1回目）

全額リスク・アセットとして計算

項目	子会社1	子会社2	子会社3	合計
特定連結子法人等の親会社の連結リスク・アセットの額のうち、当該特定連結子法人等に関連するものの額	50,000,000,000	70,000,000,000		120,000,000,000
下記以外	5,000,000,000	7,000,000,000		12,000,000,000
少数出資金融機関等	5,000,000,000	7,000,000,000		12,000,000,000
信用リスク・アセット	特定項目（その他金融機関等）	0	0		
	特定項目（MSR）	10,000,000,000	3,500,000,000		13,500,000,000
	特定項目（DTA）				
マーケットリスク		10,000,000,000	3,500,000,000		13,500,000,000
オペレーショナルリスク					
合計	80,000,000,000	91,000,000,000	0	171,000,000,000

調整後少数株主持分の計算（1回目）

項目	flag	子会社1	子会社2	子会社3	合計
特定連結子法人 A、1、以外：0		1	1	0	
特定連結子法人等の親会社の連結リスク・アセットの額	A	70,000,000,000	950,000,000,000		
特定連結子法人等に関連するものの額	B	80,000,000,000	91,000,000,000	0	
特定連結子法人等のリスク・アセットの額	RWA=min(A,B)	70,000,000,000	91,000,000,000		
単体コア資本に係る基礎項目の額	CC	5,000,000,000	10,000,000,000	10,000,000,000	
少数株主持分に相当コア資本に係る基礎項目の額	CCmi	2,000,000,000	4,500,000,000		
コア資本に係る調整後少数株主持分	Mcc = min(CCmi, RWA * 4% * CCmi / CC)*flag	1,120,000,000	1,638,000,000		2,758,000,000

基準額計算によるリスク・アセット調整額

項目	子会社1	子会社2	子会社3	合計
少数出資金融機関等	1,248,656,896	1,748,119,654	0	2,996,776,550
信用リスク・アセット 特定項目（その他金融機関等）	1,737,142,260	2,431,999,163	0	4,169,141,423
特定項目（MSR）	0	0	0	0
特定項目（DTA）	4,221,005,376	1,477,351,882	0	5,698,357,257
合計	7,206,804,531	5,657,470,699	0	12,864,275,230

数値入力セル

第2章 自己資本比率の算定方法 159

図２－58　循環構造への対応②「基礎項目インプット」

一般貸倒引当金算入額及び適格引当金算入額の合計額

項目	金額	RWA（基準額計算対象以外）	IRB(CCP,CVA以外)	算入上限額①	算入額①	RWA調整額（少数出資）	RWA調整額（特定項目）	標準的手法RWA	算入上限額②	算入額②	
一般貸倒引当金	25,000,000,000	18,507,500,000,000		231,343,750,000	25,000,000,000	135,048,351,752	489,574,450,978	19,132,122,802,730	239,151,535,034	25,000,000,000	TRUE
適格引当金超過額											

図２－59　循環構造への対応③「調整後少数株主持分」

基準額計算によるリスク・アセット調整額

項目		子会社1	子会社2	子会社3	合計
信用リスク・アセット	少数出資金融機関等	1,248,656,896	1,748,119,654	0	2,996,776,550
	特定項目（その他金融機関等）	1,737,142,260	2,431,999,163	0	4,169,141,423
	特定項目（MSR）	0	0	0	0
	特定項目（DTA）	4,221,005,376	1,477,351,882	0	5,698,357,257
合計		7,206,804,531	5,657,470,699	0	12,864,275,230

調整後少数株主持分の計算（2回目）と経過措置計算

調整後少数株主持分の計算（2回目）

項目		子会社1	子会社2	子会社3	合計
特定連結子法人：1、以外：0	flag	1	1	0	
特定連結子法人等の連結リスク・アセットの額	A	70,000,000,000	950,000,000,000	0	
特定連結子法人等の親会社の連結リスク・アセットの額のうち、当該特定連結子法人等に関連するものの額	B	72,793,195,469	85,342,529,301	0	
特定連結子法人等のリスク・アセットの額	RWA=min(A,B)	70,000,000,000	85,342,529,301	0	
単体コア資本に係る基礎項目の額	CC	5,000,000,000	10,000,000,000	0	
少数株主持分相当コア資本に係る基礎項目の額	Ccmi	2,000,000,000	4,500,000,000	10,000,000,000	
コア資本に係る調整後少数株主持分	Mcc = min(CCmi , RWA * 4% * CCmi / CC)*flag	1,120,000,000	1,536,165,527	0	**2,656,165,527**
（経過措置）コア資本調整後少数株主持分	Mcc' = (CCmi − Mcc) * 掛目	880,000,000	2,963,834,473	7,000,000,000	**10,843,834,473**

図2-60 循環構造への対応④「RWA_DGインプット」

RWA

項目	信用リスク	調整前EAD	RW	調整前RWA	完全実施 調整後EAD	RW	調整後RWA
	下記以外	500,000,000,000		18,000,000,000,000			18,000,000,000,000
	土地再評価		100%	500,000,000,000			500,000,000,000
	DG（普通株式等以外）金融機関（附則12条2項）	1,000,000,000	250%	2,500,000,000			2,500,000,000
	DG（普通株式等以外）金融機関以外 2012年3月末に保有分（附則12条1項）	1,000,000,000	250%	2,500,000,000			2,500,000,000
	DG（普通株式等以外）金融機関以外 2012年4月1日以降に取得分	1,000,000,000	250%	2,500,000,000			
	ハ計			18,507,500,000,000			18,507,500,000,000
	少数出資金融機関等	180,000,000,000	100%	180,000,000,000	135,048,351,752	100%	135,048,351,752
	特定項目（その他金融機関等）	150,000,000,000	250%	375,000,000,000	195,829,780,391	250%	489,574,450,978
	特定項目（MSR）	77,777,777	250%	194,444,443			
	特定項目（DTA)	169,381,940,253	250%	423,454,850,634			
	合計			19,486,149,295,076			19,132,122,802,730
	オペレスク			157,948,325,000			157,948,325,000
	合計			19,644,097,620,076			19,290,071,127,730

図2-61 循環構造への対応⑤「基礎項目インプット」

項目	金額	RWA(基準項目算対象以外)	IRB(DUP/CVA以外)	算入額①	算入上限額①	算入額②	RWA調整額（少数出資）	RWA調整額（特定項目）	標準手法RWA	算入上限額②	算入額②	
一般貸倒引当金繰入及び適格引当金算入額の合計額	25,400,000,000	18,507,500,000,000		231,343,750,000	25,000,000,000	135,048,351,752	489,574,450,978	19,132,122,802,730	239,151,535,034	25,000,000,000	TRUE
一般貸倒引当金												
適格引当金総通額												

第2章 自己資本比率の算定方法 161

信用リスク・アセットをすべて除外して計算されている。「基礎項目インプット」シートG44セルの値は、「RWA_DGインプット」シートH14セルから集計されており、これは少数出資金融機関および特定項目に対応する部分を除外した金額となっている。

　基準額計算の結果、超過部分に対応する部分は信用リスク・アセットから除外されるため、「調整後少数株主持分」シート32行目～36行目までで超過割合に応じて特定連結子法人等の連結リスク・アセットの額から除外を行ったうえで2回目の調整後少数株主持分を計算し、「計算サマリー」シートに集計されることになる。

　また、「RWA_DGインプット」シートI15セル～I18セルにおいて、基準額以内に収まった額を集計し、これに対する信用リスク・アセットの額をK15セル～K18セルで計算している。

　「基礎項目インプット」シートK44セルおよびL44セルで、基準額以内の部分に対応する信用リスク・アセットの額を集計し、M44セルで当初の信用リスク・アセットの額と合計したうえで一般貸倒引当金の上限額②を計算し、最終的な一般貸倒引当金の額が「計算サマリー」シートに集計されることになる。これら結果に基づく2回目の基準額計算は行っていない。

b　国際統一基準

(a)　シートの全体構成

　国際統一基準自己資本比率計算用のプログラム（国際統一基準.xlsx）は、「計算サマリー」「基礎項目インプット」「調整項目インプット」「繰延税金資産インプット」「調整後少数株主持分等」「基準額計算」「RWAインプット」および「国際基準経過措置テーブル」の各シートで構成されており、基本的なシートの構成および計算の流れは国内基準の計算シートと同様である。

　「計算サマリー」シートはその他のシートで計算された各項目が集計されることになり、当シートで各Tier資本に係る基礎項目の額、調整項目の額の計算がなされ、最終的な自己資本比率まで計算される仕組みとなっている。また各経過措置にも対応しており、「計算サマリー」シートのP3セルにおけ

図2－62 「計算サマリー」計算基準年度の選択

| | 計算基準日 | 平成25年9月30日 | リストから選択 |

項目	経過措置適用前	経過措置	経過措置による算入額
普通株式等Tier1資本に係る基礎項目			
普通株式に係る株主資本の額	971,000,000,000	971,000,000,000	
うち、資本金及び資本剰余金の額	700,000,000,000	700,000,000,000	
うち、利益剰余金の額	300,000,000,000	300,000,000,000	
うち、自己株式の額（△）	-9,000,000,000	-9,000,000,000	
うち、社外流出予定額（△）	-20,000,000,000	-20,000,000,000	
うち、上記以外に該当するものの額	0	0	
普通株式に係る新株予約権の額	0	0	
その他の包括利益累計額及びその他公表準備金の額	212,650,000,000		212,650,000,000
経過措置により普通株式等Tier1資本に係る基礎項目の額に算入されるものの額の合計額	3,394,200,116	626,205,799,884	
公的機関による資本の増強に関する措置を通じて発行された資本調達手段のうち、普通株式等Tier1資本に係る調整項目の額に含まれる額		600,000,000,000	
普通株式等Tier1資本に係る非支配株主持分の額		26,205,799,884	
普通株式等Tier1資本に係る基礎項目の額	1,187,044,200,116	1,600,600,000,000	
普通株式等Tier1資本に係る調整項目			
無形固定資産（モーゲージ・サービシング・ライツに係るものを除く。）の額の合計額	121,692,800,000	0	121,692,800,000
うち、のれんに係るもの（のれん相当差額を含む。）の額	110,000,000,000	0	110,000,000,000
うち、のれん及びモーゲージ・サービシング・ライツに係るもの以外	11,692,800,000	0	11,692,800,000
繰延税金資産（一時差異に係るものを除く。）の額	48,397,760,181	0	48,397,760,181
適格引当金不足額	40,000,000,000	0	40,000,000,000
証券化取引に伴い増加した自己資本に相当する額	7,777,777	0	7,777,777
負債の時価評価により生じた時価評価差額であって自己資本に算入される額	6,666,666	0	6,666,666
退職給付に係る資産の額	6,496,000,000	0	6,496,000,000
自己保有普通株式（純資産の部に計上されるものを除く。）の額	2,000,000,000	0	2,000,000,000
意図的に保有している他の金融機関等の要普通株式の額	3,000,000	0	3,000,000
少数出資金融機関等の対象普通株式の額	1,032,995,264	0	1,032,995,264
特定項目に係る十パーセント基準超過額	122,869,621,866	0	122,869,621,866
うち、その他の金融機関等の対象普通株式（モーゲージ・サービシング・ライツに係る。）に関連するものの額	53,228,091,023	0	53,228,091,023
うち、モーゲージ・サービシング・ライツに係るもの（モーゲージ・サービシング・ライツに係る。）に関連するものの額	0	0	0
うち、繰延税金資産（一時差異に係るものに限る。）に関連するものの額	69,641,530,843	0	69,641,530,843
特定項目に係る十五パーセント基準超過額	53,385,954,488	0	53,385,954,488
うち、その他の金融機関等の対象普通株式（モーゲージ・サービシング・ライツに係る。）に関連するものの額	26,020,758,448	0	26,020,758,448
うち、モーゲージ・サービシング・ライツに係るもの（モーゲージ・サービシング・ライツに係る。）に関連するものの額	1,344,437,592	0	1,344,437,592
うち、繰延税金資産（一時差異に係るものに限る。）に関連するものの額	26,020,758,448	0	26,020,758,448
その他Tier1資本不足額	14,094,796,233		
普通株式等Tier1資本に係る調整項目の額	409,987,372,475		
普通株式等Tier1資本の額	777,056,827,641	1,600,600,000,000	

第2章 自己資本比率の算定方法 163

る計算基準年度を選択することにより、基準年度に対応した経過措置の掛目が適用され、計算が行われる仕組みとなっている。完全実施ベースでの計算を行う場合には、「計算サマリー」シートのP3セルにおけるプルダウンリストのなかから経過措置なしを選択することで、経過措置適用期間終了後の完全実施ベースの自己資本比率の計算を行うことが可能である。

なお、「計算サマリー」シートは第3の柱における開示に基づいて作成している。

以下、国内基準の計算シートとの相違を中心に解説する。

(b) 「基礎項目インプット」

「基礎項目インプット」シートでは、各Tier資本に係る基礎項目の額に関連する項目および資本調達手段に関する経過措置の計算をしている。ここでのインプット項目は、主に会計数値からのインプットがメインである。

その他の包括利益累計額に係る経過措置の計算において、その他有価証券評価差額金が正の場合、繰延ヘッジ損益が負の場合および土地再評価差額金は、税効果考慮前の評価差額の45％に相当する額に計算基準年度に対応する掛目を乗じて計算されることになる。「基礎項目インプット」シートF36セルおよびF40セルF41セルに、それぞれ税効果考慮前の金額を入力することになる。

また、資本調達手段に関する経過措置については、国際統一基準の適用日である平成25年3月31日時点の各資本調達手段の残高に基づいて算入限度額が計算されることになるため、適用日時点の残高と計算基準日時点の残高をそれぞれ入力する。この時、償還期限までの期間が5年以内になったものについては、計算基準日における残高に、算出基準日から償還期限までの日数を償還期限が5年となった日から償還期限までの日数で除して得た割合を乗じて得た額を入力する必要がある。

純資産の部で入力した数値は、いったん「基準額計算」シートの普通株式等Tier1資本に係る基礎項目の額に集計され、これ以外の経過措置に関するもの等については「計算サマリー」シートに集計されることになる。

図2-63 「基礎項目インプット」

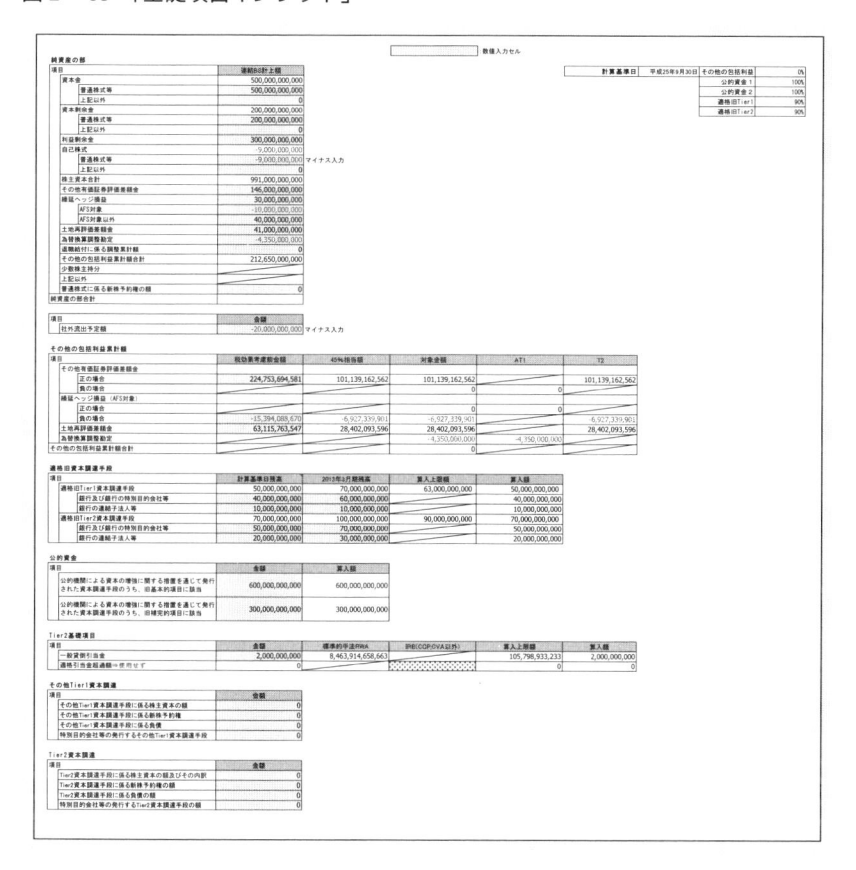

(c) 「調整項目インプット」

「調整項目インプット」シートでは、各Tier資本に係る調整項目の額に関連する項目を計算している。ここでのインプット項目は、主に会計数値からのインプットがメインである。

その他の無形固定資産に関する税効果相当額や退職給付に係る資産に関連する繰延税金負債の計算は、国内基準と同様に「調整項目インプット」シートE6セルに入力された実効税率により計算され、当該額が「繰延税金資産インプット」シートに集計されることになる。

第2章 自己資本比率の算定方法 165

図2-64 「調整項目インプット」

また、自己保有資本調達手段や意図的な保有については、コレスポンディングアプローチに対応するため、各Tier資本ごとに入力をすることになる。

　なお、適格引当金不足額については、当計算シートは標準的手法の採用を前提としており、入力の必要はない。

　ここで入力された普通株式等Tier 1 資本に係る調整項目の額については、いったん「基準額計算」シートに集計され、その他Tier 1 資本およびTier 2 資本に係る調整項目の額については、「計算サマリー」シートに集計されることになる。

(d)　「繰延税金資産インプット」

　「繰延税金資産インプット」シートでは、繰延税金資産の額を一時差異に係る繰延税金資産と一時差異に係るものを除く繰延税金資産に按分計算を行っている。ここでのインプット項目は、有価証券報告書における繰延税金資産の発生原因別の内訳注記またはそのバックデータから取得することになると考えられる。

　繰延税金資産は、繰越欠損金および繰越外国税額控除に関する一時差異以外の繰延税金資産、これら以外の一時差異に係る繰延税金資産、そして評価性引当額のインプットを行うことになる。また、繰延税金負債は一時差異に係る繰延税金負債と再評価に係る繰延税金負債を入力する。

　当計算シートでは、繰延税金資産と繰延税金負債の相殺を行い、評価性引当額および繰延税金負債は評価性引当額控除前の繰延税金資産の金額の比で一時差異に係るものと一時差異以外に係るものに按分して計算を行っている。さらに、「調整項目インプット」シートで計算されたその他の無形固定資産の税効果相当額は一時差異に係る繰延税金資産に加算し、退職給付に係る資産に関連する繰延税金負債は繰延税金負債の額から控除している。繰延税金資産と繰延税金負債の国別の相殺には対応していない。

　このような前提で計算を行い「繰延税金資産インプット」シートF21セルで一時差異に係る繰延税金資産が計算され、「基準額計算」シートの特定項目に集計される。また、「繰延税金資産インプット」シートF22セルで一時差異に係るものを除く繰延税金資産が計算され、「調整項目インプット」

第2章　自己資本比率の算定方法　167

図2−65 「繰延税金資産インプット」

| | 数値入力セル |

繰延税金資産

繰延税金資産		金額
一時差異		200,000,000,000
税効果相当額		6,307,200,000
一時差異以外		60,000,000,000
評価性引当額		-10,000,000,000
	合計	256,307,200,000
繰延税金負債		
繰延税金負債		40,000,000,000
再評価に係る繰延税金負債		5,000,000,000
関連する繰延税金負債		-3,504,000,000
	合計	41,496,000,000
繰延税金資産純額		214,811,200,000
一時差異に係る繰延税金資産		166,413,439,819
一時差異以外の繰延税金資産		48,397,760,181

シートを経由して、「基準額計算シート」における普通株式等Tier 1 資本に係る調整項目の額に集計されている。

(e) 「調整後少数株主持分等」

「調整後少数株主持分等」シートでは、連結子法人等の調整後少数株主持分の額および少数株主持分に係る経過措置の計算を行っている。まず最初に「調整後少数株主持分等」シート18行目において、特定連結子法人等の場合は「1」を入力し、それ以外の場合は「0」を入力する必要がある。国際統一基準では特定連結子法人以外の連結子法人の少数株主持分もその他Tier 1 資本およびTier 2 資本に係る基礎項目の額に算入可能であるため、すべての連結子法人等についてⓐ当該連結子法人等の連結リスク・アセットの額、ⓑ連結子法人等の親会社の連結リスク・アセットの額のうち、当該連結子法人等に関連するものの額、その他パラメータを入力することになる。この時、ⓑの額については、後述の循環構造への対応のため、信用リスク・アセットの額を、基準額計算の対象となる少数出資金融機関等の対象普通株式および

図2-66 「調整後少数株主持分①」

計算基準日 平成25年9月30日

全額リスクアセットとして計算（1回目）

数値入力セル

項目		子会社1	子会社2	子会社3	合計
連結子法人等の親会社の連結リスクアセットの額のうち、当該連結子法人等に関連するものの額		50,000,000,000	70,000,000,000		120,000,000,000
	下記以外	5,000,000,000	7,000,000,000		12,000,000,000
信用リスク（SF考慮後）	少数出資金融機関等	5,000,000,000	7,000,000,000		12,000,000,000
	特定項目（その他金融機関等）	0	0		0
	特定項目（MSR）				
	特定項目（DTA）	10,000,000,000	3,500,000,000		13,500,000,000
マーケットリスク		0	0		0
オペレーショナルリスク		10,000,000,000	3,500,000,000		13,500,000,000
合計		80,000,000,000	91,000,000,000		171,000,000,000

調整後少数株主持分の計算（1回目）

項目	Flag	子会社1	子会社2	子会社3	合計
特定連結子法人：1、以外：0		1	1		
連結子法人等の親会社の連結リスクアセットの額	A	79,000,000,000	92,000,000,000	0	
子法人等に関連するリスクアセットの額のうち、当該連結子法人等に関連するものの額	B	80,000,000,000	91,000,000,000	0	
連結子法人等のリスクアセットの額	RWA=min(A,B)	79,000,000,000	91,000,000,000	0	
単体普通株式等Tier1資本に係る基礎項目の額	T1	58,000,000,000	35,000,000,000	0	
単体Tier1資本に係る基礎項目の額	TC	58,000,000,000	35,000,000,000	0	
単体自己資本に係る基礎項目の額	CET1mi	19,400,000,000	10,200,000,000	0	
少数株主持分割当普通株式等Tier1資本に係る基礎項目の額	T1mi	19,400,000,000	10,200,000,000	0	
少数株主持分割当総自己資本に係る基礎項目の額	Tcmi	19,400,000,000	10,200,000,000	0	
普通株式等Tier1調整後少数株主持分	Mcet1=min{ CET1mi, RWA×7%×CET1 }×Flag	1,849,689,655	1,856,400,000	0	3,706,089,655

基準額計算によるリスクアセット調整

項目		子会社1	子会社2	子会社3	合計
	少数出資金融機関等	430,414,693	602,580,571	0	1,032,995,264
信用リスクアセット	特定項目（その他金融機関等）	2,641,628,316	3,698,279,642	0	6,339,907,958
	特定項目（MSR）	5,748,471,361	2,011,964,976	0	7,760,436,338
	特定項目（DTA）	6,312,825,189	0		
合計		8,820,514,370	6,312,825,189	0	15,133,339,559

第2章 自己資本比率の算定方法　169

図 2-67 「調整後少数株主持分（等）②」

調整後少数株主持分（等）の計算（2回目）と経過措置計算

調整後少数株主持分（等）の計算（2回目）

項目		子会社1	子会社2	子会社3	合計
特定連結子法人：1、以外：0	flag	1	1		
連結子法人等の連結リスク・アセットの額	A	79,000,000,000	92,000,000,000	0	
連結子法人等の親会社の連結リスク・アセットの額のうち、当該連結子法人等に関連するものの額	B	71,179,485,630	84,687,174,811	0	
連結子法人等のリスク・アセットの額	RWA=min(A,B)	71,179,485,630	84,687,174,811	0	
単体普通株式等Tier1資本に係る基礎項目の額	CET1	58,000,000,000	35,000,000,000	0	
単体Tier1資本に係る基礎項目の額	T1				
単体総自己資本に係る基礎項目の額	TC				
少数株主持分割当普通株式等Tier1資本に係る基礎項目の額	CET1mi	19,400,000,000	10,200,000,000	0	
少数株主持分割当Tier1資本に係る基礎項目の額	T1mi	19,400,000,000	10,200,000,000	0	
少数株主持分割当自己資本に係る基礎項目の額	TCmi	19,400,000,000	10,200,000,000	0	
普通株式等Tier1調整後少数株主持分	Mcet1=min(CET1mi, RWA*7%*CET1mi/CET1)*flag	1,666,581,750	1,727,618,366	0	3,394,200,116
その他Tier1調整後少数株主持分	Mat1=min(T1mi, RWA*8.5%*T1mi/T1)-Mcet1				0
Tier2調整後少数株主持分	Mat2=min(TCmi, RWA*10.5%*TCmi/TC)-Mcet1-Mat1				0

経過措置調整後少数株主持分の計算

項目		子会社1	子会社2	子会社3	合計	割合
	TCmi	19,400,000,000	10,200,000,000	0		100%
	Mcet1	1,666,581,750	1,727,618,366	0		
	Mat1					
	Mt2					
	A=TCmi-Mcet1-Mat1-Mt2	17,733,418,250	8,472,381,634	0		
経過措置調整額	A=A*割合	17,733,418,250	8,472,381,634	0		TRUE
少数株主持分割当普通株式等Tier1資本に係る基礎項目の額	CET1mi	19,400,000,000	10,200,000,000	0		
少数株主持分割当Tier1資本に係る基礎項目の額	T1mi	19,400,000,000	10,200,000,000	0		
少数株主持分割当自己資本に係る基礎項目の額	TCmi	19,400,000,000	10,200,000,000	0		
B	B=CET1mi-Mcet1	17,733,418,250	8,472,381,634	0		
C	C=T1mi-Mcet1-Mat1	0	0	0		
D	D=T1mi-CET1mi	0	0	0		
E	E=TCmi-T1mi	0	0	0		
普通株式等Tier1算入可能額	A*C/(C+E)*B/(B+D)	17,733,418,250	8,472,381,634	0	26,205,799,884	
その他Tier1算入可能額	A*C/(C+E)*D/(B+D)	0	0	0	0	
Tier2算入可能額	A*E/(C+E)	0	0	0	0	

170

特定項目と、それ以外の信用リスク・アセットの額で区分して入力する必要があるのは国内基準と同様である。これにより、いったん基準額計算の対象となる金額がすべて基準額以内に収まったものとして1回目の調整後少数株主持分の額を計算し、「基準額計算」シートへ集計されることになる。そして「基準額計算」シートで計算された基準超過割合を用いて、ⓑの額を修正し、2回目の調整後少数株主持分の額が計算されて、「計算サマリー」シートに集計される。

また、調整後少数株主持分に係る経過措置についても「調整後少数株主持分等」シート60行目以下で計算が行われており、「計算サマリー」シートに集計されている。

(f) 「基準額計算」

「基準額計算」シートでは、少数出資金融機関等および特定項目に係る基準額計算を行っている。ここでインプットすべき項目はなく、すべての数値が他のシートから集計されてくる。

少数出資金融機関等に係る基準額の計算については、「基準額計算」シートにおける基準額の計算のための集計にて計算された基礎項目の額および調整項目の額に基づいて計算される。少数出資金融機関等の基準超過額に対して調整項目に係る経過措置が適用された場合、少数出資金融機関等の対象資本調達手段の額に対する旧意図的保有に該当するものの額として各Tier区分ごとに旧控除項目割合を計算し、調整項目に係る経過措置の適用により各Tier資本に係る調整項目の額に算入されない部分のうち、バーゼルⅡで控除項目とされていたとしてTier2資本に係る調整項目の額とする部分の額の計算を行っている。少数出資金融機関等の対象資本調達手段の額およびこれらのうち旧控除項目とされていた額については、「調整項目インプット」シートで入力されたものが「基準額計算」シートに集計されてくる。

また、特定項目については、一時差異に係る繰延税金資産は「繰延税金資産インプット」シートから集計され、モーゲージ・サービシング・ライツおよびその他金融機関等の対象普通株式の額は「調整項目インプット」シートから集計されている。その他金融機関等の対象普通株式については、すべて

図2-68 「基準額計算」

172

バーゼルIIで控除項目とされていた金融関連会社と仮定しており、調整項目に係る経過措置を適用しても全額がTier2資本に係る調整項目の額とされている。

また、「基準額計算」シートにおける普通株式等Tier1資本に係る基礎項目の額は「基礎項目インプット」から集計された完全実施ベースでの額および「調整後少数株主持分等」シートから集計された1回目の調整後少数株主持分の額になる。普通株式等Tier1資本に係る調整項目の額については、調整項目に係る経過措置適用前の額が「調整項目インプット」シートおよび「繰延税金資産インプット」シートから集計されており、ここで集計された普通株式等Tier1資本の額を用いて、少数出資および特定項目に係る基準額を計算している。

このように、計算された少数出資金融機関等および特定項目に係る超過額は「計算サマリー」シートに集計されることになる。

(8)　「RWAインプット」

「RWAインプット」シートでは、リスク・アセットの額の集計を行うとともに、少数出資金融機関等および特定項目の基準超過額に対応する信用リスク・アセットの修正もされている。国内基準の計算シートのように、経過措置による信用リスク・アセットの修正は行われない。

ここでのインプットは、リスク・アセット計算システムからの出力値やダブルギアリングに関する報告資料等のバックデータが想定される。

図2-69　「RWAインプット」

(h) 循環構造への対応の流れ

　国際統一基準における循環構造への対応として、Q＆Aの計算例に準じて基準額計算は１回のみ行い、調整後少数株主持分は２回計算している。なお、当計算シートでは標準的手法の採用を前提としているため、適格引当金不足額に関する循環への対応は行っていない。

　まず、「基準額計算」シートで普通株式等Tier１資本に係る基礎項目の額および調整項目の額に集計されているのは、「調整後少数株主持分等」シートJ28セルの１回目の調整後少数株主持分の額である。１回目の調整後少数株主持分の計算は、基準額計算の対象となるものはすべて信用リスク・アセットの額に含まれるものとして計算している。

　基準額計算の結果、超過部分に対応する部分は信用リスク・アセットから除外されるため、「調整後少数株主持分等」シート35行目〜39行目までで超過割合に応じて特定連結子法人等の連結リスク・アセットの額から除外を行ったうえで２回目の調整後少数株主持分を計算し、「計算サマリー」シートに集計されることになる。

第3章

自己保有資本調達手段および他の金融機関等向け資本調達手段の取扱い

第1節 バーゼルⅡからの変更点

　自己保有資本調達手段および他の金融機関等向け資本調達手段に係る調整項目の計算方法は第2章第2節で解説している。調整項目としてどのように控除していくかの規制上の調整は複雑であることをご理解いただけたと思う。第3章では、捕捉することが求められている資本調達手段の対象範囲について具体的に解説したい。

　バーゼルⅡでは、国内預金取扱金融機関向けの意図的に保有している資本調達手段を自己資本からの控除項目として控除しており（旧告示8条1項1号、20条1項1号、31条1項1号、43条1項1号）、この控除対象となる金融機関同士による資本調達手段の意図的な保有を意味する用語としてダブルギアリングが使用されてきた。バーゼルⅢでは、対象の金融機関等の定義が拡大するとともに、個々の金融機関同士の持合いのみならず、金融システムに影響を与える持合いの状況を把握し一定程度に抑制することが求められており、ダブルギアリングという用語は広義の意味で使われていることが多い。

　また、バーゼルⅡでは、意図的な保有に該当しない株式以外の資本調達手段については、標準的手法の場合にはリスク・ウェイト100％（告示63条3項）、基礎的内部格付手法の場合には劣後債権のLGD（デフォルト時損失率）値は75％（告示156条2項）をそれぞれ適用して信用リスク・アセットの額を算定することとなっており、従来から高いリスク・ウェイトの適用が求められてきたが、バーゼルⅢではこれらのうちの多くが他の金融機関等向け資本調達手段として、国際統一基準の場合は調整項目の対象、国内基準の場合はリスク・ウェイトの引上げとなり、計算方法は変更となっている。なお、規制金融機関が発行した資本性商品がバーゼルⅢにおける資本要件を満たさず、規制資本に算入されない場合には、保有している銀行において他の金融機関等の資本調達手段の保有額の対象とはならない。

　バーゼルⅢでは、銀行勘定だけでなくトレーディング勘定で保有するも

の、さらに、投資信託・ファンド・金銭の信託・組合等による間接保有分や資本調達手段の価値に直接連動する派生商品取引等を通じたシンセティック保有分を把握することが求められている。投資信託やファンド等の形態で間接的に保有している自社連結グループや自行の発行する資本調達手段は、バーゼルⅡではリスク・アセットの額として算定していたが、バーゼルⅢでは自己保有資本調達手段に該当する。

第2節　各種要件と実務上の論点

　他の金融機関等向け資本調達手段として把握・集計が求められるエクスポージャーの対象範囲は国際統一基準と国内基準とで同じである。告示およびQ&Aにおける各種要件を整理し、対象となるエクスポージャーを適切に把握することが必要となる。第1項および第2項で国内基準と国際統一基準のそれぞれの集計区分を、第3項以降で各種要件における実務上の論点を解説する。

1　国内基準における対象範囲と内容

　他の金融機関等向け資本調達手段として把握・集計が求められるエクスポージャーの対象範囲は、国際統一基準と国内基準とで同じであるが、調整項目の対象となるものとリスク・アセットとして算定するものが異なっており、計算方法が異なる。

　国内基準における他の金融機関等向け資本調達手段の各計算に対応した集計区分は表3－1に示すとおりである。表3－1の縦軸は、他の金融機関等向け資本調達手段を、意図的な保有、その他金融機関等および少数出資金融機関等の3つの保有形態別に区分しており、それぞれ計算上の取扱いが異なる。意図的に保有する対象資本調達手段は、コア資本の調整項目として全額控除となる。その他金融機関等（議決権10％超先の連結外の金融機関等。非連結の金融子会社、金融業務を営む非連結子法人、金融業務を営む関連法人、等を含む）の対象普通株式等は、特定項目に係る基準額計算における超過額が控除となる。少数出資金融機関等（議決権10％以下の連結外の金融機関等）の対象普通株式等は、少数出資に係る10％基準額計算における超過額が控除となる。なお、調整項目に係る計算上の取扱いの詳細は第2章第2節を参照されたい。

表3−1　国内基準における他の金融機関等向け資本調達手段の集計区分

			バーゼルⅡ			➡		バーゼルⅢ・国内基準			
			対象資本調達手段					対象資本調達手段			
			コア資本相当	その他Tier 1相当	Tier 2相当			コア資本相当	コア資本相当以外		
									その他Tier 1相当	Tier 2相当	
他の金融機関等向け	意図的な保有		全額資本控除				意図的な保有	全額コア資本控除（調整項目）	全額コア資本控除（調整項目）	全額コア資本控除（調整項目）
	その他金融機関等（注1）		以下の額を資本控除 ・金融関連業務を営む関連法人等向け、等				その他金融機関等向け（注1）	以下の額を控除 （調整項目） ・特定項目に係る10％基準超過額 ・特定項目に係る15％基準超過額	信用リスク・アセット （リスク・ウェイト250％）	
								以下の額はリスク・ウェイト250％ ・15％基準額内		
	少数出資金融機関等（注2）		信用リスク・アセットとして計算（標準的手法ベース） ・出資等リスク・ウェイト100％ ・劣後債等リスク・ウェイト100％ ・信用リスク・アセットのみなし計算				少数出資金融機関等向け（注2）	以下の額を控除（調整項目） ・少数出資に係る10％基準超過額		
								以下の額は従来どおりの信用リスク・アセット ・少数出資等に係る10％基準額内		
	自己保有資本調達手段						自己保有資本調達手段	全額コア資本控除（調整項目）	従来どおりの信用リスク・アセット	

（注1）　その他金融機関等：議決権10％超先の連結外の金融機関等。連結ベースにおいては、非連結の金融子会社、非連結の金融業務を営む子法人等、金融業務を営む関連法人等を含む。
（注2）　少数出資金融機関等：議決権10％を超えて保有していない連結外の金融機関等。

表３−１の横軸は、資本調達手段を商品性によりコア資本相当とコア資本相当以外の２つに区分している。コア資本相当以外に区分される少数出資金融機関等ならびにその他金融機関等に係る対象普通株式等以外の資本調達手段は、リスク・ウェイト250％を乗じてリスク・アセットの額を算定する。

　自己保有普通株式等は全額がコア資本の調整項目となり、コア資本相当以外に区分される対象普通株式等以外の資本調達手段は、従来と同様にリスク・アセットの額を算定する。

　また、少数出資金融機関等およびその他金融機関等に係る対象普通株式等以外の資本調達手段は、経過措置があり、表３−２のとおり、適用するリスク・ウェイトは段階的に引上げとなる。

　意図的に保有している他の金融機関等の資本調達手段は、相手方の保有する資本調達手段の対象範囲に関する国内基準附則10条１項の経過措置を適用しなければならない。完全実施ベースでは、相手方の保有する資本調達手段は「普通株式または強制転換条項付優先株式」を対象としているのに対して、経過措置により、適用日（平成26年３月31日）から10年を経過するまでの間は相手方の保有する資本調達手段の対象に「適格旧非累積的永久優先株または適格旧資本調達手段」を含み、さらに平成36年３月31日から５年を経過するまでの間は「適格旧非累積的永久優先株」を含むとされている。この経過措置を考慮した金額に、国内基準附則６条１項の表における各計算基準日に対応する掛目を乗じて得た額を、調整項目の意図的に保有している他の金融機関等の対象資本調達手段の額とすることになる（表３−３参照）。

　自己保有普通株式等の額も同様に資本調達手段の対象範囲に関する国内基準附則９条１項の経過措置を適用しなければならない。完全実施ベースでは、自己保有普通株式等の額として計上される額は「普通株式または強制転換条項付優先株式」を対象としているのに対して、経過措置により、適用日（平成26年３月31日）から10年を経過するまでの間は、「適格旧非累積的永久優先株または適格旧資本調達手段」を含み、さらに平成36年３月31日から５年を経過するまでの間は「適格旧非累積的永久優先株」を含むとされている。この経過措置を考慮した金額に、国内基準附則６条１項の表における各

表3−2 国内基準における他の金融機関等の対象普通株式等以外の資本調達手段に係る経過措置

		対象資本調達手段		
		バーゼルⅢ・国内基準		
		コア資本相当	コア資本相当以外	
			その他Tier 1相当	Tier 2相当
他の金融機関等向け	意図的な保有	全額コア資本控除（調整項目）	全額コア資本控除（調整項目）	全額コア資本控除（調整項目）
	その他金融機関等向け	以下の額を控除（調整項目） ・特定項目に係る10％基準超過額 ・特定項目に係る15％基準超過額	信用リスク・アセット（リスク・ウェイト250％）	
		以下の額はリスク・ウェイト250％ ・15％基準額内		
	少数出資金融機関等向け	以下の額を控除（調整項目） ・少数出資に係る10％基準超過額		
		以下の額は従来どおりの信用リスク・アセット ・少数出資等に係る10％基準額内		
自己保有資本調達手段		全額コア資本控除（調整項目）	従来どおりの信用リスク・アセット	

→ 経過措置の内容

・国内のバーゼル規制適用金融機関の（銀行、銀行持株会社、最終指定親会社）の既発行の劣後債等の資本調達手段は平成26年3月31日から15年間はリスク・ウェイト100％（国内基準附則12条2項）
・上記以外で、バーゼルⅢベースのその他Tier 1、Tier 2の資本要件を満たすもの（銀行等が発行）および、上記以外の金融機関（証券・保険等）の資本調達手段は、平成26年3月31日に保有し継続保有している限りは、5年間をかけて段階的にリスク・ウェイトを引上げ（リスク・ウェイト100％→150％→200％→250％）（国内基準附則12条1項）
※平成26年4月1日以降に取得する資本調達手段は、リスク・ウェイト250％（経過措置なし）

※自己保有および意図的な保有に係る控除額、少数出資金融機関等およびその他金融機関等の対象普通株式等に係る基準超過額は調整項目として5年間の経過措置がある。

第3章 自己保有資本調達手段および他の金融機関等向け資本調達手段の取扱い 181

表3－3　国内基準における資本調達手段の対象範囲に係る経過措置

		対象資本調達手段			
		コア資本相当	コア資本相当以外		
			その他Tier 1相当	Tier 2相当	
他の金融機関等向け	意図的な保有	全額コア資本控除（調整項目）	全額コア資本控除（調整項目）	全額コア資本控除（調整項目）	
	その他金融機関等向け	以下の額を控除（調整項目） ・特定項目に係る10%基準超過額 ・特定項目に係る15%基準超過額	信用リスク・アセット（リスク・ウェイト250%）		
		以下の額はリスク・ウェイト250% ・15%基準額内			
	少数出資金融機関等向け	以下の額を控除（調整項目） ・少数出資に係る10%基準超過額			
		以下の額は従来どおりの信用リスク・アセット ・少数出資等に係る10%基準額内			
自己保有資本調達手段		全額コア資本控除（調整項目）	従来どおりの信用リスク・アセット		

対象範囲の経過措置①
- 相手方の保有する資本調達手段は適用日（平成26年3月31日）から10年間は「適格旧非累積的永久優先株または適格旧資本調達手段」も対象
- さらに平成36年3月31日から5年間は「適格旧非累積的永久優先株」も対象

対象範囲の経過措置②
- 適用日（平成26年3月31日）から10年間は、「適格旧非累積的永久優先株または適格旧資本調達手段」も対象
- さらに、平成36年3月31日から5年間は、「適格旧非累積的永久優先株」も対象

計算基準日に対応する掛目を乗じて得た額を調整項目の自己保有普通株式等の額とすることになる（表3－3参照）。

2 国際統一基準における対象範囲と内容

　国際統一基準における他の金融機関等向け資本調達手段の各計算に対応した集計区分は表3－4に示すとおりである。表3－4の縦軸は、国内基準と同様に3つの保有形態別に、横軸は商品性により3つのTier資本相当に区分しており、それぞれ計算上の取扱いが異なる。意図的に保有している資本調達手段は、保有する資本調達手段の商品性に応じて各Tier資本の調整項目として全額控除となる。その他金融機関等の資本調達手段は、普通株式等は特定項目に係る基準額計算における超過額を普通株式等Tier1に係る調整項目として控除、その他Tier1資本調達手段に相当するもの、またはTier2資本調達手段に相当するものはそれぞれ各Tier資本の調整項目として全額控除となる。少数出資金融機関等の資本調達手段は、少数出資に係る10％基準額計算における超過額を各Tier区分の保有割合に応じてそれぞれ各Tier資本の調整項目として控除となる。また、自己保有資本調達手段は、保有する資本調達手段の商品性に応じて各Tier資本の調整項目として全額控除となる。なお、調整項目に係る計算上の取扱いの詳細は第2章第2節を参照されたい。

3 他の金融機関等の定義と範囲の特定

　他の金融機関等の対象範囲は、バーゼルⅡの国内の預金取扱金融機関のみから、国内外の金融機関、金融業、保険業等に拡大している。連結自己資本比率および単体自己資本比率の算出にあたり、バーゼル規制上の連結の範囲に含まれない先が対象となる。
　Q&A第8条－Q10において日本標準産業分類[1]の分類項目によりその範囲が示されており、日本標準産業分類の対象コードをベース（表3－5参照）に自行で保有する各種業種コードとマッピングする等の対応により、属性の

---

[1] 統計法2条9項に規定する統計基準　http://www.soumu.go.jp/toukei_toukatsu/index/seido/sangyo/

表3-4 国際統一基準における他の金融機関等向け資本調達手段の集計区分

バーゼルⅡ				バーゼルⅢ・国際統一基準				
		対象資本調達手段				対象資本調達手段		
		普通株式等 Tier1 資本相当	その他 Tier1 相当	Tier2 相当			普通株式等 Tier1 資本相当	その他 Tier1 相当	Tier2 相当
他の金融機関等向け	意図的な保有	全額資本控除			他の金融機関等向け	意図的な保有	全額資本控除（調整項目）	全額資本控除（調整項目）	全額資本控除（調整項目）
	その他金融機関等（注1）	以下の額を資本控除 ・金融関連業務を営む関連法人等向け、等				その他金融機関等向け（注1）	以下の額を控除（調整項目） ・特定項目に係る10%基準超過額 ・特定項目に係る15%基準超過額	全額資本控除（調整項目）	全額資本控除（調整項目）
		信用リスク・アセットとして計算（内部格付手法ベース） ・PD/LGD方式 ・グランド・ファザリング適用（平成26年6月30日で終了） ・マーケット・ベース方式 ・信用リスク・アセットのみなし計算 ・標準的手法適用資産					以下の額はリスク・ウェイト250% ・15%基準額内		
	少数出資金融機関等（注2）					少数出資金融機関等向け（注2）	以下の額を控除（調整項目） ・少数出資に係る10%基準超過額のTier区分の構成割合に応じた額（「コレスポンディングアプローチによる控除」） 以下の額は従来どおりの信用リスク・アセット ・少数出資等に係る10%基準額内		
自己保有資本調達手段		・信用リスク・アセットとして計算			自己保有資本調達手段		全額資本控除（調整項目）	全額資本控除（調整項目）	全額資本控除（調整項目）

（注1） その他金融機関等：議決権10%超先の連結外の金融機関等。連結ベースにおいては、非連結の金融子会社、非連結の金融業務を営む子法人等、金融業務を営む関連法人等を含む。

（注2） 少数出資金融機関等：議決権10%を超えて保有していない連結外の金融機関等。

表 3 − 5　他の金融機関等の日本標準産業分類（JSIC）の対象業種区分

コード		業　種
J		金融業、保険業
	62	銀行業 　**中央銀行** 　銀行
	63	協同組織金融業 　中小企業等金融業 　農林水産金融業
	64	貸金業、クレジットカード業等非預金信用機関 　貸金業 　質屋 　クレジットカード業、割賦金融業 　その他の非預金信用機関 　**政府関係金融機関** 　住宅専門金融業 　証券金融業 　その他
	65	金融商品取引業、商品先物取引業 　金融商品取引業 　商品先物取引業、商品投資業
	66	補助的金融業等 　補助的金融業、金融附帯業 　　短資業 　　手形交換所 　　両替業 　　**信用保証機関** 　　**信用保証再保険機関** 　　**預・貯金等保険機関** 　　金融商品取引所 　　商品取引所 　　その他 　信託業 　金融代理業
	67	保険業 　生命保険業 　損害保険業 　共済事業・小額短期保険業 　保険媒介代理業 　保険サービス業
K		不動産業、物品賃貸業
	70	物品賃貸業 　うち、7011 総合リース業

▨：対象外先

第3章　自己保有資本調達手段および他の金融機関等向け資本調達手段の取扱い　185

範囲の特定方法を構築する必要がある。間接保有およびシンセティック保有による投資についても対象業種への投資持分を把握することが求められており、投資先の属性情報が必要となる。

【調整項目の対象となる他の金融機関等の範囲】

Q&A第8条－Q10 調整項目の対象となる他の金融機関等である「金融機関若しくはこれに準ずる外国の者又は金融業、保険業その他の業種に属する事業を主たる事業として営む者（これに準ずる外国の者を含み、金融システムに影響を及ぼすおそれがないと認められる者その他の者を除く。）」の具体的な範囲を教えてください。

［A］

原則として、日本標準産業分類の「J.金融業、保険業」に該当する事業を主たる事業として営む者及び「K.不動産業、物品賃貸業」のうち「7011.総合リース業」に該当する事業を主たる事業として営む者が該当します。また、外国法人についても、これらに準ずる者が該当することとなります。

ただし、「621.中央銀行」や「6616.預・貯金等保険機関」に該当する者の他、金融秩序・信用秩序の維持や金融・金融取引の円滑化等のための公益的な業務のみを専ら行う者については、対象に含まれません。

なお、これらに該当する事業を含む複数の事業を営む者であっても、その主たる事業が上記以外のものである場合には、当該者は調整項目の対象となる他の金融機関等に含まれません。

また、上記に形式的に該当する者であっても、これが実質的にファンドに類すると認められる場合については、ファンド等を通じた間接保有の場合と見なして取り扱うことも許容されます。

表3－5の網掛け部分の「621.中央銀行」「6491.政府関係金融機関」「6614.信用保証機関」「6615.信用保証再保険機関」「6616.預・貯金等保険機関」については、金融秩序・信用秩序の維持や金融・金融取引の円滑化等の

ための公益的な業務のみをもっぱら行う者に含まれるとして対象外と解釈されている。

また、投資または出資が投資事業組合やSPC等を通じて実質的にファンドとして行われる場合には、間接保有として取り扱い、ファンドの構成資産とその投資先に応じて判断し、投資資産が資本調達手段に該当し、かつ実質的な投資先が他の金融機関等に該当する場合にその持分を対象とすればよいと考えられる。

4 対象資本調達手段の商品性と対応する資本区分

自己保有資本調達手段および他の金融機関等向け資本調達手段としては、自己資本の額を構成する資本性を有するものが該当し、規制金融機関の場合には発行した資本性商品が規制資本に算入される場合に対象となる。

さらに、図3-1のとおり、資本調達手段は、銀行が発行した場合に相当する各Tier資本調達手段を判断し、同一のTier区分に分類する。銀行の発行する資本調達手段は、原則、各Tier区分（普通株式等Tier1資本、その他Tier1資本、Tier2資本）に係る算入要件に照らし、最も適合すると考えられるTier区分に分類する。なお、国内基準の場合はコア資本相当とコア資本相当以外の2つに分類する。銀行以外の資本調達手段は、保有している資本調達手段の商品性（満期の有無や優先・劣後構造、利払いの裁量性等）に基づき、どのTier区分に最も近い商品性を有しているかにより判断する。

このように、資本調達手段の各Tier区分への分類にあたっては商品性に関する情報（資本調達手段の種類）を整備しておく必要があり、間接保有分およびシンセティック保有分についても投資持分に係る商品性の情報が必要である。たとえば、資本調達手段の種類に関する情報について、国際統一基準は図3-2のように、国内基準は図3-3のように保有しておくことが考えられる。

また、普通株式等Tier1資本、その他Tier1資本、Tier2資本、のいずれにも該当しない場合には、みなし普通株式として普通株式と同様に取り扱

図3−1　該当Tier区分の判定フロー

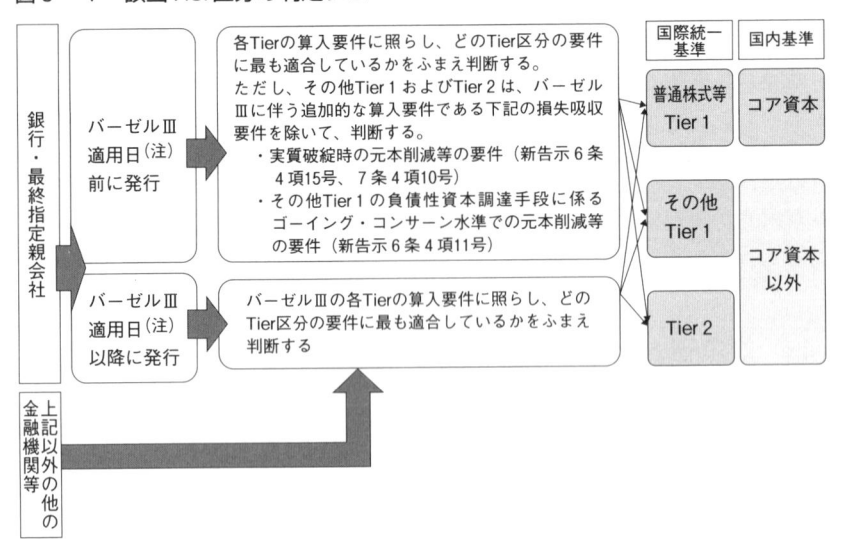

```
銀行・最終指定親会社
├─ バーゼルⅢ適用日(注)前に発行 ─→ 各Tierの算入要件に照らし、どのTier区分の要件に最も適合しているかをふまえ判断する。
│                                    ただし、その他Tier1およびTier2は、バーゼルⅢに伴う追加的な算入要件である下記の損失吸収要件を除いて、判断する。
│                                    ・実質破綻時の元本削減等の要件（新告示6条4項15号、7条4項10号）
│                                    ・その他Tier1の負債性資本調達手段に係るゴーイング・コンサーン水準での元本削減等の要件（新告示6条4項11号）
│
└─ バーゼルⅢ適用日(注)以降に発行 ─→ バーゼルⅢの各Tierの算入要件に照らし、どのTier区分の要件に最も適合しているかをふまえ判断する

上記以外の他の金融機関等 ─→（上記の判断フローへ）

国際統一基準 / 国内基準
・普通株式等Tier1  → コア資本
・その他Tier1      → コア資本以外
・Tier2            → コア資本以外
```

(注)　バーゼルⅢ・自己資本比率規制の適用日は、国際統一基準は平成25年3月31日。国内基準は平成26年3月31日。

図3−2　国際統一基準における資本調達手段の種類の分類

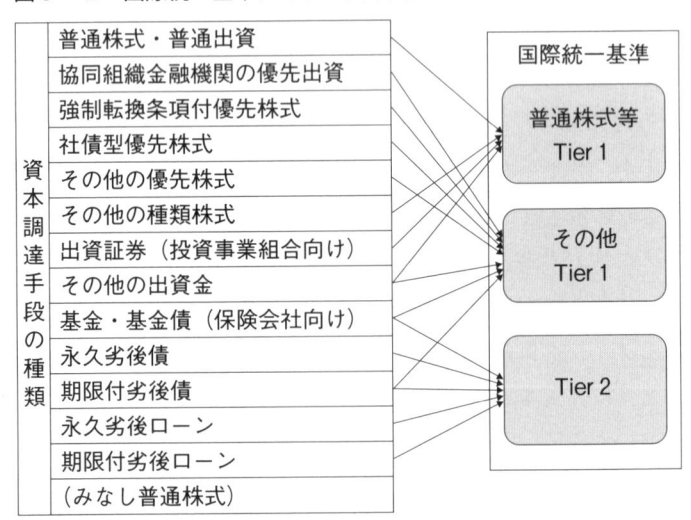

資本調達手段の種類：
- 普通株式・普通出資
- 協同組織金融機関の優先出資
- 強制転換条項付優先株式
- 社債型優先株式
- その他の優先株式
- その他の種類株式
- 出資証券（投資事業組合向け）
- その他の出資金
- 基金・基金債（保険会社向け）
- 永久劣後債
- 期限付劣後債
- 永久劣後ローン
- 期限付劣後ローン
- （みなし普通株式）

国際統一基準：
- 普通株式等Tier1
- その他Tier1
- Tier2

図3－3　国内基準における資本調達手段の種類の分類

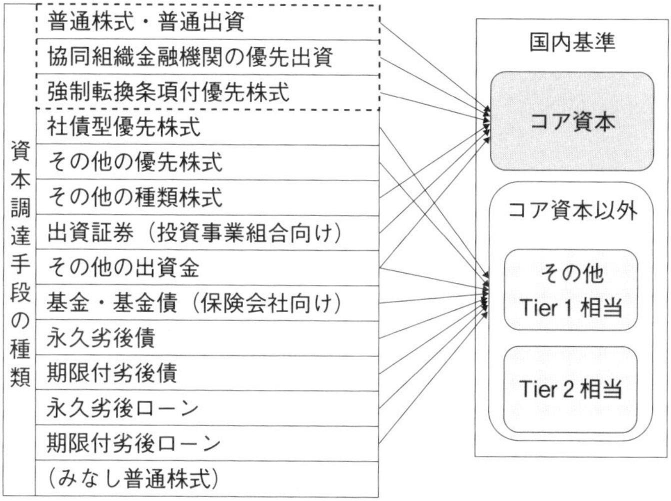

資本調達手段の種類	国内基準
普通株式・普通出資 協同組織金融機関の優先出資 強制転換条項付優先株式	コア資本
社債型優先株式 その他の優先株式 その他の種類株式 出資証券（投資事業組合向け） その他の出資金 基金・基金債（保険会社向け） 永久劣後債 期限付劣後債 永久劣後ローン 期限付劣後ローン （みなし普通株式）	コア資本以外 　その他Tier 1相当 　Tier 2相当

い、国際統一基準は普通株式等Tier 1に、国内基準はコア資本に分類する。たとえば、投資しているファンドの構成資産に負債性の資金調達手段が含まれており、これがいずれのTier資本調達手段に近い商品性を有しているかの判断が困難な場合には、みなし普通株式とし、計算上は保守的な扱いとして整理することも考えられる。

　なお、国内基準の場合、発行者である規制金融機関において適格旧非累積的永久優先株式、適格旧資本調達手段および公的機関による資本の増強に関する措置による資本調達手段は、経過措置によりコア資本に係る基礎項目の額に算入することが認められているが（第2章第1節第3項を参照）、これらの資本調達手段を保有している銀行は、コア資本に分類するのではなく、あくまでも資本調達手段の商品性に応じて各Tier区分に分類することに留意されたい。

5　対象資本調達手段の保有形態による3種類の区分

　他の金融機関等向け資本調達手段は、第2章の図2-33および図2-34に示したとおり、保有形態により、意図的な保有、少数出資金融機関等およびその他金融機関等の3つに分類する。自己保有資本調達手段および他の金融機関等向け資本調達手段に係る判定フローは、図3-4を参照されたい。

　意図的に保有している他の金融機関等の資本調達手段における意図的な保有の該当性判断は、主観的要件と客観的要件の双方で判定するとされている。主観的要件とは相互に資本増強に協力することを主たる目的の1つとして互いに資本調達手段を保有することを約している場合であり、客観的要件

図3-4　自己保有資本調達手段と他の金融機関等向け資本調達手段の判定フロー

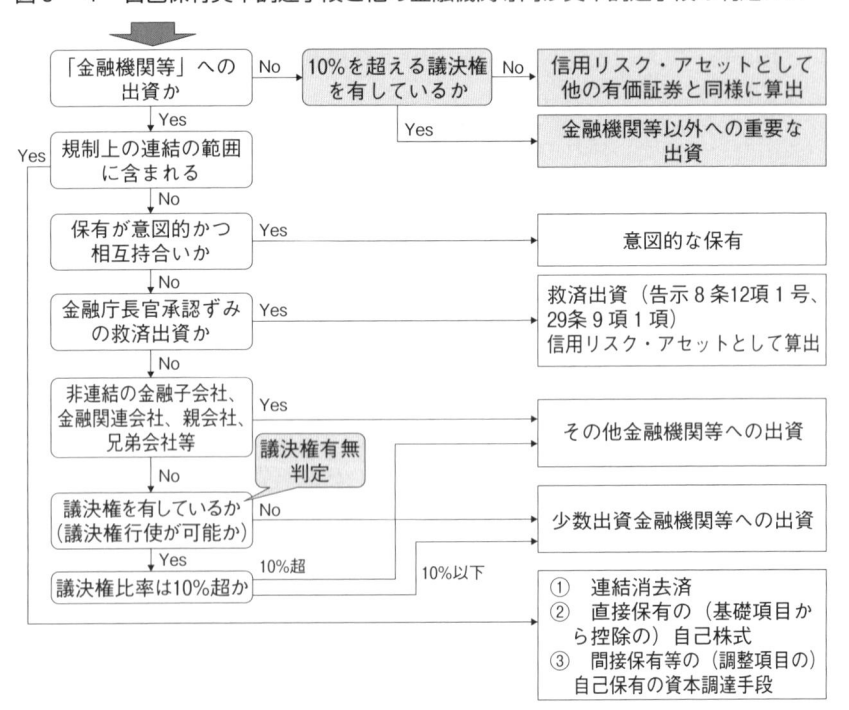

「金融機関等」への出資か → No → 10%を超える議決権を有しているか → No	信用リスク・アセットとして他の有価証券と同様に算出
10%を超える議決権を有しているか → Yes	金融機関等以外への重要な出資
規制上の連結の範囲に含まれる → Yes	①連結消去済　②直接保有の（基礎項目から控除の）自己株式　③間接保有等の（調整項目の）自己保有の資本調達手段
保有が意図的かつ相互持合いか → Yes	意図的な保有
金融庁長官承認ずみの救済出資か → Yes	救済出資（告示8条12項1号、29条9項1項）信用リスク・アセットとして算出
非連結の金融子会社、金融関連会社、親会社、兄弟会社等 → Yes	その他金融機関等への出資
議決権を有しているか（議決権行使が可能か）→ No	少数出資金融機関等への出資
議決権比率は10%超か → 10%超	（規制上の連結の範囲に戻る）
議決権比率は10%超か → 10%以下	①連結消去済　②直接保有の（基礎項目から控除の）自己株式　③間接保有等の（調整項目の）自己保有の資本調達手段

とは金融機関同士で互いに資本調達手段を持ち合っている場合とされており、この両要件が成立する場合に意図的な保有に該当する。結果として持合い状態になっているケースや、バーゼルⅡで意図的な保有に該当していた他の金融機関等の自己資本比率の向上を目的とした保有（片持ちのケース）は、意図的な保有には該当しない。詳細な定義については、『主要行等向けの総合的な監督指針』のⅢ－2－1－2－2(2)「意図的に保有している他の金融機関等の資本調達手段についての該当性判断」を参照されたい。

　バーゼルⅡで意図的な保有に該当し控除していたエクスポージャーは、バーゼルⅢではその多くが該当せず、少数出資金融機関等またはその他金融機関等に分類されることとなる。

　少数出資金融機関等の資本調達手段は、連結外の議決権10％以下先が該当し、連結外の議決権10％超先であるその他金融機関等の資本調達手段が特定できれば、それ以外は少数出資金融機関等の資本調達手段となる。

　少数出資金融機関等とその他金融機関等は議決権保有割合による区分が定義されているため、少数出資金融機関等の該当性は議決権保有割合により、ある程度の疎明が求められると考えられる。Q＆A第8条－Q13にて、原則として自己資本比率の算出基準日における議決権の保有割合をもって判断することとされており、持株会社ベース、銀行連結ベースおよび銀行単体ベースの自己資本比率の各計算単位で保有議決権数の把握が必要となる。銀行では、銀行法上の議決権保有制限（銀行法第16条の3第1項　銀行等による議決権の取得等の制限。以下、「5％ルール」という）における議決権の取得・保有管理を従来から行っており、この管理を準用することで足りると考えられる。また、投資信託・ファンド等の間接保有分については、銀行が委託者または受益者として投資先に対する議決権を行使できない場合には、議決権を保有していないものとし、少数出資金融機関等の取扱いとする妥当性を判断することが可能と考えられる。投資事業組合やSPCを通じた出資についても間接保有として実質的に投資している資産に対する議決権の有無を判断すればよいと考えられるが、投資事業組合やSPCに対する直接出資として取り扱う場合には、少数出資金融機関等またはその他金融機関等の該当性の判断基

準が論点となる。投資事業組合については、連結会計基準において、子会社または関連会社に該当するか否かの判断に際し、支配力基準および影響力基準として業務執行権が採用されており、当該会計上の取扱いに準じて、少数出資金融機関等またはその他金融機関等に分類することも考えられる。しかしながら、業務執行権は議決権とは異なるものであり、バーゼルⅢで求められる議決権保有割合の判断基準としての取扱いの妥当性は個別ケースで検討されたい。

【総株主等の議決権に含まれる保有株式等の議決権の範囲】

Q&A第8条－Q14 少数出資金融機関等又はその他金融機関等の該当性の判断に際して、総株主等の議決権には、銀行が金銭又は有価証券の信託に係る信託財産として所有する株式等に係る議決権は含まれますか。

[A]

委託者又は受益者が行使し、又はその行使について銀行に指図を行うことができる株式等に係る議決権は含まれませんが、信託財産である株式等に係る議決権で銀行が委託者若しくは受益者として議決権を行使し、又はその行使について指図を行うことができる株式等に係る議決権は含まれます。

その他金融機関等の資本調達手段は、連結外の議決権10%超先が該当し、次に掲げるものとされている。

① 議決権の10%超を保有している他の金融機関等
② ①以外の非連結金融子会社
③ ①および②以外の金融業務を営む非連結子法人等
④ ①以外の金融業務を営む関連法人等
⑤ ①以外の親法人等
⑥ ①～⑤以外の親法人等の子法人等又は関連法人等

②、③および④は、バーゼルⅡでは控除項目となっていたものである。

図3-5 グループ会社間の資本調達手段の取扱例

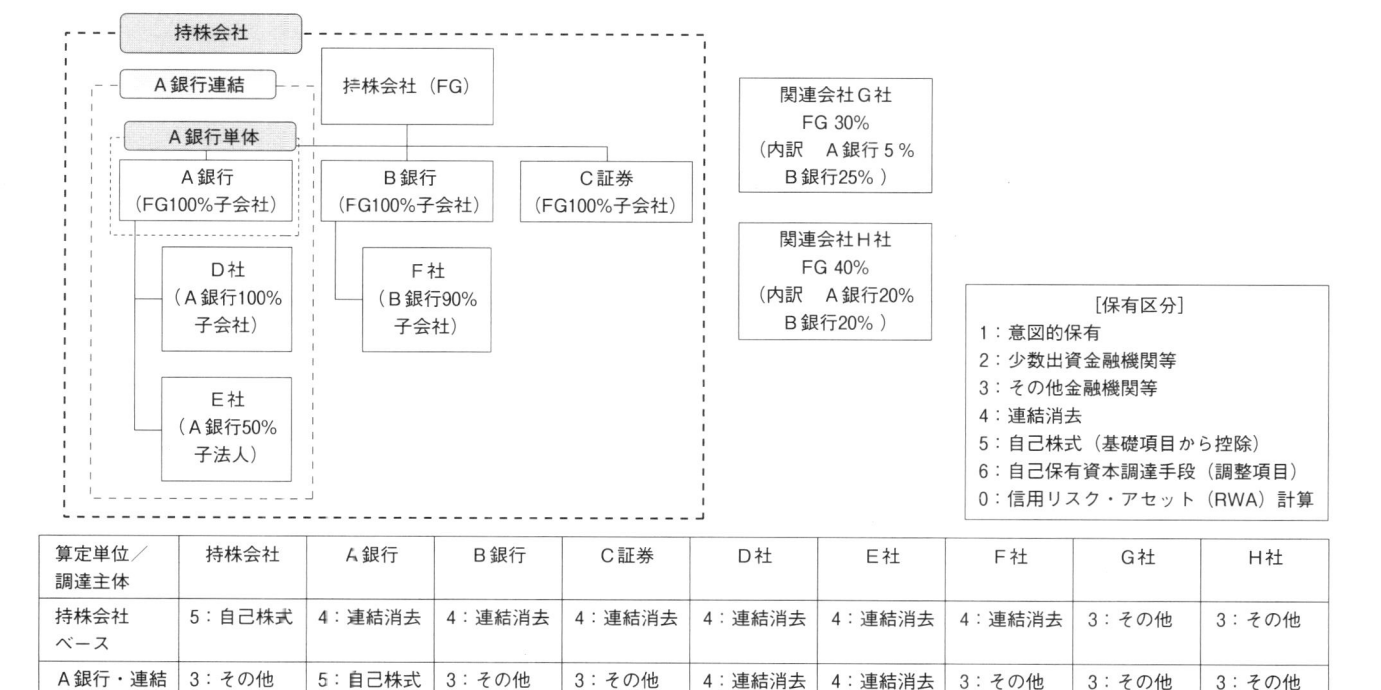

[保有区分]
1：意図的保有
2：少数出資金融機関等
3：その他金融機関等
4：連結消去
5：自己株式（基礎項目から控除）
6：自己保有資本調達手段（調整項目）
0：信用リスク・アセット（RWA）計算

持株会社（FG）
- A銀行連結
  - A銀行単体
    - A銀行（FG100%子会社）
    - D社（A銀行100%子会社）
    - E社（A銀行50%子法人）
  - B銀行（FG100%子会社）
    - F社（B銀行90%子会社）
- C証券（FG100%子会社）

関連会社G社
FG 30%
（内訳　A銀行 5％
　　　　B銀行25％）

関連会社H社
FG 40%
（内訳　A銀行20％
　　　　B銀行20％）

算定単位／調達主体	持株会社	A銀行	B銀行	C証券	D社	E社	F社	G社	H社
持株会社ベース	5：自己株式	4：連結消去	4：連結消去	4：連結消去	4：連結消去	4：連結消去	4：連結消去	3：その他	3：その他
A銀行・連結	3：その他	3：その他	3：その他	3：その他	4：連結消去	4：連結消去	3：その他	3：その他	3：その他
A銀行・単体	3：その他	5：自己株式	3：その他	3：その他	0：RWA	0：RWA	3：その他	3：その他	3：その他

(注1) 各グループ会社は、金融機関等に該当する先（銀行、証券、金融子会社および金融業務を営む先）を前提。
(注2) カッコ内は議決権保有割合を示す。

第3章　自己保有資本調達手段および他の金融機関等向け資本調達手段の取扱い　193

バーゼルⅢでは、これらを包含するかたちでさらに親会社、兄弟会社および親会社の関連法人を含み、グループ会社間で出資関係がある場合には、その他金融機関等の資本調達手段に該当する。また、単体自己資本比率ベースでは、②、③および④は、その他金融機関等の対象外となり、リスク・アセットとして計算する。ただし、②、③および④に該当する場合にも銀行単体ベースで議決権を10％超保有している場合には、その他金融機関等に該当することに留意されたい。グループ会社間の出資関係における資本調達手段の取扱いは、図3－5のケーススタディを参考にされたい。

6　間接的に保有する資本調達手段の把握

バーゼルⅢでは、銀行勘定だけでなくトレーディング勘定で保有するもの、さらに、投資信託・ファンド・金銭の信託・組合等への投資を通じて、資本調達手段の価値変動や信用リスク等を実質的に負担している間接保有分および資本調達手段の価値に直接連動する派生商品取引等を通じたシンセティック保有分を把握することが求められる。

間接的に保有する場合とは、告示において、他の法人等に対する投資その他これに類する行為を通じて実質的に保有している場合に相当すると認められる場合その他これに準ずる場合、と定義されており、Q＆A第8条－Q5に具体的な例があげられている（表3－6参照）。

ファンド等を通じた間接保有については、原則として構成資産の対象銘柄とその投資残高または投資割合を把握のうえ（いわゆる、ルックスルー）、実質的な保有額を算出することが求められる。全銘柄の残高の把握が困難な場合にも、ファンドの運用基準・投資方針やファンドの商品特性またはファンドマネジャーへの照会等から、金融機関等向けまたは対象資本調達手段への投資可能性の有無、投資可能性がある場合のその最大組入比率や投資割合を合理的に判断し保有額を算出する必要がある。

なお、インデックスファンド等は、全投資銘柄およびその保有残高に関する情報を計算基準日ごとに整備することは作業負荷が高いと考えられ、実務

表3-6 間接的な保有に該当するケース

資本調達手段が全額毀損した場合に生じる損失額

定 義	具体例	間接保有額	備 考
・資本調達手段の取得および保有を行う連結範囲外の法人等（例：ファンドまたはSPC）に対する投資を行い、これにより当該資本調達手段の価値変動や信用リスク等を実質的に負担する場合（間接保有の定義） ・これらの資本調達手段の価値に直接連動する派生商品取引（例：株式オプション）を行っている場合（シンセティック保有の定義）	① 他の金融機関等に係る資本調達手段を保有するファンドへの出資	資本調達手段への出資割合を考慮した出資額	ルックスルーが必要
	② 連結範囲外の法人等に対する貸付けを通じて当該法人等に他の金融機関等に係る資本調達手段を保有させている場合	貸付額	各貸出案件の資金使途の管理が必要
	③ 他の金融機関等に係る資本調達手段について、第三者とトータル・リターン・スワップ契約を結んでいる場合	当該取引を通じて実質的に保有していると認められる額 ※株価指数オプション。個別株オプション：デルタポジション スワップ：想定元本額	参照債務の把握要
	④ 第三者による他の金融機関等への出資に対する保証やCDSのプロテクションを提供している場合		参照債務の把握要
	⑤ 他の金融機関等に係る資本調達手段についてコール・オプションを購入しているまたはプット・オプションを売却している場合		原資産の把握要
	⑥ 他の金融機関等に係る資本調達手段を将来取得する契約を結んでいる場合		原資産の把握要
	⑦ 他の金融機関等に係る資本調達手段を裏付資産とする特定社債や証券化商品への投資		証券化の裏付資産の把握要

的には、ある程度効率的かつ合理的な集計プロセスを構築することになろう。

　投資信託・ファンド等に係る標準的手法の複数の資産を裏付けとする資産の取扱いや内部格付手法の信用リスク・アセットのみなし計算の方法自体に変更はないものの、特に、バーゼルⅡの標準的手法ではファンドの商品性に応じて適用するリスク・ウェイトを判断できたが、バーゼルⅢでは、他の金融機関等向け資本調達手段への投資状況を把握する必要があり、ファンドの

構成資産の把握はより詳細なものが求められる。ファンドの各所管部署は、保有するファンドの構成資産を把握し、調整項目の対象となる金融機関等向け資本調達手段の保有状況を正確に報告する必要があり、財務部門とリスク管理部門は、ファンドに関する報告用シートの様式を設計する等、正確なデータの入手のために手順や収集ルートを明確にしておくことが必要になろう。

また、連結外の法人等を通じて投資信託やファンド等の形態で間接的に保有している自社連結グループや自行の発行する資本調達手段は自己保有資本調達手段に該当する。自己保有資本調達手段を他の金融機関等に係る資本調達手段と区別して把握することが困難である場合には、これらをあわせて他の金融機関等に係る資本調達手段の間接保有とみなして取り扱うことも許容されている。なお、自己資本保有資本調達手段には、会計上、貸借対照表上の純資産の部の株主資本から控除される自己株式の額は含まれない。

シンセティック保有分については、Q&A第8条－Q5に具体例として表3－6の③～⑦があげられており、主要なものとしては、株価指数先物取引、株価指数先物オプション取引、個別株オプション取引やクレジット・デフォルト・スワップ（CDS）等が該当する。これらの派生商品取引は、対象とする株式や対象債務を保有しているのと同様の経済的効果をもたらすことを意図して組成されており、実質的に保有していると認められる株式や債務に係る額のうち、他の金融機関等向けを保有額として算出する。より具体的には、派生商品取引については、従来、信用リスク・アセットの額の算出において、原資産に対するリスク（発行体リスク）と取引相手方に対するカウンターパーティー・リスクを計算対象としているが、他の金融機関等向け資本調達手段としてその保有額の算出が求められているのは、前者の原資産に対するリスクを計算する際のEAD（エクスポージャー額または資産額）に含まれているものである。派生商品取引を通じて実質的に保有していると認められる額の見積り方法は明示的に示されてはいないが、たとえば、オプションはデルタ・ポジション、スワップ、先物取引や先渡契約は想定元本額、CDSは対象債務の元本金額、を保有額の対象とすることになろう。

7 対象外の資本調達手段

　自己保有資本調達手段、少数出資金融機関等またはその他金融機関等に係る対象資本調達手段のショート・ポジションを保有している場合は、対象資本調達手段に係るロング・ポジションから同一の資本調達手段のショート・ポジションを控除したネットのロング・ポジションとすることが可能とされているが、ショート・ポジションのマチュリティがロング・ポジションと同一であること、または残存マチュリティが1年以上であることが求められており、当該要件を満たすケースは限定的と考えられる。トレーディング勘定で保有する対象資本調達手段については、同一原資産に係る先物・オプション取引のポジションの売建て・買建てを集約しネット・デルタ値を採用することができると考えられる。詳細はQ&A第8条－Q7、Q8を参照されたい。

　引受けにより取得したポジションは、保有期間が5営業日以内の場合は対象外である。

　その存続がきわめて困難であると認められる者の救済または処理のための資金援助目的で保有しており（以下、「金融機関等向けの救済出資」という）、かつ、金融庁長官の事前の承認を受けている場合は、一定期間に限り対象から除外可能とされており、各金融機関で救済出資に該当する先の事前承認の申請の判断が必要となる。一定期間とは原則10年とされている。詳細は『主要行等向けの総合的な監督指針』のⅢ－2－1－2－2（2－2）を参照されたい。

　また、他の金融機関等向け資本調達手段としては、規制金融機関の場合には発行した資本性商品が規制資本に算入される場合に対象となるが、発行者である規制金融機関において、経過措置の期間中、各Tier区分またはコア資本に係る基礎項目の額に算入可能な金額の限度額が減額されるのに応じて、保有者である銀行は他の金融機関等向け資本調達手段の対象となる金額を減額することはできない。

その他、金融機関等向け資本調達手段に係る取得価格に含まれるのれん相当差額は、対象資本調達手段の額には含めなくてよい。

8　対象資本調達手段の保有額の見積り

　自己保有資本調達手段および他の金融機関等向け資本調達手段に係る保有額は、金融商品に関する会計基準に基づく保有目的区分がその他有価証券[2]に該当するものは、国際統一基準と国内基準でその取扱いが異なる。国際統一基準は、保有額は時価で算定する。国内基準は、資本調達手段に係るEADは、評価差額勘案前の帳簿価額（その他有価証券評価差額金および繰延ヘッジ損益を考慮しない額）となり、保有額は帳簿価額がベースとなる。評価差額勘案前の帳簿価額は、より具体的には、償却原価法対象の債券等は、（当年度に係る償却差額を反映した）期末の償却原価、それ以外の株式等は取得原価となる。ただし、減損があった場合には、減損後の金額となる。

　間接保有およびシンセティック保有に係る保有額は、対象となる資本調達手段が全額毀損したと仮定した場合に生じる損失額等を基に適切に見積もることとされており、投資形態等を考慮し合理性をもった保有額を定義しておくこととなる。具体的な論点は本章第2節第6項で触れており、こちらを参照されたい。

---

[2] 評価差額がその他の包括利益累計額（単体B/Sでは評価・換算差額等）に計上される資産。

第4章

信用リスク・アセット

第1節 はじめに

　本章においては、分母側、つまり信用リスク・アセットに係る論点を解説する。バーゼルⅢにおける分母に関する大きな見直しでは、「リスク捕捉の強化」として、大規模規制金融機関等向けエクスポージャーにおける資産相関の見直しと店頭デリバティブ取引に係る信用評価調整（CVA）リスク相当額の取扱いについて解説する。なお、大規模規制金融機関等についての資産相関の見直しについては、内部格付手法のみを対象とする見直しとなっているため、標準的手法を採用している金融機関については対象外である。

第2節 大規模規制金融機関等向けエクスポージャーの取扱い

　大規模規制金融機関等向けエクスポージャーについては、内部格付手法のリスク・アセット関数に設定される相関係数を従来より1.25倍する取扱いとなった。これによって信用リスク・アセットの額が増加することになる。全体の理解を促進するために、バーゼルⅡからの取扱いについては最低限の解説をAPPENDIXに掲載した。本節ではバーゼルⅡとの比較のうえで影響について検討できるようにまとめた。

1 大規模規制金融機関等向けエクスポージャーの信用リスク・アセットの額

　大規模規制金融機関等の信用リスク・アセットの額の算定にあたっては、事業法人等向けエクスポージャー等の式を用いる。ただし、金融システムに与える影響の大きさを考慮して、事業法人等向け相関係数もしくは中堅中小企業向け相関係数を1.25倍することとなっている（告示153条3項）。相関係

図4-1　所要自己資本率の関数

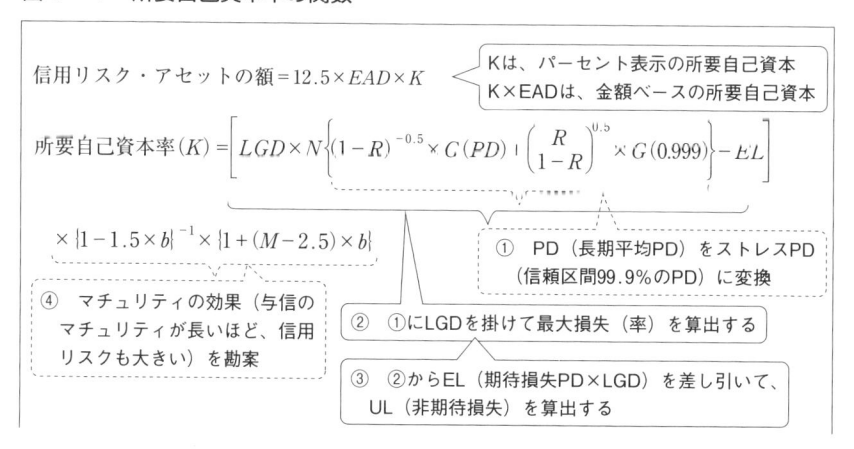

信用リスク・アセットの額 = $12.5 \times EAD \times K$

Kは、パーセント表示の所要自己資本
K×EADは、金額ベースの所要自己資本

所要自己資本率$(K) = \left[LGD \times N \left\{ (1-R)^{-0.5} \times G(PD) + \left(\dfrac{R}{1-R} \right)^{0.5} \times G(0.999) \right\} - EL \right]$

$\times \{1 - 1.5 \times b\}^{-1} \times \{1 + (M - 2.5) \times b\}$

① PD（長期平均PD）をストレスPD（信頼区間99.9％のPD）に変換

② ①にLGDを掛けて最大損失（率）を算出する

③ ②からEL（期待損失PD×LGD）を差し引いて、UL（非期待損失）を算出する

④ マチュリティの効果（与信のマチュリティが長いほど、信用リスクも大きい）を勘案

※マチュリティ調整　　$(b)=\{0.11852-0.05478\times\log(PD)\}^2$

※事業法人等向け相関係数　$(R)=0.12\times\dfrac{1-exp(-50\times PD)}{1-exp(-50)}+0.24\times\left\{1-\dfrac{1-exp(-50\times PD)}{1-exp(-50)}\right\}$

資産相関をそれぞれ1.25倍に引上げ

※SME向け相関係数　$(R)=0.12\times\dfrac{1-exp(-50\times PD)}{1-exp(-50)}+0.24\times\left\{1-\dfrac{1-exp(-50\times PD)}{1-exp(-50)}\right\}-0.04\times\left\{1-\dfrac{(S-5)}{45}\right\}$

S：当該事業法人の売上高（もしくは総資産額）（単位：億円）。ただし、5億円に満たない場合には、5億円として算出する。

数の上昇によって、リスク・ウェイトが大きくなるように設計されている。相関係数の1.25倍が所要自己資本においてどの程度の影響であるかは、後ほど解説する計算用プログラムを用いて感覚を理解することが可能である。

2　Excelを活用したリスク・ウェイト関数の解説

a　相関係数の関数

ExcelにアドインするEM相関係数の関数としては、以下の5つの関数を用意した（表4－1）。通常のExcelの関数と同じように式を入力すると相関係数が返る。それぞれの相関係数の関数は、PD（デフォルト率）の関数である。

表4－1　相関係数の関数

大規模規制金融機関等向けエクスポージャー	CorrelationLFI (PD)
大規模規制金融機関等向けエクスポージャー（SME）	CorrelationLFISME (PD, S)
事業法人等向けエクスポージャー	CorrelationCorp (PD)
中堅中小企業向けエクスポージャー（SME）	CorrelationSME (PD, S)
その他リテール向けエクスポージャー	CorrelationOtherR (PD)

大規模規制金融機関等向けエクスポージャー（SME）および中堅中小企業向けエクスポージャー（SME）については、PDのほかS（売上高：億円）を指定することが必要である。たとえば、中堅中小企業向けエクスポージャー（SME）の関数CorrelationSME（PD, S）は、以下のように算定することが可能である。

　　CorrelationSME（1%, 5）= 15.28%

なお、通常のExcel関数と同様に入力値にセルを指定することも可能である。

計算用プログラムRB function.xlsmにおいては、例としてPD＝1%、S＝5を入力した値を計算している。以下に結果を示す。大規模規制金融機関等向けエクスポージャーの相関係数が事業法人等向けエクスポージャーの1.25倍になっていることを確認することができる（24.1および19.28）。同様に、大規模規制金融機関等向けエクスポージャー（SME）の相関係数が中堅中小企業向けエクスポージャー（SME）の1.25倍になっている（19.10および15.28）。

PDと相関係数の関係を表4－2に示す。固定値である居住用不動産向けエクスポージャーおよび適格リボルビング型リテール向けエクスポージャーを除いて、相関係数は、PDが大きくなるにつれて相関係数は大きくなり一

表4－2　PD＝1%における相関係数

	PD	S	関数 相関係数
大規模規制金融機関等向けエクスポージャー	1%		24.10%
大規模規制金融機関等向けエクスポージャー（SME）	1%	5	10.10%
事業法人等向けエクスポージャー	1%		19.28%
中堅中小企業向けエクスポージャー（SME）	1%	5	15.28%
居住用不動産向けエクスポージャー			15.00%
適格リボルビング型リテール向けエクスポージャー			4.00%
その他リテール向けエクスポージャー	1%		12.16%

図4－2　相関係数のグラフ

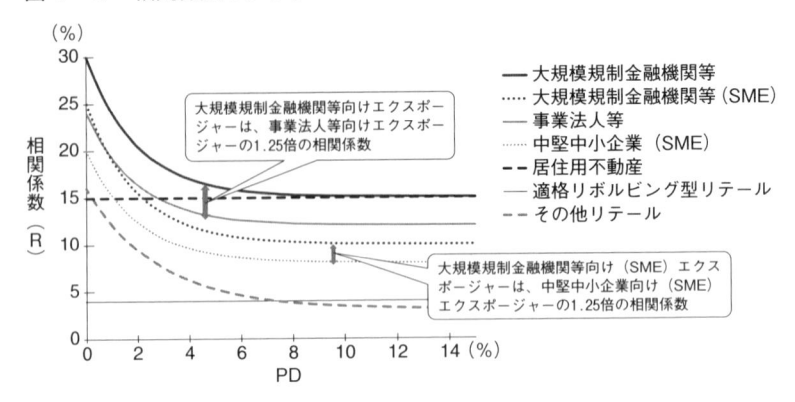

(%)
- 大規模規制金融機関等
- 大規模規制金融機関等（SME）
- 事業法人等
- 中堅中小企業（SME）
- 居住用不動産
- 適格リボルビング型リテール
- その他リテール

大規模規制金融機関等向けエクスポージャーは、事業法人等向けエクスポージャーの1.25倍の相関係数

大規模規制金融機関等向け（SME）エクスポージャーは、中堅中小企業向け（SME）エクスポージャーの1.25倍の相関係数

定の値に収束するように設計されている。たとえば、事業法人等向けエクスポージャーについては、PDが0％の時に24％からスタートして、100％の時に12％となっている。大規模規制金融機関等向けエクスポージャーについては、1.25倍して、上記の範囲で30％～15％の値をとっている。なお、PDが高いゾーンで相関係数が低くなることによって、景気後退期に大幅なリスク・ウェイトの上昇を抑える機能が仕組まれていることが確認できる。

b　所要自己資本率（K）の関数

　所要自己資本率（K）の関数としては、以下の関数式を用意した（表4－3参照）。所要自己資本率は、EADに対する所要自己資本（UL）の率を示している。したがって、リスク・ウェイトに換算するためには、12.5を乗じる必要があることに留意。

　計算プログラムIRB function.xlsmにおいては、PD＝1％およびLGD＝45％の値を代入してそれぞれのエクスポージャーの所要自己資本率およびリスク・ウェイトを計算している。大規模規制金融機関等向けエクスポージャー、大規模規制金融機関等向けエクスポージャー（SME）、事業法人等向けエクスポージャー、中堅中小企業向けエクスポージャー（SME）については、M（マチュリティ：年）も必要なパラメータである。これらの関数には、M＝2.5の値を代入している。また、大規模規制金融機関等向けエクス

表4－3　所要自己資本率（K）の関数

大規模規制金融機関等向けエクスポージャー	KreqLFI (PD, LGD, M)
大規模規制金融機関等向けエクスポージャー（SME）	KreqLFISME (PD, LGD, M, S)
事業法人等向けエクスポージャー	KreqCorp (PD, LGD, M)
中堅中小企業向けエクスポージャー（SME）	KreqCorpSME (PD, LGD, M, S)
居住用不動産向けエクスポージャー	KreqResidentM (PD, LGD)
適格リボルビング型リテール向けエクスポージャー	KreqRev (PD, LGD)
その他リテール向けエクスポージャー	KreqOtherR (PD, LGD)

表4－4　PD＝1％およびLGD＝45％における所要自己資本率（K）とリスク・ウェイト

	PD (%)	LGD (%)	M (年)	S (億円)	所要自己資本率(K)	リスク・ウェイト
大規模規制金融機関等向けエクスポージャー	1%	45%	2.5		9.4360%	118%
大規模規制金融機関等向けエクスポージャー（SME）	1%	45%	2.5	5	7.3114%	91%
事業法人等向けエクスポージャー	1%	45%	2.5		7.3853%	92%
中堅中小企業向けエクスポージャー（SME）	1%	45%	2.5	5	5.7916%	72%
居住用不動産向けエクスポージャー	1%	45%			4.5119%	56%
適格リボルビング型リテール向けエクスポージャー	1%	45%			1.3779%	17%
その他リテール向けエクスポージャー	1%	45%			3.6618%	46%

図 4 - 3　リスク・ウェイトの比較

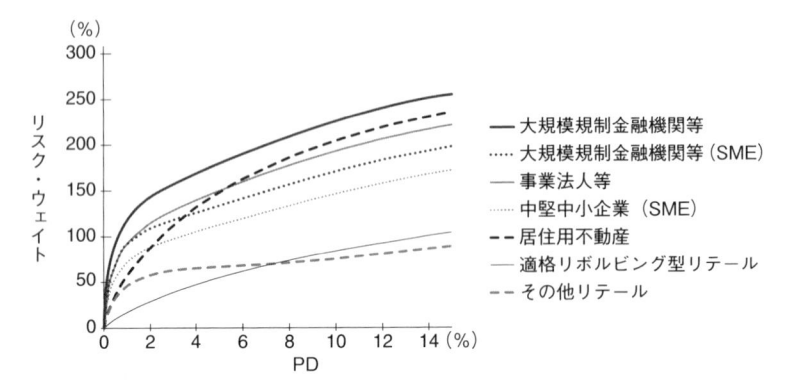

(グラフ)
縦軸: リスク・ウェイト (%) 0〜300
横軸: PD (%) 0〜14
凡例:
― 大規模規制金融機関等
‥‥ 大規模規制金融機関等（SME）
― 事業法人等
‥‥ 中堅中小企業（SME）
-- 居住用不動産
― 適格リボルビング型リテール
-- その他リテール

ポージャー（SME）および中堅中小企業向けエクスポージャー（SME）については、S＝5億円を代入している（表4－4参照）。

　PDとリスク・ウェイトの関係を図4－3に示した。一般的な格付制度においては、非デフォルトのゾーンにおいては、PDは0％〜20％の間には収まるであろうから、そのような範囲においては、リスク・ウェイトはPDが増加すると大きくなるように設計されている。PD＝1％およびLGD＝45％における結果を比較すると、事業法人等向けエクスポージャーと相関係数を1.25倍した大規模規制金融機関等向けエクスポージャーの比較においては、リスク・ウェイトは、92％から118％へ上昇している。Excelの関数式を活用することで、さまざまなPDの水準におけるリスク・ウェイトの上昇の影響を試算することが可能である。

第3節 CVAリスク

1 CVAリスクの定義

　相対の店頭デリバティブ取引については、取引相手方（カウンターパーティー）の信用リスクの計測が強化されることになった。カウンターパーティー・リスク（CCR）は、デフォルト・リスクと信用評価調整（CVA）リスクに分解される。デフォルト・リスクについては、従来信用リスク・アセットに反映されているが、CVAリスクが新規で計測対象となった。

　　カウンターパーティー・リスク（CCR）＝デフォルト・リスク＋CVAリスク

　告示においては、CVAリスクは以下のように定義される。

　クレジット・スプレッドその他の信用リスクに係る指標の市場変動によりCVA（派生商品取引について、取引相手方の信用リスクを勘案しない場合における公正価値評価額と取引相手方の信用リスクを勘案する場合における公正価値評価額との差額をいう）が変動するリスクをいう（告示1条77の2）。

　したがって、告示によればCVAは以下のように定義される。

　　CVA（信用評価調整）＝（取引相手方の信用リスクを勘案しない場合における公正価値評価額）−（取引相手方の信用リスクを勘案する場合における公正価値評価額）

　なお、分母に反映されるCVAリスクは、「CVAが変動するリスク」でありCVAの値そのものではないことに留意。

2 CVAリスク相当額の算出の対象範囲

a 対象取引

派生商品取引（告示270条の2、270条の5の2）

b 対象外となる取引

① 証券金融取引（SFT）……レポ取引、リバースレポ取引、証券貸借取引
② 下記の者を取引相手方とする派生商品取引
・中央清算機関
・次に掲げる要件をすべて満たす取引に係る直接清算参加者（銀行が適格中央清算機関の間接清算参加者である場合）
　ⓐ　間接清算参加者のトレード・エクスポージャーについて、次に掲げる場合における間接清算参加者の損失の発生を防ぐための方策を適格中央清算機関または直接清算参加者が講じていること。
　・直接清算参加者が債務不履行または支払不能となった場合
　・他の間接清算参加者が債務不履行または支払不能となった場合
　ⓑ　直接清算参加者が債務不履行または支払不能により適格中央清算機関の清算参加者としての資格を失った場合においても、間接清算参加者が追加的な負担をすることなく他の直接清算参加者または適格中央清算機関と当該トレード・エクスポージャーに関する契約を継続または承継するための枠組みが存在していること
③ 資金清算機関等

3 CVAリスク相当額の算出方法

　CVAリスク相当額の算出方法としては、簡便的リスク測定方式、標準的リスク測定方式、先進的リスク測定方式の3種類が用意されている。簡便的リ

表4-5　CVAの計測手法の適用

該当告示	方　式	承認状況
第8章の2　第3節	先進的リスク測定方式	期待エクスポージャー方式（IMM）＋債券の個別金利リスク計測の内部モデル
第8章の2　第2節	標準的リスク測定方式	上記以外

スク測定方式は、国内基準のみに認められる方式であり、以下の金融機関は採用することができない。

・内部格付手法採用行（信用リスク）
・内部モデル方式採用行（マーケット・リスク）
・先進的計測手法採用行（オペレーショナル・リスク）
・期待エクスポージャー方式の承認を受けた銀行（派生商品取引の与信相当額）

簡便的リスク測定方式は、派生商品取引の信用リスク・アセットの額に12％を乗じることによってCVAリスク相当額を算定するものであり、ここでは特段の解説を省略する。

上記の承認を受けている国内基準の金融機関およびすべての国際統一基準の金融機関は、各種承認状況に応じて標準的リスク測定方式、先進的リスク測定方式のいずれかを適用する（表4-5）。

4　標準的リスク測定方式

標準的リスク測定方式を適用する場合には、以下の算式に基づいて所要自己資本額（K）を計測する。なお、CVAリスク相当額に係る信用リスク・アセットの額は、Kに12.5を乗じて算定する。

所要自己資本額(K)

$$= 2.33 \times h^{0.5} \times \left[\left\{ \sum_i 0.5 \times w_i \times (M_i \times EAD_i^{total} - M_i^{hedge} \times B_i) - \sum_{ind} w_{ind} \right. \right.$$
$$\left. \left. \times M_{ind} \times B_{ind} \right\}^2 + \sum_i 0.75 \times w_i^2 \times (M_i \times EAD_i^{total} - M_i^{hedge} \times B_i)^2 \right]^{0.5}$$

CDSによるヘッジがない場合には、より式は簡単になり、以下のとおりとなる。

$$K = 2.33 \times h^{0.5} \times \left[\left\{ \sum_i 0.5 \times w_i \times M_i \times EAD_i^{total} \right\}^2 + \sum_i 0.75 \times (w_i \times M_i \times EAD_i^{total})^2 \right]^{0.5}$$

ここで、

- K ：所要自己資本
- h ：保有期間（$h=1$）
- W_i ：取引相手方iに対する掛目（表4－6）
- M_i ：取引相手方iの派生商品取引に係る実効マチュリティ（5年のキャップなし）
- EAD_i^{total} ：取引相手方iごとのネッティング・セットの与信相当額の割引現在価値（割引率5％）
- M^{hedge} ：CVAリスクのヘッジ手段として用いる取引相手iに係る取引のマチュリティ
- B_i ：CVAリスクのヘッジ手段として用いる取引相手iに係る取引の想定元本額の割引現在価値（割引率5％）
- W_{ind} ：CVAリスクのヘッジ手段として用いるインデックス・クレジット・デフォルト・スワップに係る掛目（平均スプレッドに基づき表4－6に掲げた表により決定）
- M_{ind} ：CVAリスクのヘッジ手段として用いるインデックス・クレジット・デフォルト・スワップのマチュリティ
- B_{ind} ：CVAリスクのヘッジ手段として用いるインデックス・クレ

ジット・デフォルト・スワップの想定元本額の割引現在価値

図4－4　標準的リスク測定方式

所要自己資本額(K)

個別CDSによるヘッジとインデックスCDSによるヘッジを考慮可能

$$=2.33 \times h^{0.5} \times \left[\left\{ \sum_i 0.5 \times w_i \times (M_i \times EAD_i^{total} - M_i^{hedge} \times B_i) - \sum_{ind} w_{ind} \times M_{ind} \times B_{ind} \right\}^2 + \sum_i 0.75 \times w_i^2 \times (M_i \times EAD_i^{total} - M_i^{hedge} \times B_i)^2 \right]^{0.5}$$

・ヘッジがない場合

$$(K) = 2.33 \times h^{0.5} \times \left[\left\{ \sum_i 0.5 \times w_i \times M_i \times EAD_i^{total} \right\}^2 + \sum_i 0.75 \times (w_i \times M_i \times EAD_i^{total})^2 \right]^{0.5}$$

- 信頼区間99％に対応する信頼係数
- 保有期間調整
- 信用力に応じた掛目（ボラティリティ）
- 信用力変化に対するCVAの感応度

信用リスク区分	ウェイト
1-1（AAA-AA）	0.7%
1-2（A）	0.8%
1-3（BBB）	1.0%
1-4（BB）	2.0%
1-5（B）	3.0%
1-6（CCC以下）	10.0%

適格な外部格付を有しない債務者は、
① 内部格付手法採用行：内部格付に対応する外部格付
② 標準的手法採用行：一律、外部格付BBB格相当（信用リスク区分1-3）に応じた掛目である1％を適用

上記表（56条1項）のソブリン向け以外についても、当該表を準用する。

- K ：所要自己資本
- h ：保有期間（$h=1$）
- W_i ：取引相手方iに対する掛目（右上表に基づき決定）
- M_i ：取引相手方iの派生商品取引に係る実効マチュリティ（5年のキャップなし）
- EAD_i^{total} ：取引相手方iごとのネッティング・セットの与信相当額の割引現在価値（割引率5％）
- M_i^{hedge} ：CVAリスクのヘッジ手段として用いる取引相手方iに係る取引のマチュリティ
- B_i ：CVAリスクのヘッジ手段として用いる取引相手方iに係る取引の想定元本額の割引現在価値（割引率5％）
- W_{ind} ：CVAリスクのヘッジ手段として用いるインデックスCDSに係る掛目（平均スプレッドに基づき右上表により決定）
- M_{ind} ：CVAリスクのヘッジ手段として用いるインデックスCDSのマチュリティ
- B_{ind} ：CVAリスクのヘッジ手段として用いるインデックスCDSの想定元本額の割引現在価値

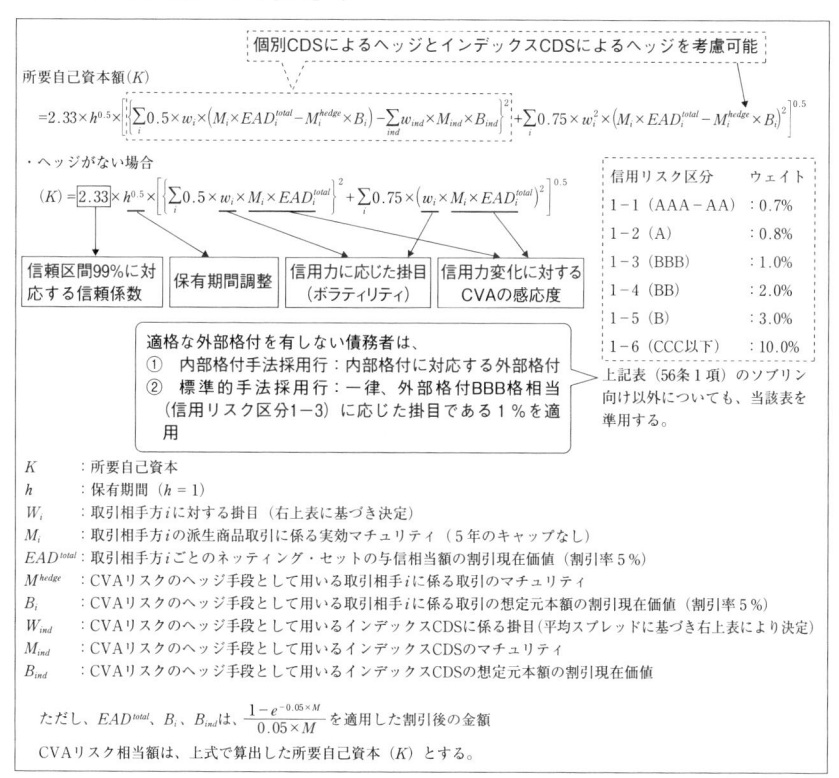

ただし、EAD_i^{total}、B_i、B_{ind}は、$\dfrac{1-e^{-0.05 \times M}}{0.05 \times M}$を適用した割引後の金額

CVAリスク相当額は、上式で算出した所要自己資本（K）とする。

表4－6　取引相手方iの外部格付に応じた当局設定値の掛目

信用リスク区分	ウェイト
1-1（AAA-AA）	0.7%
1-2（A）	0.8%
1-3（BBB）	1.0%
1-4（BB）	2.0%
1-5（B）	3.0%
1-6（CCC以下）	10.0%

a 各種パラメータの取得

(a) W_i：取引相手方 i の外部格付に応じた当局設定値の掛目

W_i は、取引相手方 i の外部格付に応じた当局設定値の掛目であり、図4－5のテーブルにしたがって算定する。参照すべき適格格付機関やカウンターパーティーが複数の外部格付を有している場合の取扱いについては、Q&A270条の3－Q2に基づいた計算を行う。具体的には、信用リスクの標準的手法に係る格付の使用基準に準じて取り扱う必要がある。掛目の判定にあたっては、あらかじめ適格格付の使用基準を設けることが必要となるほか、複数の格付がある場合は2番目に低い掛目を用いる。

適格な外部格付を有しないカウンターパーティーについては、信用リスク・アセット計測手法に基づき、掛目を適切に判断することになり、内部格付手法採用行においては、カウンターパーティーの債務者格付に対応した外部格付に係る掛目を適用する。

一方で、標準的手法の法人等向けエクスポージャーにおいて無格付のエクスポージャーは、外部格付BBB相当（信用リスク区分4－3）と等しい100％を適用することとなっていることにかんがみ、外部格付BBB格相当（信用リスク区分1－3）に応じた掛目である1％を適用することになる。

(b) M_i：取引相手方 i の派生商品取引に係る実効マチュリティ

$$実効マチュリティ(M) = \sum_t t \times CF_t \Big/ \sum_t CF_t$$

なお、Mの計算において、フロアの1年は適用されるが、5年のキャップが適用されないことに留意する。

(c) EAD_i^{total}：取引相手方 i ごとのネッティング・セットの与信相当額の割引現在価値

$$与信相当額 \times \frac{1-e^{-0.05 \times M}}{0.05 \times M}$$

b　CVAリスクに対するヘッジ効果の勘案

CVAリスクに対するヘッジ効果を反映させる場合には、次に掲げる取引であって、CVAリスクのヘッジを目的とするものに限られる（告示第270条の3第6項）。
・単一の債務者を参照するクレジット・デフォルト・スワップ
・単一の債務者を参照するコンティンジェント・クレジット・デフォルト・スワップ
・カウンターパーティーを直接参照するような前述に掲げるものと同等であると認められるヘッジ手段
・インデックス・クレジット・デフォルト・スワップ

5　Excelを用いた標準的リスク測定方式の解説

ヘッジ手段がない場合のKの算定式は、以下のとおりである。

$$K = 2.33 \times h^{0.5} \times \left[\left\{ \sum_i 0.5 \times w_i \times M_i \times EAD_i^{total} \right\}^2 + \sum_i 0.75 \times (w_i \times M_i \times EAD_i^{total})^2 \right]^{0.5}$$

Excelを用いて、実際にKの値を算定する。
ここで、α、βを以下のように定義する。

$$\alpha = \sum_i 0.5 \times w_i \times M_i \times EAD_i^{total}$$

$$\beta = \sum_i 0.75 \times (w_i \times M_i \times EAD_i^{total})^2$$

すると、$K = 2.33 \times h^{0.5} \times [\alpha^2 + \beta]^{0.5}$ となる。

ポートフォリオが無限に分散されている場合は、βはそうでないときに比べて小さくなる。これは、カウンターパーティーを分散させることによって、CVAリスクが分散されることを意味し、結果としてのKが小さくなるよ

図4－5 CASE1

$$CVAリスク相当額 = 2.33 \times h^{0.5} \times \left[\underbrace{\left\{ \sum_i 0.5 \times w_i \times M_i \times EAD_i^{total} \right\}^2}_{\alpha} + \underbrace{\sum_i 0.75 \times (w_i \times M_i \times EAD_i^{total})^2}_{\beta} \right]^{0.5}$$

[計算パターン1]

ネッティング・セット単位のデータ→パターン1の計算に使用

計算基準日 2015/3/31

債務者情報	Netting Set #	マチュリティ (date)	与信相当額	外部格付区分	掛目 W_i	割引率 r	マチュリティ (年)	CVAリスク用調整後マチュリティ (年) M_i	DF	$EAD_{i\,total}$ (割引後)	α	β	$M_{ij} \times EAD_{ij}^{total}$
債務者A	Netting Set A_1	2015/5/25	2,000,000	A	0.8%	5.00%	1.6493	1.6493	0.95988	1,919,755	12,665	481,216,122	3,166,281
債務者B	Netting Set B_1	2014/9/30	3,000,000	BBB	1.0%	5.00%	1.0000	1.0000	0.97541	2,926,235	14,631	642,213,639	2,926,235
債務者C	Netting Set C_1	2019/8/23	7,500,000	A	0.8%	5.00%	5.8986	5.8986	0.86602	6,495,171	153,250	70,457,100,617	38,312,612

α	180,547
β	71,580,530,378
所要自己資本の額：2.33*SQRT(h)*SQRT(αの総合計の二乗＋βの総合計)	752,044
信用リスク・アセットの額：所要自己資本の額×12.5	9,400,549

[計算パターン２]
債務者単位のデータ・バーゼルロベース→パターン２の計算に使用

債務者情報	外部格付区分	掛目w_i	$\Sigma M_{ij} \times EAD_{ij}^{total}$	α	β
債務者A	A	0.8%	3,166,281	12,665	481,216,122
債務者B	BBB	1.0%	2,926,235	14,631	642,213,639
債務者C	A	0.8%	38,312,612	153,250	70,457,100,617

αの合計	180,547
βの合計	71,580,530,378
所要自己資本の額：2.33*SQRT(h)*SCRT(αの総合計の二乗＋βの総合計)	752,044
信用リスク・アセットの額：所要自己資本の額×12.5	9,400,549

第4章　信用リスク・アセット　215

図4－6 CASE 2

$$CVAリスク相当額 = 2.33 \times h^{0.5} \times \left[\underbrace{\left\{\sum_i 0.5 \times w_i \times M_i \times EAD_i^{total}\right\}^2}_{\alpha} + \underbrace{\sum_i 0.75 \times (w_i \times M_i \times EAD_i^{total})^2}_{\beta}\right]^{0.5}$$

[計算パターン1]
ネッティング・セット単位のデータ→パターン1の計算に使用

計算基準日 2015/3/31

債務者情報	Netting Set #	マチュリティ (date)	与信相当額	外部格付区分	掛目 Wi	割引率 r	マチュリティ (年)	CVAリスク用調整後マチュリティ (年) M_i	DF	EAD_i^{total} (割引後)	α	β	$M_{ij} \times EAD_{ij}^{total}$
債務者A	Netting Set A_1	2016/1/6	10,000,000	A	0.8%	5.00%	2.2685	2.2685	0.94537	9,453,724	85,783	22,076,083,835	21,445,709
債務者A	Netting Set A_2	2016/2/29	67,802,168	A	0.8%	5.00%	2.4164	2.4164	0.94195	63,866,271	617,316	1,143,235,760,682	154,328,907
債務者A	Netting Set A_3	2016/3/3	82,560,155	A	0.8%	5.00%	2.4247	2.4247	0.94176	77,751,905	754,087	1,705,941,489,546	188,521,743
債務者B	Netting Set B_1	2018/4/25	10,000,000	AA	0.7%	5.00%	4.5699	4.5699	0.89398	8,939,798	142,988	61,336,512,958	40,853,651
債務者B	Netting Set B_2	2016/5/11	89,661,748	AA	0.7%	5.00%	2.6137	2.6137	0.93741	84,050,119	768,886	1,773,556,496,843	219,681,680
債務者B	Netting Set B_3	2015/5/29	86,581,276	AA	0.7%	5.00%	1.6603	1.6603	0.95962	83,084,973	482,803	699,297,257,086	137,943,818
債務者C	Netting Set C_1	2016/5/31	112,698,562	BBB	1.0%	5.00%	2.6685	2.6685	0.93616	105,503,695	1,407,679	5,944,684,224,559	281,535,888
債務者C	Netting Set C_2	2017/5/31	76,571,242	BBB	1.0%	5.00%	3.6685	3.6685	0.91365	69,959,095	1,283,222	4,939,978,428,871	256,644,460
債務者C	Netting Set C_3	2015/9/7	78,557,963	BBB	1.0%	5.00%	1.9370	1.9370	0.95310	74,873,713	725,147	1,577,513,577,176	145,029,357
債務者D	Netting Set D_1	2014/9/6	120,037,361	BBB	1.0%	5.00%	0.9342	1.0000	0.97541	117,085,824	585,429	1,028,181,755,688	117,085,824
債務者D	Netting Set D_2	2019/1/31	44,128,215	BBB	1.0%	5.00%	5.3397	5.3397	0.87763	38,728,452	1,033,997	3,207,447,051,058	206,799,325
債務者D	Netting Set D_3	2014/3/27	0	BBB	1.0%	5.00%	0.4877	1.0000	0.97541	0	0	0	0

216

| 債務者D | Netting Set D_4 | 2019/9/7 | −560,000 | BBB | 1.0% | 5.00% | 5.9397 | 5.9397 | 0.86518 | 6,540,740 | 194,251 | 113,200,389,735 | 38,850,206 |

α	8,081,588
β	22,216,449,028,038
所要自己資本の額：2.33*SQRT(h)*SQRT (αの総合計の二乗+βの総合計)	21,798,705
信用リスクアセットの額：所要自己資本の額×12.5	272,483,809

[計算パターン2]

債務者単位のデータ・バーゼルⅢベースパターン2の計算に使用

債務者情報	外部格付区分	項目Wi	$\Sigma M_{ij} \times EAD_{ij}^{total}$	α	β
債務者A	A	0.8%	364,296,359	1,457,185	6,370,168,194,438
債務者B	AA	0.7%	398,479,148	1,394,677	5,835,371,968,227
債務者C	BBB	1.0%	683,209,705	3,416,049	35,008,162,622,944
債務者D	BBB	1.0%	362,735,355	1,813,677	9,868,270,306,032

α	8,081,588
β	57,081,973,091,640
所要自己資本の額：2.33*SQRT(h)*SQRT (αの総合計の二乗+βの総合計)	25,777,218
信用リスク・アセットの額：所要自己資本の額×12.5	322,215,226

第4章 信用リスク・アセット

うな設計となっている。まず、取引先AからCについてそれぞれ1つのネッティング・セットが存在する単純なケースであるCASE 1 を解説する（図4－5、計算プログラム「CVAリスク相当額計算例.xlsx」のシートCASE 1 参照）。計算パターン1については、EAD_i^{total}の計算にあたり、債務者とネッティング・セットが1対1の関係になっているため、EAD_i^{total}を債務者単位で集計しようが、ネッティング・セットで集計しようが計算結果は変わらない。ExcelファイルのシートCASE 1 における計算パターンの両者の結果が一致していることが確認できる。両者の計算過程については、詳細にCASE 2 で解説する。

次に、一債務者が複数のネッティング・セットを保持しているCVAリスク相当額計算例.xlsxのシートCASE 2 に沿って解説する。この場合においては、EAD_i^{total}を債務者単位で集計する場合（計算パターン1）と、ネッティング・セット単位で集計する場合（計算パターン2）では、計算結果に相違が発生する。

a　計算パターン1

計算パターン1については、EAD_i^{total}を取引相手方のネッティング・セット単位を前提として計算している。計算パターン1と2で乖離の発生するβの算定について、詳細に解説する。β部分に算定にあたって、ネッティング・セットごとにN 11～N 23までそれぞれ13個の$0.75\times(w_i\times M_i\times EAD_i^{total})^2$を算定している。$\beta$はこれらの合計値として計算される。告示270条の3第1項に「EAD_i^{total}は、取引相手方iに係るネッティング・セットの与信相当額の割引現在価値」と記載されていることからEAD_i^{total}をネッティング・セットととらえて、ネッティング・セット単位で計算を行った場合には、このような計算結果となる。計算パターン1においては、ネッティング・セットをより細かくすれば債務者単位に合計した$0.75\times(w_i\times M_i\times EAD_i^{total})^2$の額が小さくなることによって信用リスク・アセットが小さくなる。

b　計算パターン2

　一方で、バーゼルⅢテキストで提示されたCVAリスク相当額の算式は、同じ掛目（格付）でも取引相手方が多いほど分散効果が効き、CVAリスクが低くなるような設計を意図していると考えられる。したがって、バーゼルⅢテキストを前提に考えると、以下のような計算プロセスになる。G37～G40まで取引先A～Dまで4取引先について、取引先単位で$0.75\times(w_i\times M_i\times EAD_i^{total})^2$を算定している。$\beta$はこれらの4取引先の合計値として計算される。

APPENDIX リスク・ウェイト関数

　内部格付手法においては、ULに対応する部分を全世界共通のリスク・ウェイト関数で表現している。内部格付手法の根本的な設計は、ELが引当とバランスした前提で、ULを自己資本の枠内に抑えることを要求するものである。ELはコストとして認識される性質をもつ一方で、ULはリスクとして認識される。ULは平均的に発生する損失ではないので貸倒引当金でカバーする必要はないが、発生した場合に何がしかの手当をしていないと銀行自体がデフォルトしてしまうことになる。図4－7において最大損失額を信用VaRと定義した場合、

　　信用VaR（最大損失額）＝EL（期待損失額）＋UL（非期待損失額）

と定義される。したがって、99.9％の信用VaRが100で、ELが30の場合、ULは70となる。このようなリスク・プロファイルの金融機関は、30を引当とし、70の自己資本を積めば、理論的には自己のデフォルト確率は、100％－99.9％＝0.1％となる。

図4－7　リスク・ウェイト関数と信用VaR

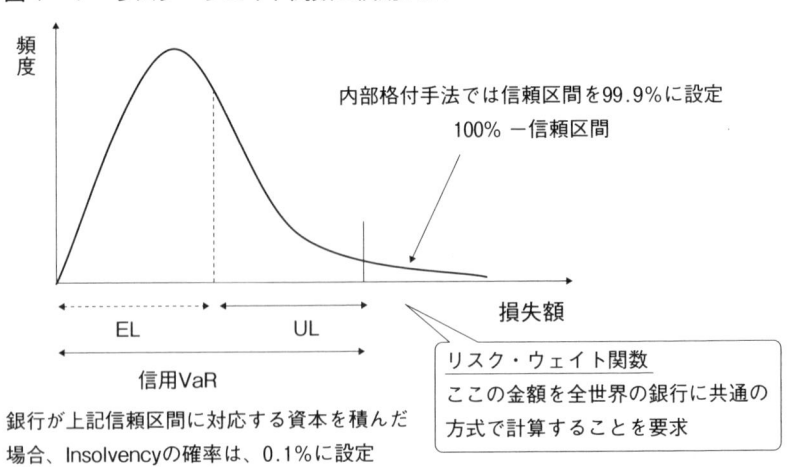

（図：損失額分布曲線。横軸「損失額」、縦軸「頻度」。EL部分とUL部分に分けられ、信用VaRはEL＋UL。「内部格付手法では信頼区間を99.9％に設定　100％－信頼区間」、「リスク・ウェイト関数　ここの金額を全世界の銀行に共通の方式で計算することを要求」、「銀行が上記信頼区間に対応する資本を積んだ場合、Insolvencyの確率は、0.1％に設定」）

ここで、ELは以下のように定義されている。

EL＝EAD×PD×LGD

ELは、合理的に見積もることができる平均的な損失であり、統計的な表現を使うと損失分布の期待値（Expected Value）あるいは平均値（Mean）にあたる部分である。たとえば、元本100万円の貸出を想定する。その債務者が1年間のうちに1％の確率でデフォルトすることが統計的に見積もることができ、また保全状況から勘案し、デフォルトした場合の回収率が55％であると考えられた場合に、EL（額）は以下のように算出することができる。

EL＝EAD×PD×LGD＝100万円×1％×（1－55％）＝4,500円

また、ELを率ベースで表現する場合は、

EL＝PD×LGD＝1％×（1－55％）＝0.45％

したがって、ELについては、資産相関による影響は受けないことがわかる。ULについては、資産相関Rの大きさによって関数が影響を受ける。一般的な格付制度で推計されるPDの水準を想定した場合（たとえば、0％～20％の間）には、Rが大きいとULつまりリスク・ウェイトは大きくなる。

事業法人等向けエクスポージャーの信用リスク・アセットの額は、告示153条において以下のように定義される。

① 信用リスク・アセットの額＝$K \times 12.5 \times EAD$

② 所要自己資本率(K)

$$= \left[LGD \times N \left\{ (1-R)^{-0.5} \times G(PD) + \left(\frac{R}{1-R} \right)^{0.5} \times G(0.999) \right\} - EL \right]$$
$$\times \{1 - 1.5 \times b\}^{-1} \times \{1 + (M - 2.5) \times b\}$$

N｛x｝は、標準正規分布の累積分布関数。ただし、PDが100％の場合は1とする。

G(x)は、N｛x｝の逆関数

マチュリティ調整$(b) = \{0.11852 - 0.05478 \times \log(PD)\}^2$

log(x)は、自然対数を指す。

事業法人等向け相関係数(R)

$$= 0.12 \times \frac{1-exp(-50 \times PD)}{1-exp(-50)} + 0.24 \times \left\{1 - \frac{1-exp(-50 \times PD)}{1-exp(-50)}\right\}$$

なお、中堅中小企業向け（以下、SMEという）のエクスポージャーの信用リスク・アセットの額を算出する場合は、上記にかえて以下の相関係数を用いることができる。

SME向け相関係数(R)

$$= 0.12 \times \frac{1-exp(-50 \times PD)}{1-exp(-50)} + 0.24 \times \left\{1 - \frac{1-exp(-50 \times PD)}{1-exp(-50)}\right\}$$

$$- 0.04 \times \left\{1 - \frac{S-5}{45}\right\}$$

Sは当該事業法人の売上高（億円）。

事業法人等向けのエクスポージャーに比べて、SMEのエクスポージャーは、相関係数が$0.04 \times \left\{1 - \frac{S-5}{45}\right\}$だけ削減されている。したがって、SMEのリスク・ウェイトは、事業法人等に比べて小さくなるように設計されている。

また、次にリテール向けのエクスポージャーの所要自己資本率（K）の式を記載する。告示159条の居住用不動産向けエクスポージャー、告示160条の適格リボルビング型リテール向けエクスポージャー、告示161条のその他リテール向けエクスポージャーについては、すべてULの算出式は共通で、以下のとおりである。

$$UL = LGD \times N\left[\frac{N^{-1}(PD) + \sqrt{R} \cdot N^{-1}(0.999)}{\sqrt{1-R}}\right] - EL$$

リテールの算出式には、マチュリティの調整項が含まれていない。また、それぞれの3つのエクスポージャーについて、異なった相関係数が設定されている。居住用不動産向けエクスポージャーについては、0.15で固定、適格リボルビング型リテール向けエクスポージャーについては、0.04で固定されている。なお、その他リテール向けエクスポージャー相関係数については、

以下のとおりである。

その他リテール向けエクスポージャー相関係数(R)

$$= 0.03 \times \frac{1-exp(-35 \times PD)}{1-exp(-35)} + 0.16 \times \left\{1 - \frac{1-exp(-35 \times PD)}{1-exp(-35)}\right\}$$

第 5 章

バーゼルⅢに必要な会計の知識

バーゼルⅢの自己資本の計算は、バーゼルⅡに比べて会計に関する項目が大幅に増えている。第5章では、バーゼルⅢの自己資本の計算に関連する項目に絞って、関連する会計の知識を解説することを目的としており、主にこれまで会計に携わることが少なかった担当者の方を対象としている。したがって、それぞれの項目について、バーゼルⅢの計算に取り急ぎ必要のない部分については触れていない等、偏りがあると思われるかもしれないが、ご容赦いただきたい。さらに本質的な理解を求める方は、会計基準を参照する等、補っていただきたい。

第1節　その他の包括利益累計額および評価・換算差額

「包括利益」とは、ある企業の特定期間の財務諸表において認識された純資産の変動額のうち、当該企業の純資産に対する持分所有者との直接的な取引によらない部分をいう（包括利益の表示に関する会計基準（以下、「包括利益会計基準」という）4項）。「その他の包括利益」とは、包括利益のうち当期純利益に含まれない部分をいう（包括利益会計基準5項）。「その他の包括利益」は英文財務諸表では「Other Comprehensive Income」と表記されるため、「OCI」と省略して使用されることも多い。包括利益計算書は連結財務諸表のみに導入されている計算書であり、連結貸借対照表上「その他の包括利益累計額」とされている項目は、単体貸借対照表上は「評価・換算差額等」に表示される。以下では、「その他の包括利益累計額」を対象に解説する。

1　その他有価証券評価差額金

a　その他有価証券評価差額金とは

金融商品会計基準では、有価証券を保有目的等の観点から、売買目的有価証券、満期保有目的の債券、子会社株式および関連会社株式、その他有価証券の4つに区分し、それぞれの区分に応じて、貸借対照表価額および評価差額等の処理が定められている。有価証券の定義および区分要件は表5-1のとおりである。

会社の資金運用方針等に基づき、同一銘柄の有価証券を異なる保有目的区分で保有することも認められる。なお、有価証券の保有目的区分は、取得時にその保有目的に基づいて各区分に分類し、取得後においても継続してその分類区分の要件を満たしていることが求められており、各保有目的区分の定

表5-1 有価証券の保有目的区分

［有価証券の保有目的区分の内容と要件］

保有目的区分	定義／要件
売買目的有価証券 （時価の変動により利益を得ることを目的として保有する有価証券）	・有価証券の売買を業としていることが定款のうえから明らかであり、独立の専門部署によって売買目的有価証券が保管・運用されていることが望ましい。 ・ただし、有価証券の売買を頻繁に繰り返している場合には該当
満期保有目的の債券 （満期まで所有する意図をもって保有する社債その他の債券）	・償還期限まで所有するという積極的な意思とその能力に基づいて保有 ・満期まで所有する意図は取得時点において判断
子会社株式および関連会社株式	子会社株式および関連会社株式
その他有価証券	上記3つの保有目的区分以外の有価証券

義・要件に反する売買取引事実が認められたならば、分類の見直しを行うこととされている。

　有価証券の区分に応じた貸借対照表価額および評価差額の処理方法は、表5-2のように定められている。

　表5-2から、その他有価証券評価差額金は、その他有価証券に区分されたもののうち、時価があるものから発生するということがわかる。そして、その他有価証券を時価評価した際の評価損益は、損益計算書を経由せず、繰延税金資産／負債控除後の金額で純資産の部に直接計上されることになる。この「時価」には、「市場価格に基づく価額」だけではなく「合理的に算定された価額」も含まれ、有価証券の種類ごとに区分して例示すると表5-3のとおりである。

　なお、表5-3の時価による評価は、期末日の時価を適用することが原則であるが、継続適用を条件に期末日前1カ月間の市場価格の平均値を適用することも認められている。

表5-2 有価証券の保有目的区分と評価の方法

[保有目的区分ごとの貸借対照表価額および評価差額の処理の方法]

保有目的区分	評価の方法
売買目的有価証券	時価で評価し、評価差額は純損益に計上する。
満期保有目的の債券	償却原価法に基づいて算定された価額をもって貸借対照表価額とする。
子会社株式および関連会社株式	取得原価をもって貸借対照表価額とする。
その他有価証券	■時価のあるもの 　時価で評価し、評価差額を純資産の部に計上する（全部純資産直入法）。 　※部分純資産直入法も容認 ■時価を把握することが極めて困難と認められるもの 　・債券は、債権の貸借対照表評価額に準じる（貸倒引当金を計上）。 　・債券以外は取得原価をもって貸借対照表価額とする。

表5-3 有価証券の種類ごとの時価

有価証券の種類	市場価格に基づく価額	合理的に算定された価額
1　株式 ①　上場株式	①　取引所の終値または気配値	－
②　店頭登録株式(注)	②　業界団体が公表する基準価格	－
③　非公開株式	③　ブローカーまたはシステム上の売買価格または店頭気配値	－
2　債券 ①　上場債券	①　取引所の終値もしくは気配値または店頭気配値	－
②　非上場債券	②　次のいずれか	②　次のいずれか

第5章　バーゼルⅢに必要な会計の知識　229

		・業界団体が公表する売買参考統計値 ・ブローカーまたはシステム上の売買価格または店頭気配値	・比準方式等により算定した価格 ・情報ベンダーから入手する評価価格
3	投資信託	取引所の終値もしくは気配値または業界団体が公表する基準価格	次のいずれか ・投資信託委託会社が公表する基準価格 ・ブローカーから入手する評価価格 ・情報ベンダーから入手する評価価格

(注)　1②の店頭登録株式は、現在は存在しない。
(出典)　「金融商品会計に関する実務指針」267項（日本公認会計士協会）

b　その他有価証券評価差額金の「グロス評価損益」との関係

　その他有価証券評価差額金は、連結貸借対照表では純資産の部のその他の包括利益累計額の内訳として、個別貸借対照表では純資産の部の評価換算差額の内訳としてそれぞれ表示されている。これらの金額は、税効果考慮後の金額であるため、バーゼルⅡにおける「グロスの評価益」とは異なる。また、法定実効税率により連結貸借対照表に計上されている金額を割り戻してもグロスの評価益に一致しないことが通常である。その理由は、過去に減損処理したその他有価証券がある場合には、その他有価証券評価差額金の金額に実効税率を乗じた金額が連結貸借対照表計上額とはならないからである。この点については、本章第5節4を参照していただきたい。

2　繰延ヘッジ損益

a　繰延ヘッジ損益とは

　ヘッジ会計とは、ヘッジ取引のうち、会計基準に定められたヘッジの有効

性等の一定の適用要件を満たすものについて、ヘッジ対象に係る損益とヘッジ手段に係る損益を同一の会計期間に認識し、ヘッジの効果を反映させるための会計処理をいう。

　ヘッジ手段であるデリバティブ取引は、原則的な処理方法によれば時価評価されて評価差額は純損益として計上される。しかし、ヘッジ対象の資産または負債に係る相場変動等が損益に反映されない場合には、両者の損益が期間的に対応しなくなり、ヘッジ対象の相場変動等による損失の可能性がヘッジ手段によってカバーされているという経済的実態が財務諸表に反映されないこととなる。このため、会計基準に定められている一定の要件を満たす場合には、ヘッジ対象およびヘッジ手段に係る損益を同一の会計期間に認識し、ヘッジの効果を財務諸表に反映させるヘッジ会計が認められている。

　ヘッジ会計を適用する場合の原則的な会計処理は、ヘッジ手段（デリバティブ等）に係る損益または評価差額を、ヘッジ対象（貸出金や有価証券等）に係る損益が認識されるまで純資産の部において繰り延べる方法（繰延ヘッジ）である。そして、この時に繰り延べられたヘッジ手段に係る損益または

図5－1　ヘッジ取引の例

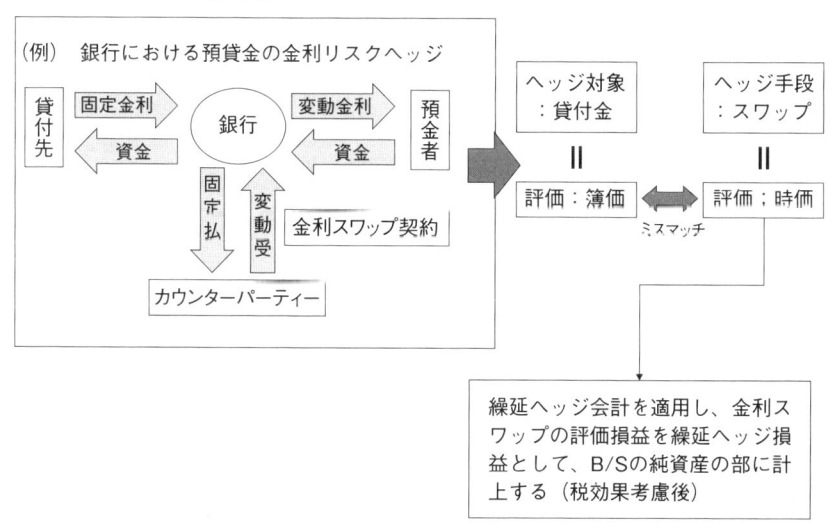

図5－2　公正価値ヘッジとキャッシュフロー・ヘッジの比較

ヘッジ会計の種類

リスクの種類	ヘッジ取引の種類	ヘッジ会計			
		意義	目的	ヘッジ対象	ヘッジ会計の方法
公正価値の変動リスク	公正価値ヘッジ	ヘッジ対象の資産または負債に係る相場変動を相殺して、その変動を回避する方法	ヘッジ対象とヘッジ手段の損益を同一の会計期間に認識する。	・相場変動が評価に反映されていないもの ・相場変動が評価に反映されているが評価差額が損益として処理されないもの	原則：繰延ヘッジ 例外：時価ヘッジ
キャッシュフローの変動リスク	キャッシュフロー・ヘッジ	ヘッジ対象の資産または負債に係るキャッシュフローを固定してその変動を回避する方法	ヘッジ取引により固定されたキャッシュフローを、損益として適正に期間配分する。	キャッシュフローが変動するもの	繰延ヘッジ (金利スワップの特例処理)

繰延ヘッジ（原則的処理）

ヘッジ手段の評価差額を各期の損益として認識せず繰延べ、ヘッジ対象の損益認識と同一の会計期間に損益認識する。

（例）　その他有価証券を翌期に売却する時に、売却損益を回避する目的で個別株ヘッジを行う。

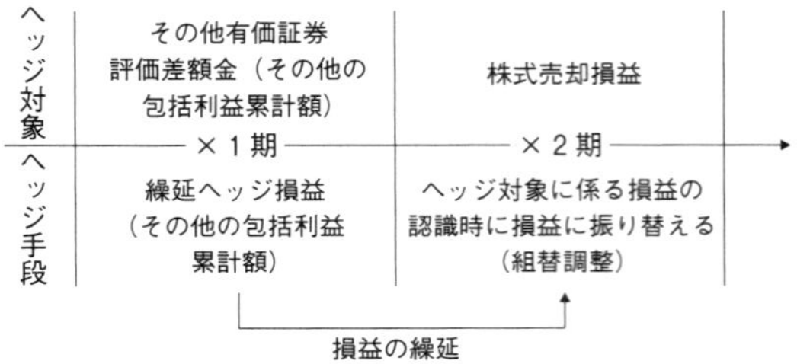
ヘッジ対象
その他有価証券
評価差額金（その他の
包括利益累計額）
株式売却損益
×1期
×2期
ヘッジ手段
繰延ヘッジ損益
（その他の包括利益
累計額）
ヘッジ対象に係る損益の
認識時に損益に振り替える
（組替調整）
損益の繰延

時価ヘッジ

（ヘッジ対象がその他有価証券の場合のみ）

ヘッジ手段の損益を各期で認識するとともに、ヘッジ対象の評価損益も純資産ではなく、損益として認識する。

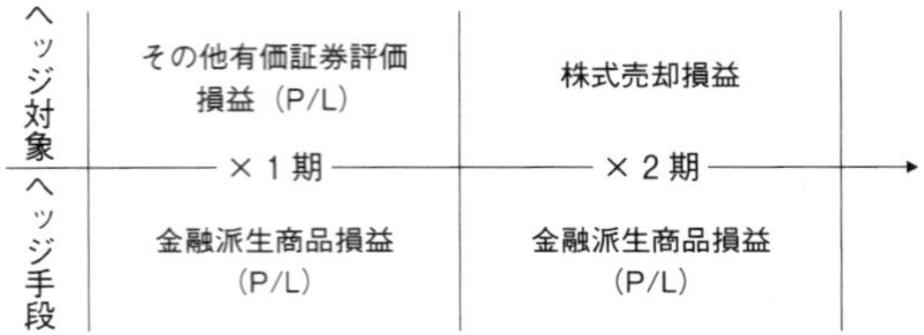
ヘッジ対象
その他有価証券評価
損益（P/L）
株式売却損益
×1期
×2期
ヘッジ手段
金融派生商品損益
（P/L）
金融派生商品損益
（P/L）

評価差額を繰延ヘッジ損益として、その他有価証券評価差額金と同様に税効果考慮後の金額で純資産の部に計上することとなる。繰延ヘッジ損益の税効果については、本章第5節5を参照していただきたい。

　ヘッジ会計の方法には繰延ヘッジのほかに、ヘッジ対象である資産または負債に係る相場変動等を損益に反映させることにより、その損益とヘッジ手段に係る損益とを同一の会計期間に認識する方法もある。この方法を時価ヘッジという。ヘッジ会計の方法には、このほかに金利スワップの特例処理と振当処理があるが、バーゼルⅢの計算には関係しないため、ここでの説明は省略する。

　ヘッジ取引には、ヘッジするリスクの種類に応じて、ヘッジ対象の資産または負債に係る相場変動（価格変動、金利変動および為替変動）を相殺する取引（公正価値ヘッジ）と、ヘッジ対象の資産または負債に係るキャッシュフローを固定してその変動を回避する取引（キャッシュフロー・ヘッジ）がある。これらの関係を図示すると図5－2のようになる。

b　銀行業において計上される特殊な繰延ヘッジ損益

　ヘッジ会計には、ヘッジ対象とヘッジ手段が1対1の関係にある個別ヘッジだけではなく、リスクが共通する資産または負債をグルーピングしてヘッジ対象を識別する包括ヘッジがある。どのような場合にリスクが共通するかに関し、「金融商品会計に関する実務指針」（以下、「金融商品実務指針」という）152項では「個々の資産または負債の時価の変動割合またはキャッシュフローの変動割合が、ポートフォリオ全体の変動割合に対して、上下10％を目安にその範囲内にある場合には、個々の資産または負債はリスクに対する反応がほぼ一様であるものとして取り扱う」としている。

　しかし銀行は、小口多数の預金・貸出金等の金銭債権債務を有しており、これらの金銭債権債務について高度なリスク管理に基づきヘッジ取引を行っていること、そのような状況において金融商品会計基準に規定されるヘッジ対象の識別やヘッジの有効性判定を行うことは著しく煩雑になること等から、日本公認会計士協会は、銀行業における包括ヘッジの会計処理等につい

図5－3　銀行業に認められている特有のヘッジ会計
［銀行業で特別な処理が求められる背景と銀行業特有の論点］

― 銀行業固有の特徴 ―
- 預貸金等のように小口多数のヘッジ対象が常に相当数存在する。
- 顧客の期限前解約等の他律的要因がある。

― 銀行業のリスク管理の特徴 ―
- 多様な金融商品の保有ポジションから発生するリスクをヘッジするために、一般的に金融商品会計基準が前提とするリスク管理手法の水準よりも高度

⬇

24号に定められている銀行業固有のヘッジの取扱い

公正価値リスクに対する 包括ヘッジの取扱い	キャッシュフロー・ヘッジに 対する包括ヘッジの取扱い
・ヘッジ対象のグルーピング要件 ・ヘッジ有効性の評価方法の緩和 ・部分的なヘッジ指定の容認 ・ヘッジ会計の終了時の認識方法	・ヘッジ対象のグルーピング要件 ・ヘッジ有効性の評価方法の緩和 ・部分的なヘッジ指定の容認

て特殊な取扱いを定めた業種別委員会報告第24号「銀行業における金融商品会計基準適用に関する会計上及び監査上の取扱い」（以下、「24号」という）を平成14年2月に公表している。具体的には図5－3に示した項目が24号に定められている銀行業固有の取扱いである。

貸借対照表に計上されている繰延ヘッジ損益には、このような銀行業における特殊な取扱いにより計上されたものも含まれている。

c 貸借対照表に計上されている繰延ヘッジ損益と調整項目としての繰延ヘッジ損益との関係

バーゼルⅢの国際統一基準の普通株式等Tier1資本に係る調整項目の額として、告示5条2項1号ハにおいて「繰延ヘッジ損益（連結財務諸表規則第43条の2第1項第2号に規定する繰延ヘッジ損益をいい、ヘッジ対象に係る時価評価差額が前項第2号のその他の包括利益累計額の項目として計上されている場合におけるヘッジ手段に係る損益または時価評価差額を除く。）」が定められている。このカッコ内の「ヘッジ対象」とは、本章第1節において解説したその

他有価証券ということになり、告示5条2項1号ハの繰延ヘッジ損益は、その他有価証券をヘッジ対象としてヘッジ会計を適用した場合の繰延ヘッジ損益以外のものということになる。

その他有価証券をヘッジ対象として繰延ヘッジ会計を適用した場合、ヘッジ対象の時価変動差額であるその他有価証券評価差額金は、その他の包括利益累計額に計上され、ヘッジ手段の時価変動差額である繰延ヘッジ損益は、その他有価証券評価差額金と逆方向の評価差額により、その他の包括利益累計額に計上されるため、両者は相殺された状態となっている。これに対し、たとえば図5－1のような貸出金がヘッジ対象の場合には、貸出金は時価評価されないため、繰延ヘッジ損益だけが純損益の部に計上されることになる。

国際統一基準では、普通株式等Tier1資本に係る基礎項目の額に繰延ヘッジ損益を全額含める一方で、告示5条2項1号ハの繰延ヘッジ損益を普通株式等Tier1資本に係る調整項目の額とすることにより、繰延ヘッジ損益が普通株式等Tier1資本の額に影響を与えない仕組みになっていると考えられる。

3　土地再評価差額金

a　土地再評価差額金とは

土地再評価差額金は、「土地の再評価に関する法律」（平成10年3月31日法律第34号、最終改正平成17年7月26日法律第87号）（以下、「土地再評価法」という）に基づき、事業用土地について時価による評価を行い、帳簿価額を改定することにより計上されたものである。土地再評価法は、平成10年3月に3年間の時限立法として成立し、平成13年3月に期限を約1年延長され、平成14年3月31日まで適用されていた法律である。具体的には、平成10年3月31日から平成14年3月31日までの期間のいずれかの1つの決算期において（土地再評価法5条）、日本国内に保有するすべての事業用土地を時価により再評

価し（土地再評価法3条2項）、再評価差額金を貸借対照表の資本の部に計上するというものである。土地再評価法施行時は税効果会計導入前であったが、その後、税効果会計の導入に伴い土地再評価法も改正され、土地再評価差額金は税効果考慮後の金額で資本の部に計上されることとされた（土地再評価法7条2項）。なお、貸借対照表の「資本の部」も会計基準の改正により現在は「純資産の部」とされているため、本章において以後「純資産の部」と表記する。

　土地再評価法の適用が認められたのは、下記の法人である（土地再評価法3条）。
・商法上の大会社
・有価証券報告書の発行者で、証券取引法（現在の金融商品取引法）第193条の2第1項の監査証明を受けなければならない株式会社
・信用金庫および信用金庫連合会
・労働金庫および労働金庫連合会
・信用協同組合および預金または定期積金の受入れを行う協同組合連合会
・農林中央金庫
・貯金または定期積金の受入れを行う農業協同組合および農業協同組合連合会
・貯金または定期積金の受入れを行う漁業協同組合および漁業協同組合連合会
・貯金または定期積金の受入れを行う水産加工業協同組合および水産加工業協同組合連合会

　土地再評価法を適用する場合、部分的な適用は認められておらず、保有する事業用土地のすべてに対して適用することが求められている。棚卸資産として計上される販売用土地は適用の対象外であるが、信託財産に含まれている土地は、受益者のものとして適用することとされている（土地再評価法4条）。

b 土地再評価差額金の会計処理

前述のとおり、再評価実施期間は終了しているためその後の期間において新たな再評価はできないが、再評価実施当時の処理は表5-4のようになっている。

貸借対照表に計上されている土地再評価差額金は、税効果考慮後の金額のEである。バーゼルⅡの「グロスの土地再評価差額金」に該当する金額は表5-4のCの評価差額であり、バーゼルⅢ（国内基準）の土地再評価差額金に係る経過措置期間中の計算に必要となる金額である。

土地再評価差額金は、税務上の課税所得を構成しないため一時差異となり、税効果会計の適用対象となる。個々の土地ごとに把握した再評価に係る繰延税金資産／負債は、貸借対照表上では相殺したうえで、他の繰延税金資産／負債と別掲表示される。また、繰延税金資産の計上は、物件ごとに個別に繰延税金資産の回収可能性を検討し、回収可能性があると判断されたもののみが計上されることになる。

表5-4 土地の再評価実施時の処理　　　　　　　　　　　法定実効税率は40%

	A	B	C	D	E
	簿価	時価	評価差額	繰延税金資産／負債	土地再評価差額金
事業用土地①	100	300	200	80（負債）	120
事業用土地②	100	80	▲20	▲8（資産）	▲12
事業用土地③	200	200	0	0	0
	400	580	180	72（負債）	108

【仕訳】
(借方)　　　　　　　　　　　　　　　(貸方)
土地　180　　　　　　　　　　　　　再評価に係る繰延税金負債　80
再評価に係る繰延税金資産　8　　　　土地再評価差額金　108

c 土地再評価差額金の取崩し

土地再評価差額金は、売却等により処分した場合（土地再評価法8条1項）や、再評価した土地に減損損失が生じた場合（土地再評価法8条2項）に取り崩すこととされている。

たとえば、表5－4の土地①を350で売却した場合には、下記のようになる。

【仕訳】

（借方）		（貸方）	
現金預け金	350	土地	300
		土地売却益	50
再評価に係る繰延税金負債	80	法人税等調整額	80
土地再評価差額金	120	土地再評価差額金取崩額	120

土地再評価後は、土地①のBの300が会計上の簿価となるため、土地売却益は、300と売却価額との差額となる。また、土地再評価差額金取崩額は損益計算書には反映されず、利益剰余金（株主資本等変動計算書）に直接計上される。この時点で、土地再評価差額金取崩額が課税所得の計算上益金に算入されるため、将来加算一時差異が解消し、再評価に係る繰延税金負債を取崩す処理が行われる。

再評価を行った土地に減損損失を計上する場合も同様である。

d 注　記

土地再評価法の規定により再評価されている事業用土地がある場合には、次の事項を貸借対照表に注記することとされている（財務諸表等規則42条の2第2項）。
・土地再評価法の規定により再評価を行っている旨
・再評価の方法
・再評価年月日
・再評価を行った事業用土地の再評価後の決算期における時価の合計額が、

当該事業用土地の再評価後の帳簿価額の合計額を下回った場合においては、当該時価の合計額と当該再評価後の帳簿価額の合計額との差額

4 為替換算調整勘定

　外貨ベースの海外子会社の貸借対照表を円換算して連結財務諸表を作成する際、資産および負債項目と純資産項目とでは適用される換算レートが異なるため（図5－4参照）、円換算後の貸借に差額が生じる。この換算差額が為替換算調整勘定であり、連結貸借対照表の純資産の部に計上される。図5－4をみてわかるように、為替換算調整勘定は、子会社の現地での経営成績に関係なく、為替相場の影響により増減する。

　少数株主がいる場合には、為替換算調整勘定のうち少数株主持分割合に相当する額は少数株主持分に振り替えて、連結貸借対照表上、少数株主持分に

図5－4　米国子会社の貸借対照表の換算例

子会社貸借対照表

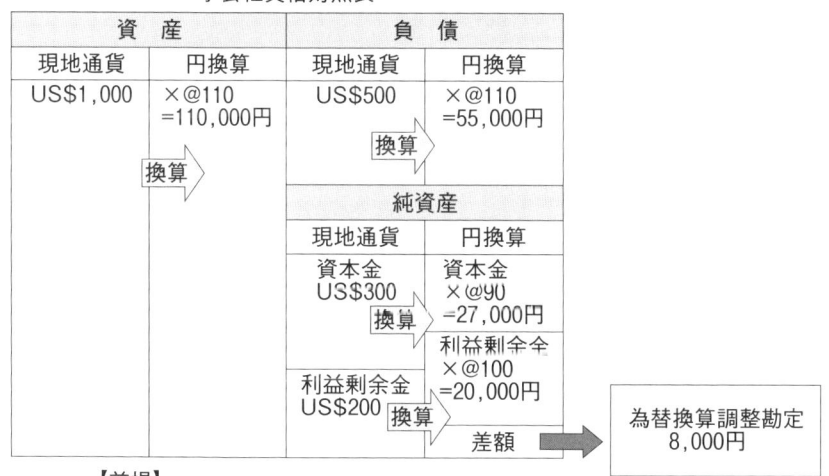

資　産		負　債	
現地通貨	円換算	現地通貨	円換算
US$1,000	×@110 =110,000円 換算	US$500	×@110 =55,000円 換算
		純資産	
		現地通貨	円換算
		資本金 US$300 換算	資本金 ×@90 =27,000円
		利益剰余金 US$200 換算	利益剰余金 ×@100 =20,000円
		差額	為替換算調整勘定 8,000円

【前提】
・AR（期中平均レート）：100円/ドル
・CR（決算日レート）：110円/ドル
・HR（取引発生時レート）：90円/ドル

含めて表示される。

　また、為替換算調整勘定は税効果考慮後の金額で計上される。為替換算調整勘定が税効果の対象となる理由は次のとおりである。子会社へ投資を行ったときには、子会社株式の取得価額と子会社投資の連結貸借対照表上の価額とは一致し、親会社にとって投資に係る一時差異は生じない。しかし、その後、子会社が計上した損益やのれんの償却、為替換算調整勘定等により、子会社投資の連結貸借対照表上の価額が変動することにより子会社投資の連結貸借対照表上の価額と、親会社の個別貸借対照表上の子会社株式との間に差額が生じる。この差額は、親会社が子会社株式の売却や清算時等に解消されるため、親会社の税金を増額または減額する効果が生じる。したがって、為替換算調整勘定は税効果会計上の一時差異に該当するが、当該一時差異が実現するのは子会社株式の売却時等であるため、子会社株式の売却の意思が明確な場合等に税効果を認識し、それ以外の場合には認識しないものとされている（「連結財務諸表における税効果会計に関する実務指針」（以下、「連結税効果実務指針」という）38項－2）。

5　退職給付に係る調整累計額

a　退職給付会計基準の導入

　退職給付に係る調整累計額は、平成26年3月末から導入された改正後の退職給付に関する会計基準（以下、「退職給付会計基準」または「改正後の退職給付会計基準」、改正前の退職給付会計基準を「旧基準」という）により、連結貸借対照表の純資産の部に計上されることとなった科目である。退職給付に係る調整累計額の解説の前に、まず、退職給付会計の概略を解説する。旧基準は、国際会計基準や米国会計基準との国際的調和を目的とした、いわゆる会計ビッグバンの一環として、平成12年4月1日から導入された会計基準である。退職給付制度には、掛金以外に退職給付に係る追加的な拠出義務を負わない確定拠出型と、給付額があらかじめ確定していることにより企業が資産

図5−5　確定拠出型企業年金制度と確定給付型企業年金制度

① 確定拠出型
・一定の掛金を外部に積み立て、事業主である企業が、当該掛金以外に退職給付に係る追加的な拠出義務を負わない退職給付制度

　　企業の支払う掛金　＋　運用収入　＝　給付額
　　あらかじめ確定　　　　　　　　　　運用実績等により変動

② 確定給付型
・確定拠出型以外の退職給付制度

　　企業の支払う掛金　＋　運用収入　＝　給付額
　　運用実績等により変動　　　　　　　　あらかじめ確定

運用についてリスクを負う確定給付型があるが（図5−5）、旧基準は、確定給付型の退職給付制度を対象としていた。

これを、現行の退職給付制度の種類ごとに区分すると表5−5のようになる。

旧基準導入前は、企業が企業年金に対する掛金の支払時点で、支払った額を損益計算書に計上するという処理が行われていた。年金資産の運用リスクを企業が負う確定給付型の企業年金においては、資産運用の利回りが悪化した場合に生じる積立不足は、積立不足を穴埋めできるような年金資産の利回り上昇がない限り、いつか企業が補てんして積立不足を解消する必要がある。旧基準導入前は、このような将来の企業の負担となりうる積立不足が財務諸表に開示されないという問題点があり、旧基準導入はこのような積立不足を取り扱う会計基準として導入された。改正後の退職給付会計基準では、確定拠出制度も対象範囲とされたが、掛金以外に退職給付に係る追加的な拠出義務を負わない確定拠出型の退職給付制度では、上記のような積立不足に関する会計処理が行われない。

バーゼルⅢの計算に必要となる知識は、積立不足の会計処理が行われる確定給付型の退職給付制度を対象とした退職給付会計基準であるため、本節では確定給付型の退職給付制度について解説する。

表5-5　退職給付制度の種類

制度の種類	内　容	区　分
退職一時金	・退職時に退職金を一時払いで支給する制度 ・企業から直接、退職従業員に給付する。	確定給付
厚生年金基金	・厚生年金保険法に基づく法人である厚生年金基金が給付を行う制度	
確定給付企業年金	・会社と受託機関（信託銀行や生命保険会社）との契約を基礎とする「規約型」と企業から独立した企業年金基金が運営する「基金型」がある。	
確定拠出年金	・年金資産が個人ごとに管理され、その年金資産の運用指図も各個人が行う企業年金制度	確定拠出
中小企業退職金共済	・独立行政法人勤労者退職金共済機構（厚生労働省所管）が運営する制度 ・大規模な企業は加入できないなど、加入には一定の要件がある。	

b　退職給付会計基準の計算手順

　退職給付計算の基本的な計算構造は、退職給付会計基準の改正前後で変わっていない。また、個別財務諸表においては、未認識数理計算上の差異および未認識過去勤務費用については旧基準の処理が適用される。最初に、個別貸借対照表における退職給付引当金（前払年金費用）を表した図5-6をご覧いただきたい。

　貸借対照表の負債の部に計上される退職給付引当金は、図5-6のとおり、「退職給付債務-年金資産±未認識数理計算上の差異±未認識過去勤務費用」として算出される。この金額がマイナスとなった場合には、前払年金費用として、貸借対照表の資産の部に計上される（図5-6の右図）。

　次に図5-6の各計算要素について、まず、退職給付債務の計算の流れから解説する。退職給付債務とは、「退職給付のうち、認識時点までに発生し

図5-6　退職給付引当金／前払年金費用の計算構造

退職給付引当金＝退職給付債務－年金資産
　　　　　　　±未認識数理計算上の差異±未認識過去勤務費用

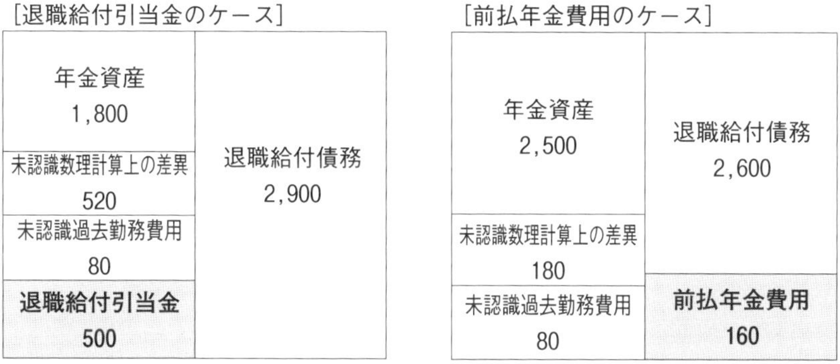

[退職給付引当金のケース]

年金資産 1,800	退職給付債務 2,900
未認識数理計算上の差異 520	
未認識過去勤務費用 80	
退職給付引当金 500	

[前払年金費用のケース]

年金資産 2,500	退職給付債務 2,600
未認識数理計算上の差異 180	
未認識過去勤務費用 80	**前払年金費用 160**

ていると認められる部分を割り引いたもの」（退職給付会計基準6項）であり、図5－7の3つの手順により計算される。

　たとえば、22歳で入社し、退職は60歳、当期末は50歳とする。Step 1では、将来の退職時点である60歳で支払われる退職給付見込額の見積り計算を行う。この退職給付見込額は、「合理的に見込まれる退職給付の変動要因を考慮して見積る」（退職給付会計基準18項）とされており、たとえば、退職給付額が給与に比例して定められている退職給付制度の場合には、給与が将来どのように上昇するかを推定し、それに基づき算定された昇給額を反映して退職給付見込額を見積もることとされている（「退職給付に関する会計基準の適用指針」（以下、「退職給付適用指針」という）8項）。退職給付見込額の計算にあたり、その他の計算基礎としては、表5－6のようなものがある。

　次に、Step 2では、Step 1で計算された将来の退職給付見込額のうち、当期末の50歳時点までに発生していると認められる額（退職給付見込額の期間帰属額）の計算を行う。退職給付見込額の期間帰属額は、旧基準においては、全勤務期間で除した額を各期の発生額とする期間定額基準を原則としつつ、一定の要件を満たした場合には支給倍率基準やポイント基準等の選択適

図5−7 退職給付債務の計算手順

〔Step 1〕退職時に見込まれる退職給付の総額（退職給付見込額）の計算
〔Step 2〕退職給付見込額のうち期末までに発生していると認められる額の計算
〔Step 3〕割引計算

［退職給付債務の計算イメージ］

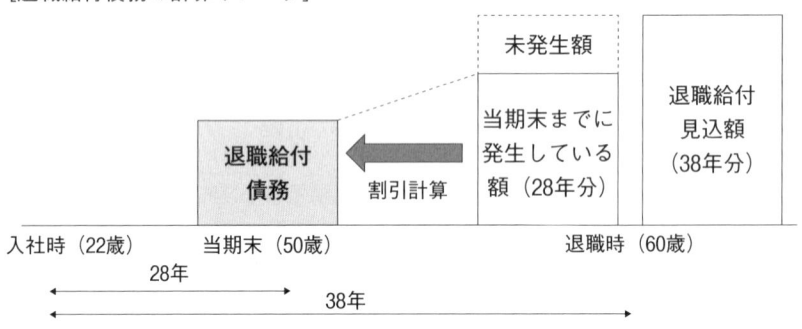

未発生額
当期末までに発生している額（28年分）
退職給付見込額（38年分）
退職給付債務
割引計算

入社時（22歳）　当期末（50歳）　　　　　　　退職時（60歳）
　　　　　28年
　　　　　　　　　　38年

表5−6 退職給付見込額の計算に使用する計算基礎率

退職給付見込額は、予想退職時期ごとに、従業員に支給される一時金の支払見込額および退職時点における年金現価の見込額に退職率および死亡率を加味して計算する。

〔計算基礎〕

退職率	在籍する従業員が自己都合や定年等により生存退職する年齢ごとの発生率のことであり、在籍する従業員が今後どのような割合で退職していくかを推計する際に使用する基礎率
死亡率	従業員の在職中および退職後における年齢ごとの死亡発生率
予想昇給率	個別企業における給与規程、平均給与の実態分布および過去の昇給実績等に基づいて合理的に推定して、算定する率
一時金選択率	一時金を選択する確率
その他の基礎率	キャッシュバランスプランを採用している場合の再評価率等

用が認められていた。これに対し、改正後の退職給付会計基準においては、期間定額基準と給付算定式基準の選択適用とされた。給付算定式基準とは、退職給付制度の給付算定式に従って各勤務期間に帰属させた給付に基づき見積もった額を、退職給付見込額の各期の発生額とする方法であり、国際的な会計基準とのコンバージェンスにより導入されたものである。なお、給付算定式を採用する場合であっても、勤務期間の後期における給付算定式に従った給付が、初期よりも著しく高い水準となるときには、当該期間の給付が均等に生じるとみなして補正した給付算定式に従わなければならないとされている（退職給付会計基準19項(2)）。

　Step 3 では、Step 2 により得られた退職給付見込額の期間帰属額を割り引いて、退職給付債務の計算を行う。割引率は、安全性の高い債券の利回りを基礎として決定する（退職給付会計基準20項）とされているが、旧基準において認められていた、平均残存勤務期間に応じた残存期間をもつ債券の利回りを割引率として用いることは認められなくなった。退職給付適用指針24項では、退職給付の支払見込期間および支払見込期間ごとの金額を反映した単一の加重平均割引率を使用する方法や、退職給付の支払見込期間ごとに設定された複数の割引率を使用する方法が例としてあげられている。このようにして割り引かれた金額が、退職給付債務となる。

C　数理計算上の差異と退職給付に係る調整累計額

　数理計算上の差異の前に、退職給付に係る費用・収益項目について解説する。費用項目としては退職給付債務に係る勤務費用と利息費用、収益項目としては年金資産に係る期待運用収益がある。

　勤務費用は、「1期間の労働の対価として発生したと認められる退職給付」（退職給付会計基準8項）と定義されており、図5-8の3つの手順により算定される。図5-8は、図5-7と同様に予想退職時期を60歳とした場合の例である。

　まず、Step 1 において、退職給付見込額を計算するが、これは、図5-7において算定された退職給付見込額と同じものである。

図5-8 勤務費用の計算手順

〔Step 1〕退職給付見込額の計算
〔Step 2〕退職給付見込額のうち当期において発生すると認められる額の計算
〔Step 3〕割引計算

［勤務費用の計算イメージ］

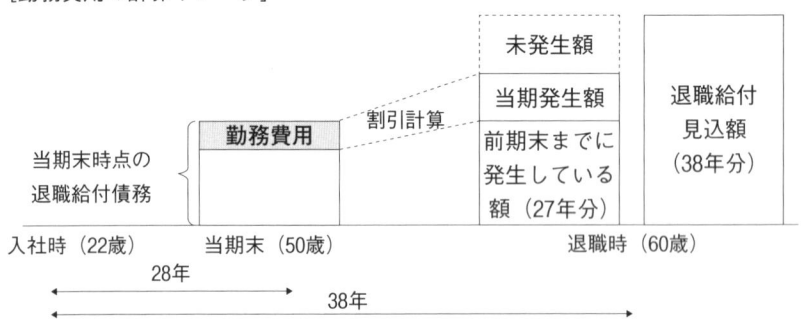

```
                                          未発生額
                                      ┌──────────┐
                                      │ 当期発生額 │   退職給付
                           割引計算     ├──────────┤   見込額
          ┌勤務費用┤ ┄┄┄┄    │前期末までに│  (38年分)
当期末時点の             │発生している│
退職給付債務              │額 (27年分) │
                                      └──────────┘
入社時(22歳)  当期末(50歳)              退職時(60歳)
        ←── 28年 ──→
        ←──────── 38年 ────────→
```

次に、Step 2において、退職給付見込額のうち当期において発生すると認められる額の計算を行う。当期において発生すると認められる額は、退職給付債務の計算において用いた方法と同一の方法により、当期分について計算する。

最後に、Step 3において、予想退職時期ごとの退職給付見込額のうち当期に発生すると認められる額を、割引率を用いて割り引く。当該割り引いた金額を合計して、勤務費用が算定される。

利息費用は、「割引計算により算定された期首時点における退職給付債務について、期末までの時の経過により発生する計算上の利息」（退職給付会計基準9項）と定義されている。すなわち、期首の退職給付債務に対し、期首の退職給付債務の計算に用いた割引率を乗じて得られた額が利息費用となる。利息費用を図5-8に追加して表すと図5-9のようになる。

次に、期待運用収益について解説する。期待運用収益は、「年金資産の運用により生じると合理的に期待される計算上の収益」（退職給付会計基準10項）と定義されている。具体的には、期待運用収益は、原則として期首の年金資産の額に長期期待運用収益率を乗じて計算することとされている（退職

図5−9　勤務費用と利息費用

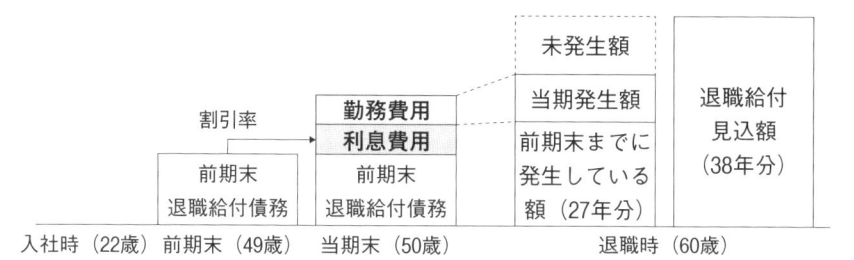

図5−10　数理計算上の差異の発生原因別内訳

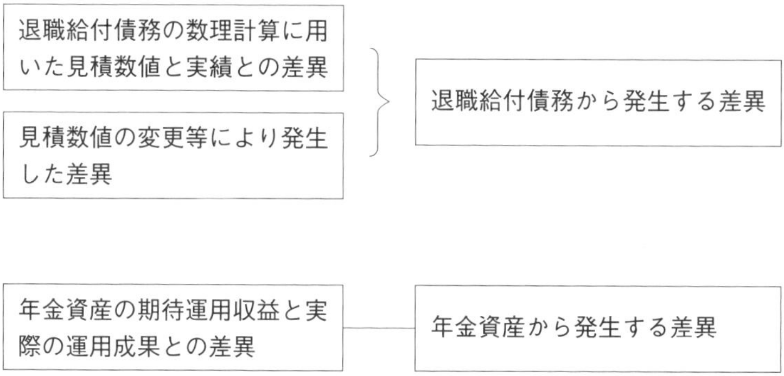

給付適用指針21項)。

　以上の計算方法からわかるように、退職給付に係る費用・収益項目は、期首時点の計算基礎に基づく予測変動額として計算される。このため、期末の実績値との間に乖離が生じる。この乖離が数理計算上の差異である。数理計算上の差異の内訳を表したものが図5−10である。

　退職給付債務から生じる差異について、さらに具体的に解説する。図5−11をご覧いただきたい。図5−11では、期首の退職給付3,000に対し、当期の予測変動額として勤務費用250、利息費用60が計算されている（期首時点で計算することが可能）。さらに、当期中の退職給付額の実績値290を差し引いた3,020が当期末の退職給付債務（予定）となる。これに対し、期末時点の計算基礎率に基づいて算定された退職給付債務が2,900であったとすると、数理計算上の差異は、3,020−2,900＝120となる。この数理計算上の差異の

図5−11　退職給付債務から発生する数理計算上の差異の分析
① 実績の修正：退職給付債務の数理計算に用いた見積数値と実績との差異
3,020−2,920＝100
② 見積数値の変更等により発生した差異
2,920−2,900＝20

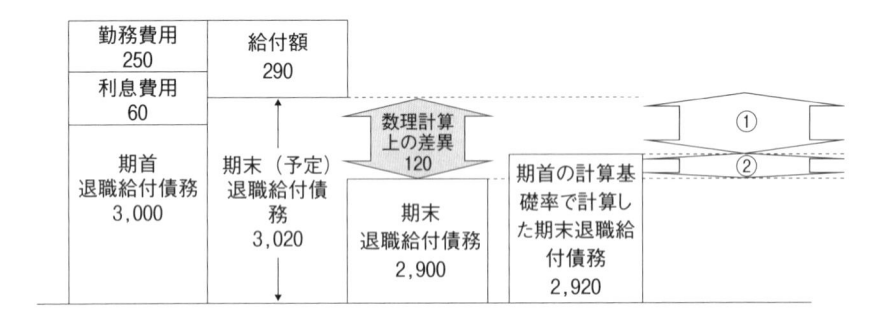

```
勤務費用    給付額
250        290
利息費用              数理計算
60                   上の差異              ①
期首         期末（予定）   120      期首の計算基
退職給付債務   退職給付債   期末        礎率で計算し    ②
3,000       務          退職給付債務   た期末退職給
            3,020       2,900       付債務
                                    2,920
```

　発生原因は、当期末の退職給付債務（予定）と、期首の計算基礎率に基づく期末の退職給付債務との差額（図5−11の①）と、期首の計算基礎率に基づく期末退職給付債務と、期末の計算基礎率に基づく期末退職給付債務との差額（図5−11の②）からなる。①は、たとえば、期首に見積もった退職率が、実際の退職率より多かった場合に生じる。②は、割引率を変更した場合等に生じる。

　このようにして計算された数理計算上の差異は、発生年度に全額費用・収益計上するのではなく、平均残存勤務期間内の一定の期間内に償却することが認められている。この未償却額（未認識数理計算上の差異）は、旧基準では、連結貸借対照表に計上されず、注記項目として開示されるという取扱いがなされていた。これに対し、改正後の退職給付会計基準においては、未認識数理計算上の差異を「退職給付に係る資産」または「退職給付に係る負債」という科目名で連結貸借対照表上の資産の部または負債の部に計上するとともに、相手勘定を、連結損益計算書を経由せず連結貸借対照表上の純資産の部に税効果考慮後の金額で直接計上することとされた。これが「退職給付に係る調整累計額」である。

　退職給付に係る調整累計額の費用処理は、旧基準と同様に平均残存勤務期

図5－12　改正後退職給付会計基準における退職給付に係る調整累計額
① 数理計算上の差異を、税効果を調整の上で連結貸借対照表の純資産の部に「退職給付に係る調整累計額」（その他の包括利益累計額）として計上
② 積立状況を示す額（退職給付債務と年金資産の差額）をそのまま負債（退職給付に係る負債）または資産（退職給付に係る資産）として計上
③ 個別財務諸表には適用せず、「旧基準」の取扱いを継続する。

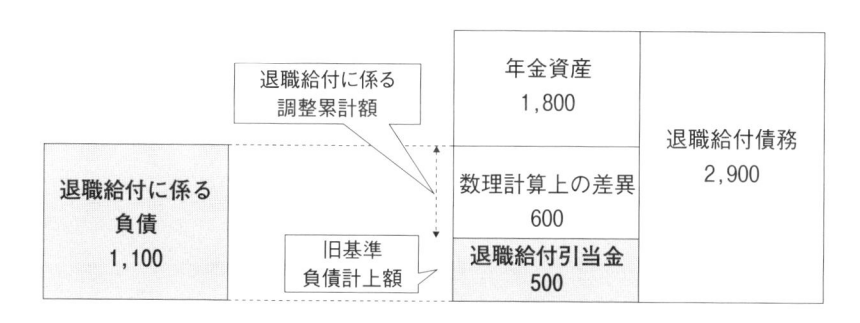

```
                    ┌─ 退職給付に係る       年金資産
                    │   調整累計額          1,800           退職給付債務
 退職給付に係る      │                                       2,900
     負債           │                      数理計算上の差異
     1,100          │                          600
                    └─ 旧基準              退職給付引当金
                       負債計上額              500
```

間内の一定の期間内に償却することが認められており、当該費用処理額は、包括利益計算書において、その他包括利益累計額からの組替調整（リサイクリング）として計上される。

過去勤務費用（退職給付水準の改訂等に起因して発生する退職給付債務の増加または減少部分）についても数理計算上の差異に関する取扱いと同様である。

なお、未認識数理計算上の差異および未認識過去勤務費用を資産の部または負債の部に計上する取扱いは連結財務諸表のみであり、包括利益計算書が導入されていない個別財務諸表については、従来どおり、未認識数理計算上の差異および未認識過去勤務費用は未認識項目として取り扱われる。

また、図5－12において、退職給付債務のほうが小さい場合には、「退職給付に係る資産」が連結財務諸表の資産の部に計上される（個別財務諸表においては従来どおり「前払年金費用」）。これが、バーゼルⅢの普通株式等Tier 1資本に係る調整項目（国内基準の場合には、コア資本に係る調整項目の額）の額「退職給付に係る資産／前払年金費用」である。なお、企業が退職一時金制度と確定給付企業年金制度等、複数の異なる年金制度を有している場合で、制度ごとに退職給付に係る負債と退職給付に係る資産がそれぞれ生じた

場合であっても、異なる制度間の相殺処理は認められていない。したがって、バーゼルⅢの普通株式等Tier1資本に係る調整項目の額(国内基準の場合には、コア資本に係る調整項目の額)においても、退職給付に係る資産は、退職給付に係る負債と相殺せずに、計算を行うことになると考えられる。

第2節 少数株主持分（非支配株主持分）

1 少数株主持分とは

　少数株主持分は、子会社の資本のうち、親会社に帰属しない部分であり、連結貸借対照表上、純資産の部において株主資本以外の項目として独立表示される。以下では、「親会社に帰属しない部分」を、「a　支配獲得日」と「b　支配獲得後」に分けて解説する。なお、支配獲得日とは、会社設立や株式の取得等により、会社を子会社化した時点をいう。

　ところで、連結の範囲は、議決権割合以外の要素を考慮に入れた支配力基準により決定されるため、少数株主であっても支配を有する場合がありうる。このため、平成25年9月に企業会計基準委員会から公表された改正後の連結会計基準において、より正確な表現とすることを目的として「少数株主持分」という用語は「非支配株主持分」という用語に変更された。この改正は平成27年4月1日以降開始される連結会計年度の期首から適用されるが、本書においては執筆（平成27年2月）時点の告示の用語にあわせて「少数株主持分」という用語を用いる。

a　支配獲得日における少数株主持分

　連結財務諸表は、子会社の個別財務諸表をそのまま合算するのではなく、子会社の資産および負債を、支配獲得日の時価で簿価を修正してから作成する。時価評価の対象は、個別財務諸表に適用される会計基準では時価評価されない非上場株式や固定資産などを含むすべての資産および負債である。したがって、「子会社の資本」とは、子会社の個別貸借対照表における純資産の部の金額ではなく、子会社の資産および負債を支配獲得日の時価により簿価修正した後の両者の差額となる。このうち、親会社に帰属する部分は親会

社が保有する子会社株式と相殺消去され、親会社に帰属しない部分は少数株主持分となる。

図５－13は、子会社に土地の含み益100がある事例である。連結貸借対照表上の子会社の資産は、子会社の個別貸借対照表上の金額の500ではなく、土地を時価評価して簿価修正した600として計上されている。一方、子会社の個別財務諸表上は、株主が変更されるのみであり、有形固定資産は従来どおり取得原価で評価されるため500のままとなる。

個別貸借対照表を修正した子会社資本300（子会社の簿価純資産200＋連結上の簿価修正による評価差額100）のうち、親会社に帰属しない部分は、300×（１－70％）＝90であり、これが支配獲得時の連結財務諸表上の少数株主持分となる。

このように、子会社の個別財務諸表上の資産および負債の価額は、連結財務諸表上の価額とは同じではない。ただし、すべてのケースにおいて簿価修正が行われているわけではなく、評価差額に重要性が乏しい場合には、個別財務諸表上の金額によることもある。なお、連結財務諸表作成時に個別財務

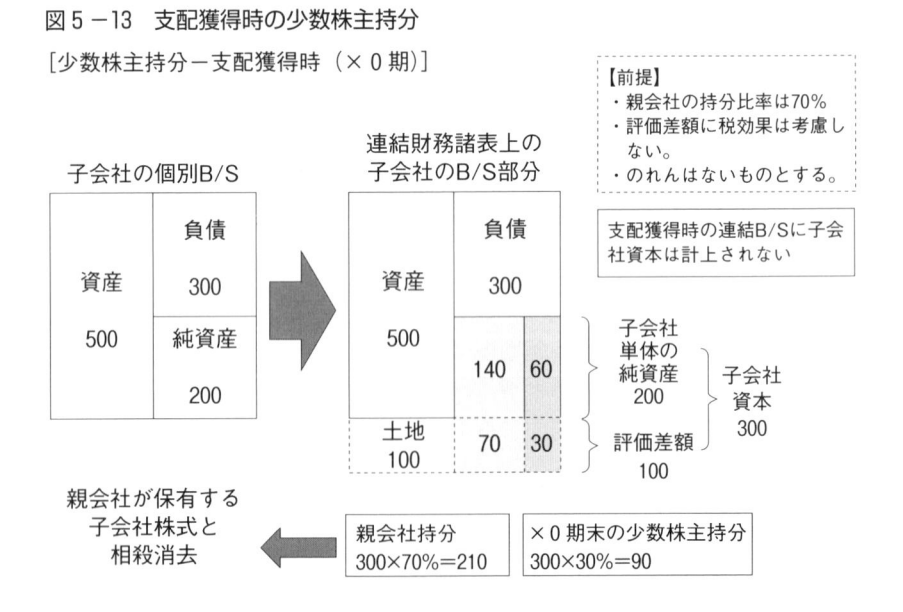

図５－13　支配獲得時の少数株主持分
[少数株主持分－支配獲得時（×０期）]

【前提】
・親会社の持分比率は70％
・評価差額に税効果は考慮しない。
・のれんはないものとする。

支配獲得時の連結B/Sに子会社資本は計上されない

子会社の個別B/S

資産	負債
500	300
	純資産 200

連結財務諸表上の子会社のB/S部分

資産	負債
500	300
	140　60
土地 100	70　30

子会社単体の純資産 200
評価差額 100
子会社資本 300

親会社が保有する子会社株式と相殺消去 ← 親会社持分 300×70％＝210　×０期末の少数株主持分 300×30％＝90

諸表を時価評価した際の評価差額は税効果会計の対象となる。

図5-13をみてわかるように、支配獲得時には、子会社資本のうち親会社に帰属する部分は子会社株式と相殺消去され、親会社に帰属しない部分は少数株主持分に振り替えられるため、連結財務諸表上において子会社資本は計上されない。

b 支配獲得後

支配獲得後に子会社が計上した利益や、その他有価証券評価差額金等の評価・換算差額のうち、少数株主に帰属する部分は少数株主持分として処理される。

図5-14は図5-13の事例において、支配獲得後の期に子会社が利益を300計上し、その他有価証券評価差額金が支配獲得時から150増加したケースである。

支配獲得後においても、まず支配獲得時にさかのぼって個別財務諸表を修

図5-14 支配獲得後の少数株主持分
[少数株主持分－支配獲得後（×1期）]

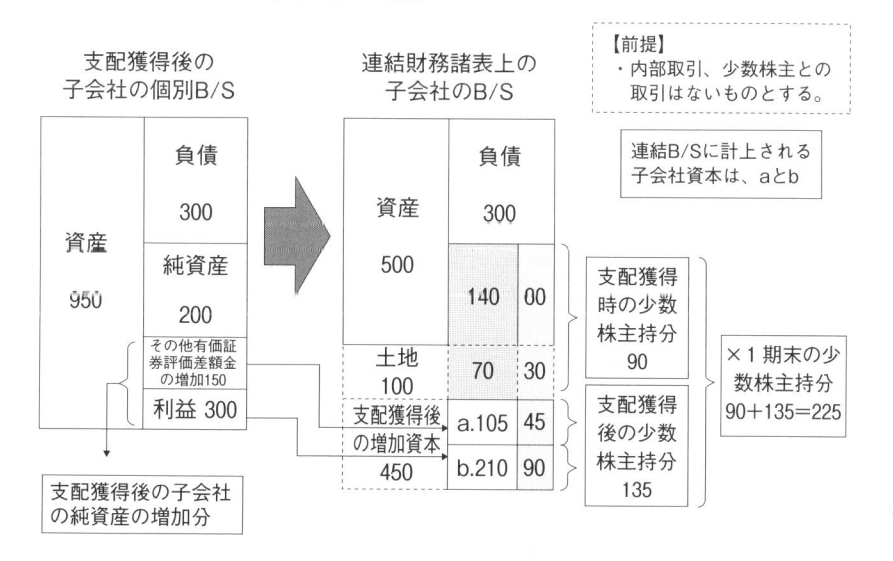

正し、親会社に帰属する部分を子会社株式と相殺し、それ以外の部分を少数株主持分に振り替える処理を行う。これを開始仕訳という。

支配獲得後に子会社が計上した利益とその他有価証券評価差額金の増減額のうち、少数株主に帰属する部分135（子会社の利益300×少数株主の持分比率30％＋その他有価証券評価差額金の増減額150×子会社の持分比率30％）が、支配獲得後に増加した少数株主持分となり、×1期末の少数株主持分は225（支配獲得時90＋支配獲得後135）となる。このように、利益だけではなく支配獲得後に増減したその他有価証券評価差額金等の評価・換算差額も少数株主持分に含まれることになる。

×1期末の連結財務諸表上に計上される子会社資本は、支配獲得後の子会社資本の増減額のうち親会社に帰属する部分であり、その他有価証券評価差額金の増加額105（図5－14のa。150×70％）と利益210（図5－14のb。300×70％）の合計となる。

図5－14をみてわかるように、少数株主持分には、子会社の剰余金だけではなく、その他有価証券評価差額金等の、評価・換算差額も含まれる。

2 持分比率

少数株主持分は、少数株主の持分比率を基に算定されるが、持分比率は、次の式によって算定される。

$$持分比率 = \frac{少数株主の持株数}{議決権を有する株式の発行済株式数}$$

子会社の範囲の決定においては、持分比率以外の要素も加味した支配力基準によって判断するが、子会社に含めた後の連結財務諸表の作成においては、持分比率によって会計処理を行うこととなる。したがって、親会社の持株比率が50％を下回り、少数株主のほうが多い場合でも、持分比率によって処理する。

なお、支配力基準により連結の範囲を決定するため、少数株主が必ずしも少数ではない場合がありうる。このため、本節冒頭でも述べたように平成25

年9月に企業会計基準委員会から公表された「連結財務諸表に関する会計基準」において、より正確な表現とすることを目的として「少数株主持分」という用語は「非支配株主持分」という用語に変更されている。この改正は、平成27年4月1日以後開始する連結会計年度の期首から適用される。

3　海外特別目的会社が発行する優先出資証券と少数株主持分

　子会社の資本に計上されている子会社が発行した優先株式のうち外部株主が出資した金額は、連結財務諸表上、少数株主持分に含めることとされている（会計制度委員会報告第7号「連結財務諸表における資本連結手続に関する実務指針」51項）。海外特別目的会社が発行する優先出資証券のうち、バーゼルⅡにおいて基本的項目（Tier1）の額に算入されていたものは、銀行の連結財務諸表上、少数株主持分として計上されていたものである。

　図5-15の事例は、銀行が海外特別目的会社を設立し、海外特別目的会社が優先出資証券を発行して外部投資家から資金調達を行い、調達した資金を劣後ローンとして銀行に貸し出したケースである。調達した資金は、銀行の個別財務諸表上は劣後ローンとして負債の部に計上される。一方、連結財務

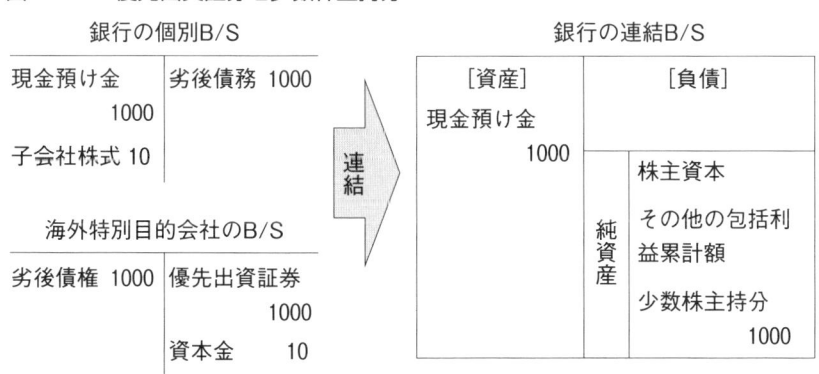

図5-15　優先出資証券と少数株主持分

銀行の個別B/S	
現金預け金 1000	劣後債務 1000
子会社株式 10	

海外特別目的会社のB/S	
劣後債権 1000	優先出資証券 1000
	資本金 10

→ 連結 →

銀行の連結B/S		
[資産]	[負債]	
現金預け金 1000	純資産	株主資本
		その他の包括利益累計額
		少数株主持分 1000

なお、海外特別目的会社がある場合には自己資本比率規制上、単体自己資本比率の計算に際し、当該海外特別目的会社のみを連結して算定することとされている。

諸表においては、銀行の子会社株式と海外特別目的会社の資本金、銀行の子会社（海外特別目的会社）からの借入金と子会社の親会社への貸付金がそれぞれ相殺消去される。その結果、外部投資家から調達した優先出資証券と調達した資金が連結財務諸表上に計上される。外部投資家から調達した子会社の優先出資証券は、前述したとおり、連結財務諸表上は少数株主持分に計上されることになる。

第3節 のれんおよびのれん相当差額

1 のれんの会計処理

　のれんは、合併等の企業結合において、被取得企業から受け入れた資産および引き受けた負債に配分された純額が取得原価を上回る場合に、その超過額として貸借対照表に資産計上されるものであり、下回る場合には負ののれんとなる。

　また、連結財務諸表の作成において親会社が保有する子会社株式と、これに対応する子会社の資本との相殺消去にあたり、子会社株式の額が子会社資本を超過する場合には、連結貸借対照表に当該超過額がのれんとして資産計上され、下回る場合には負ののれんとなる。

　たとえば、図5－14の事例において、子会社株式の取得価額が子会社資本の親会社持分の210と一致していれば、のれんは発生しない。しかし、たとえば図5－16の例のように300で取得した場合には、子会社資本の親会社持分との差額90がのれんとなる。

　のれんは、被取得企業が有する製造技術のノウハウや顧客との関係等の超過収益力、企業結合によって見込まれるシナジー効果の対価として、取得に際して会社の時価純資産価額よりも高い価額が支払われたことにより発生するもののうち、無形資産として識別されなかったものであり、（連結）貸借対照表の無形固定資産の部に計上される。

　のれんの発生原因である超過収益力やシナジー効果は、時の経過とともに次第に消滅していくものと考えられており、日本の会計基準では20年以内のその効果の及ぶ期間にわたって、定額法その他合理的な方法によって規則的に償却するものとされている。

　一方、負ののれんは、被取得企業の時価純資産額よりも割安な価額で取得

第5章　バーゼルⅢに必要な会計の知識　257

図5-16 のれんの計上
[のれんの計上──支配獲得時]

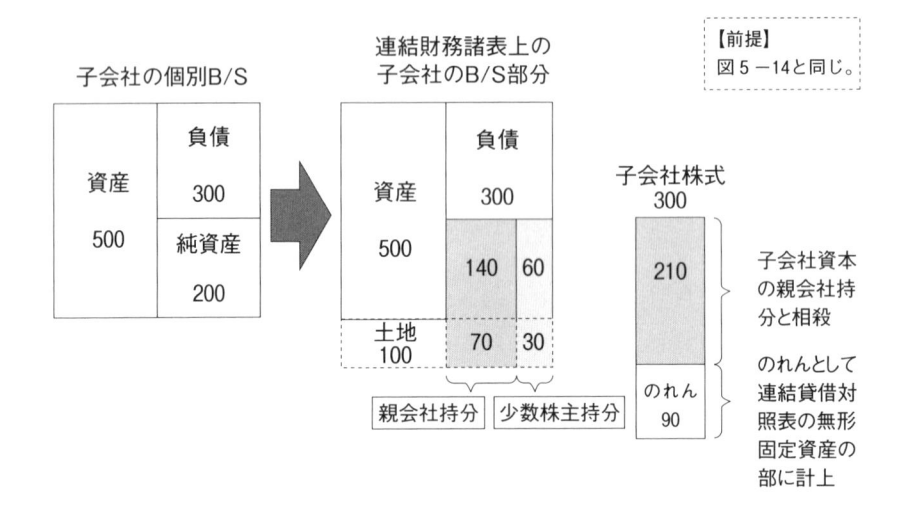

した際に発生する。負ののれんは、発生年度に一括して利益（特別利益）に計上することとされている。

なお持分法が適用される関連会社株式および非連結子会社株式（以下、「被投資会社株式」という）に対しても、子会社株式と同様に投資の取得原価と被投資会社の時価評価後の資本との間に差額がある場合には、のれんが生じる。ただし、当該のれんは被投資会社株式に含めて表示されるため、無形固定資産の部ではなく、有価証券として表示されていることになる。この持分法を適用した有価証券に含まれているのれんが、普通株式等Tier1資本に係る調整項目の額（国内基準の場合はコア資本に係る調整項目の額）における「のれん相当差額」である。「のれん相当差額」ものれんと同様の会計処理となる。すなわち正の場合は20年以内で償却、負の場合は発生年度に一括して利益計上する。

のれん相当差額に係る仕訳は下記のようになる。
・正ののれん相当差額が100発生し、20年で均等償却する場合

（借方）	（貸方）
持分法による投資利益　5	有価証券（子会社・関連会社株式）　5

・負ののれん相当差額が100発生した場合

（借方）	（貸方）
有価証券（子会社・関連会社株式）　100	持分法による投資利益　100

2　のれんと税効果

　のれん（または負ののれん）は取得原価の配分残余であるため、のれん（または負ののれん）に対する税効果は認識しない（企業結合会計基準及び事業分離等会計基準に関する適用指針（以下、「企業結合適用指針」という）72項）とされている。これは、のれん（または負ののれん）については、配分残余という性格上、税効果を認識しても同額ののれん（または負ののれん）が変動する結果となるため、あえて税効果を認識する意義は薄いと考えられたためである。

　一方、法人税法上は、平成18年度税制改正により、非適格合併等における税務上ののれん（資産調整勘定または差額負債調整勘定）に関する規定が定められた。これにより、法人税法上の非適格合併等の非適格組織再編を行った場合には、交付した金銭等の額（株式や現金等の財産の合計額）が受け入れた資産および負債の時価純資産の額を超えるときは、その差額を「資産調整勘定」（法人税法62条の8第1項）とし、また、交付した金銭等の額（株式や現金等の財産の合計額）が受け入れた資産および負債の時価純資産の額に満たない場合には、その差額を「差額負債調整勘定」（法人税法62の8第3項）として取り扱うこととされた。

　この資産調整勘定または差額負債調整勘定はいわゆる「税務上ののれん」といわれるものであるが、当該税務上ののれんが認識される場合は、その額を一時差異とみて、これに係る繰延税金資産または繰延税金負債を計上したうえで、配分残余としての会計上ののれん（または負ののれん）が算定されることになる。

バーゼルⅢの調整項目ののれんについては、税効果相当額との相殺は認められておらず、貸借対照表にのれんに係る税効果が計上されている場合にのみ調整項目と相殺することができるとされているが、のれんに係る繰延税金負債が計上されているケースとしては、上記のような税務上の非適格組織再編により、税務上の負ののれんである「差額負債調整」が計上されている場合が該当すると考えられる。

第4節 無形固定資産

1 無形固定資産とは

　連結財務諸表の用語、様式および作成方法に関する規則（以下、「連結財務諸表規則」という）28条1項において、「無形固定資産に属する資産は、次に掲げる項目の区分に従い、当該資産を示す名称を付した科目をもつて掲記しなければならない」とされている。

一　のれん
二　リース資産（連結会社がファイナンス・リース取引におけるリース物件の借主である資産であつて、当該リース物件が次号に掲げるものである場合に限る。）
三　その他

　3号の「その他」に含まれるもののうち、「資産の総額の100分の5を超えるものについては、当該資産を示す名称を付した科目をもつて別に掲記」することが求められている。「その他」に含まれる主要なものとしては、ソフトウェアがある。この他に無形固定資産に属するものとしては、特許権、借地権、地上権、商標権、実用新案権、意匠権、鉱業権、漁業権、入漁権、水利権、版権、著作権、映画会社の原画権等がある（「財務諸表等の用語、様式及び作成方法に関する規則」（以下、「財務諸表等規則」という）27条、「財務諸表等の用語様式及び作成方法に関する規則の取扱いに関する留意事項について」（以下、「財務諸表等規則ガイドライン」という）27-13）。無形固定資産は、有形固定資産とは異なり、毎期の償却額を直接控除し、控除後の残高を貸借対照表に計上することとされている（連結財務諸表規則29条、財務諸表等規則30条）。

無形固定資産のうちソフトウェアについては、研究開発費等に係る会計基準や研究開発費およびソフトウェアの会計処理に関する実務指針（会計制度委員会報告第12号）の適用対象となる。また、無形固定資産は、土地や建物といった有形固定資産と同様に、固定資産の減損会計の適用範囲に含まれている。

2　企業結合に伴い発生する無形資産

　企業結合の会計処理は、取得の対価を、被取得企業から受け入れた資産および引き受けた負債のうち、企業結合日時点において識別可能なもの（識別可能資産および負債）の企業結合日時点の時価を基礎として、当該資産および負債に対して配分するという方法により行われる（企業結合に関する会計基準28項）。この時、被取得企業より受け入れた資産のなかに、「法律上の権利など分離して譲渡可能な無形資産」が含まれる場合には、当該無形資産は識別可能資産として取り扱われることとされている（企業結合に関する会計基準29項）。

　「法律上の権利」について、企業結合会計基準及び事業分離等会計基準に関する適用指針（以下、「企業結合適用指針」という）58項では、「特定の法律に基づく知的財産権（知的所有権）等の権利」としており、これには産業財産権（特許権、実用新案権、商標権、意匠権）、著作権、半導体集積回路配置、商号、営業上の機密事項、植物の新品種等が含まれるとしている。また、「分離して譲渡可能な無形資産」であるか否かについては、企業結合適用指針367項において、対象となる無形資産の実態に基づいて判断すべきものとされているが、例として、ソフトウェア、顧客リスト、特許で保護されていない技術、データベース、研究開発活動の途中段階の成果（最終段階にあるものに限らない）等があげられている。なお、無形資産の認識要件を満たさないものの例としては、被取得企業の法律上の権利等の裏付けのない超過収益力や被取得企業の事業に存在する労働力の相乗効果（リーダーシップやチームワーク）があげられている（企業結合適用指針368項）。これらは識別不

能な資産としてのれん(または負ののれんの減少)に含まれることになる。

　企業結合に伴い発生する無形資産は、本章第4節1において解説した無形固定資産に含めて計上されるものであり、バーゼルⅢにおける取扱いは同じである。しかし、企業結合に伴い発生する無形資産はバーゼルⅡにおいては基本的項目から控除される項目であったのに対し、他の無形固定資産はリスク・アセットの対象とされており、取扱いが異なっていた。このため、無形固定資産のなかに企業結合に伴い発生する無形資産が含まれている場合には、調整項目に係る経過措置期間中においては、調整項目に含まれない部分に関する取扱いが異なることに留意する必要がある。

第5節 繰延税金資産

1 税効果会計導入の経緯

　日本における税効果会計の導入は、昭和50年6月に企業会計審議会から公表された「連結財務諸表の制度化に関する意見書」により、当時は有価証券報告書の添付書類であった連結財務諸表において、任意適用というかたちでスタートした。その後、国際的な会計基準との調和を図ることを目的として、平成9年6月に企業会計審議会から「連結財務諸表制度の見直しに関する意見書」が公表され、連結情報を中心とするディスクロージャー制度への転換を図ることが必要である旨提言され、これを受けて改正された連結財務諸表規則において、連結財務諸表の作成上、税効果会計を全面的に適用することが原則とされた。さらに、「連結財務諸表制度の見直しに関する意見書」において、税効果会計は本来連結財務諸表のみでなく個別財務諸表においても適用されるべきものであり、個別財務諸表における税効果会計の適用について、商法との調整を進めることが必要である旨提言された。

　日本において、税効果会計が連結財務諸表に先行して導入され、個別財務諸表への導入が4半世紀も遅れたのは、旧商法との関係が整理されていなかったことに原因がある。旧商法の計算規定は、債権者と株主の利害調整機能または債権者保護を中心として配当規制や残余財産分配規制が置かれていたため、特に繰延税金資産の貸借対照表能力の問題が解決されていなかったことによるものである。この点については、前述の提言を受け、法務省と大蔵省が共同で「商法と企業会計の調整に関する研究会」を開催し、平成10年6月に「商法と企業会計の調整に関する研究会報告書」（以下、「研究会報告書」という）を公表した。この報告書において、「企業会計上の税効果会計に関する会計基準において、繰延税金資産および繰延税金負債が法人税等の前払

税金または未払税金として資産性・負債性があることが明確にされるならば、商法上も公正な会計慣行を斟酌する立場から、企業会計上の基準と同様に、これらを貸借対照表に計上することができるものと解される」（研究会報告書Ⅲ(2)2）とされ、「配当規制を行う必要はないのではないかと考えられる」（Ⅲ(2)4）という結論が導かれた。これを受けて平成10年12月に商法計算書類規則が改正され、商法にも税効果会計が導入されることとなった。

そして、平成10年10月30日に、企業会計審議会より「税効果会計に係る会計基準」が公表され、平成11年4月1日以後開始する事業年度から個別財務諸表に対して、税効果会計が適用されることとなった。なお、銀行については、平成11年3月31日終了事業年度の期末から早期適用されている。当時、不良債権処理を進めていた銀行にとっては、税効果会計の導入により、有税償却を進めやすい環境になったといえる。

2　税効果会計の必要性

会計基準と法人税法では、その目的が異なることから、会計上の利益（収益・費用）と法人税法上の課税所得（益金・損金）との間に差が生じる。特に、平成10年の法人税法の大幅な改正や、会計基準においても国際的な会計基準との調和の観点から行われた会計基準改革（いわゆる会計ビッグバン）により、税務と会計の乖離はますます大きくなった。このため、税効果会計を適用しない場合には、損益計算書上の税引前利益と法人税等との間には、対応関係がなくなるという問題が生じた。このような問題を背景として、利益を課税標準とする法人税等の税額を期間配分することにより、税引前利益と法人税等を合理的に対応させる税効果会計が必要となったのである（図5－17参照）。

たとえば、t期に不良債権処理を行い、会計上は個別貸倒引当金100を計上したとする（図5－18参照）。一方、税務上は損金算入が認められなければ有税引当となるため、会計上の費用100を税務申告書上で加算することにより、課税所得は会計上の利益に比べて100増加することになる。この結果、

図5-17 税効果会計の目的

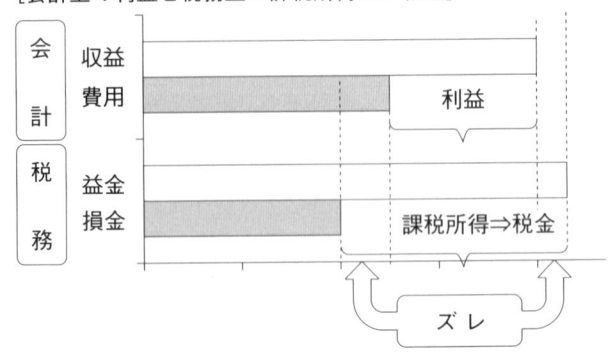

税効果会計の目的は会計上の利益と税務上の課税所得のズレを調整すること

[会計上の利益と税務上の課税所得との相違]

〈会計〉収益／費用／利益
〈税務〉益金／損金／課税所得⇒税金
ズレ

※法人税等を控除する前の当期純利益と法人税等を合理的に対応させることを目的とする（税効果会計に係る会計基準　第一）

図5-18 税効果会計を適用しない場合の具体例

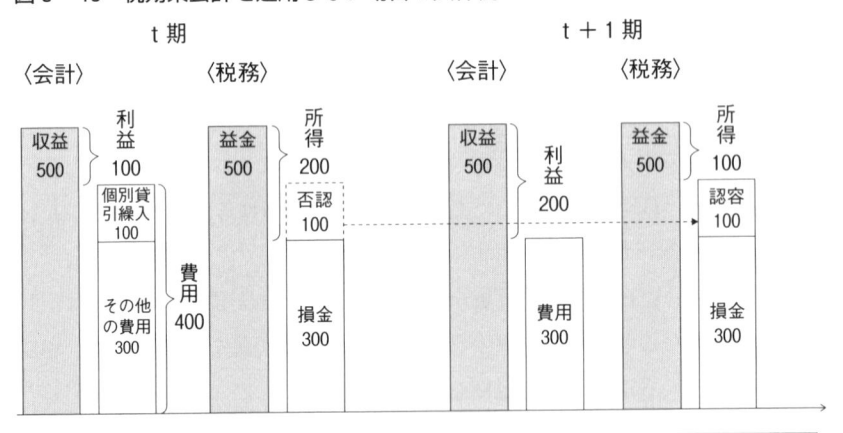

t期
〈会計〉収益500／利益100／個別貸引繰入100／その他の費用300／費用400
〈税務〉益金500／所得200／否認100／損金300

t+1期
〈会計〉収益500／利益200／費用300
〈税務〉益金500／所得100／認容100／損金300

| t期からt+1期にかけて、会計上の利益は増加しているが、法人税額は減少している |

（注1）　t期：会計上は個別貸倒引当金100を繰入れたが、税務上は加算されたとする。
（注2）　t+1期：債権を売却したため、税務上は認容減算されたものとする。
（注3）　各期いずれも収益、益金の額は一定、実効税率は40％とする。

t期の法人税額は80となり、税引き前利益100に対して80％の負担率となる。

次に、t＋1期において、t期に個別引当を行った債権を外部に売却し、損失が確定したとする。この場合、会計上はt期に計上した個別貸倒引当金の戻入益が計上され、債権売却損失と相殺されるため、債権の売却価額がt期末当該債権の簿価を下回らない限り、t＋1期に損失は生じない。一方、税務上は債権売却損失としてt＋1期に損金算入が認められるため、t期に加算した個別貸倒引当金をt＋1期に減算することになる。この結果、t＋1期の法人税額は40となり、税引前利益200に対して20％の負担率となる。

このように、税効果会計を適用しない場合には、会計上の利益と法人税との間に対応関係がないことがわかる。

次に、図5－18のケースにおいて、税効果会計を適用するとどうなるかを示したのが図5－19である。

図5－19　図5－18のケースにおいて税効果会計を適用した場合との比較

[税効果会計の適用なし]

t期のP/L

t期（税効果適用なし）	
収益	500
費用	400
税引前利益	100
法人税等	80
当期利益	20

法人税の負担率：80÷100＝80％

t＋1期のP/L

t＋1期（税効果適用なし）	
収益	500
費用	300
税引前利益	200
法人税等	40
当期利益	160

法人税の負担率：40÷200＝20％

→ 会計上の利益と法人税額との間に対応関係なし

[税効果会計の適用あり]

t期（税効果適用あり）	
収益	500
費用	400
税引前利益	100
法人税等	80
法人税等調整額	▲40
当期利益	60

税効果考慮後の法人税の負担率：
（80－40）÷100＝40％

翌期の税金の前払分として減額

t＋1期（税効果適用あり）	
収益	500
費用	300
税引前利益	200
法人税等	40
法人税等調整額	40
当期利益	120

税効果考慮後の法人税の負担率：
（40＋40）÷200＝40％

→ 法人税の負担率が実際の税率と一致

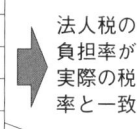

前払税金の当期支払分として増額

第5章　バーゼルⅢに必要な会計の知識　267

このケースにおいては、税効果を適用することにより、税引前利益に対する法人税の負担率が2期とも同じとなり、実際の税率と一致していることがわかる。
　このように、税引前利益と実際の税負担額との間のゆがみを解消することを目的とした会計処理が税効果会計である。

3　税効果会計適用の手順

　図5－19の税効果会計の適用ありのケースでは、次のような税効果会計の仕訳が行われる。

【t期】
（借方）繰延税金資産　　40　　（貸方）法人税等調整額　40

【t＋1期】
（借方）法人税等調整額　40　　（貸方）繰延税金資産　　40

　このような仕訳に至るまで、実務上は図5－20のような手順で税効果会計が適用される。

図5－20　税効果会計の計算手順

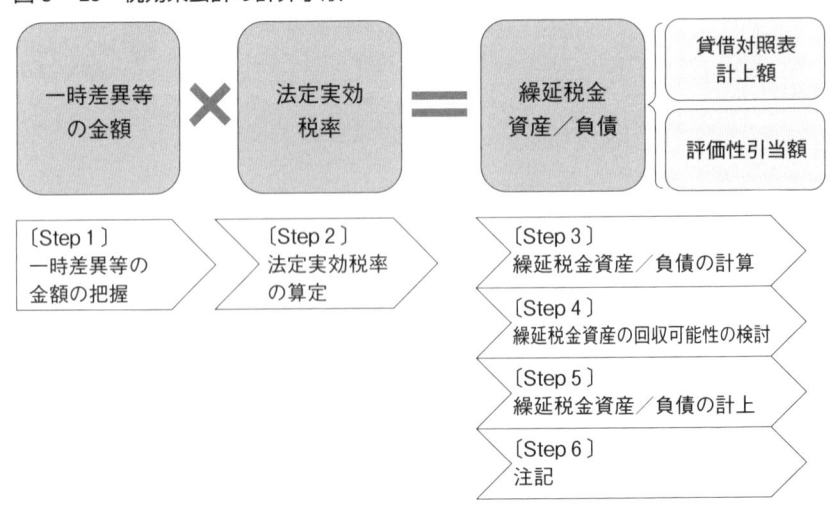

一時差異等の金額 × 法定実効税率 ＝ 繰延税金資産／負債 → 貸借対照表計上額／評価性引当額

〔Step 1〕一時差異等の金額の把握
〔Step 2〕法定実効税率の算定
〔Step 3〕繰延税金資産／負債の計算
〔Step 4〕繰延税金資産の回収可能性の検討
〔Step 5〕繰延税金資産／負債の計上
〔Step 6〕注記

〔Step 1〕 一時差異等の金額の把握

　税効果会計の適用は、まず、一時差異等の金額を把握することから始まる。一時差異とは、会計上の資産・負債の金額と、税務上の資産・負債との差額をいう。この一時差異には、収益または費用の帰属年度の相違から生じる差額（例：図 5 - 18 の個別貸倒引当金）のほか、資産または負債の評価替えにより生じた評価差額が直接純資産の部に計上され、かつ、課税所得の計算に含まれていない場合の当該差額（例：その他有価証券評価差額金）もその範囲に含まれる。

　一時差異等の「等」には、一時差異に準じるもの、すなわち将来の課税所得と相殺可能な繰越欠損金や繰越外国税額控除等が含まれる。告示 5 条 2 項 1 号ロの「繰延税金資産（一時差異に係るものを除く。）の額」は、会計基準上の「一時差異等」の範囲に含まれる「一時差異に準じるもの」、すなわち繰越欠損金や繰越外国税額控除等が該当すると考えられる。

図 5 - 21　会計と税務の差異の類型

会計と税務の差異には、一時差異等と永久差異がある

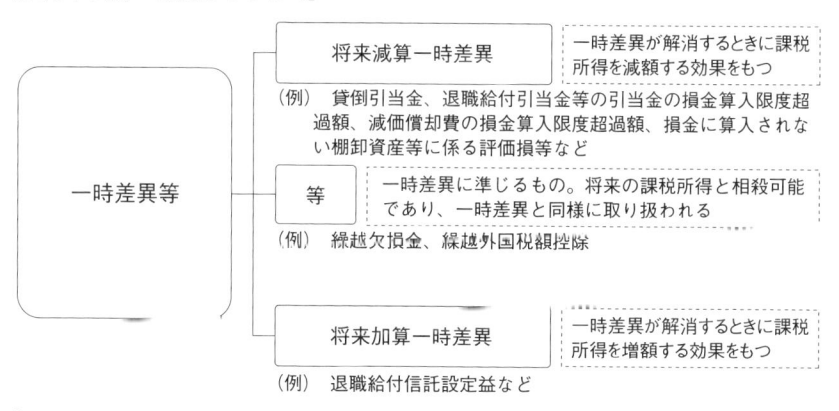

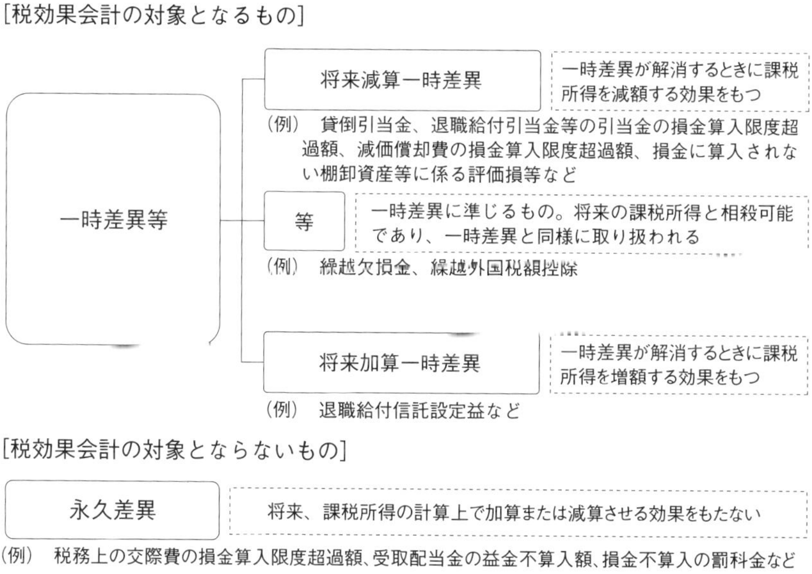

［税効果会計の対象となるもの］

一時差異等
- 将来減算一時差異：一時差異が解消するときに課税所得を減額する効果をもつ
  - （例）貸倒引当金、退職給付引当金等の引当金の損金算入限度超過額、減価償却費の損金算入限度超過額、損金に算入されない棚卸資産等に係る評価損等など
- 等：一時差異に準じるもの。将来の課税所得と相殺可能であり、一時差異と同様に取り扱われる
  - （例）繰越欠損金、繰越外国税額控除
- 将来加算一時差異：一時差異が解消するときに課税所得を増額する効果をもつ
  - （例）退職給付信託設定益など

［税効果会計の対象とならないもの］

永久差異：将来、課税所得の計算上で加算または減算させる効果をもたない
（例）税務上の交際費の損金算入限度超過額、受取配当金の益金不算入額、損金不算入の罰科金など

なお、税効果会計の適用対象は、将来の会計期間に節税または支払が見込まれる税金の額である。したがって、税務上の交際費の損金算入限度超過額や受取配当金の益金不算入額のように、税引前当期純利益の計算において費用または収益として計上されていても、課税所得の計算上は永久に損金または益金に算入されない項目は、将来の課税所得を加算または減算させる効果をもたないため、一時差異等には該当せず、税効果会計の対象外となる。

　実務上は、これらの一時差異を税務申告書の別表4「所得の金額の計算に関する明細書」と別表5－(1)「利益積立金額及び資本積立金額の計算に関する明細書」、繰越欠損金は別表7「欠損金又は災害損失金及び私財提供等があった場合の欠損金の損金算入に関する明細書」、繰越外国税額控除は別表6（2の2）「当期の控除対象外国法人税額又は個別控除対象外国法人税額に関する明細書」から把握して集計する。別表4と別表5－(1)の関係を示す

図5－22　税務申告書の別表4と別表5－(1)との関係

一時差異等の金額の計算
一時差異は別表5－(1)等から算定する

［別表4］
・企業会計上の利益に対して必要な税務調整（加算・減算）を行い税務上の課税所得を算出する明細

［別表5－(1)］
・企業税務上の期首の利益積立金額および資本金等の額の内容と期中の増減を集計し、期末の税務上の利益積立金額および資本金等を算出する明細

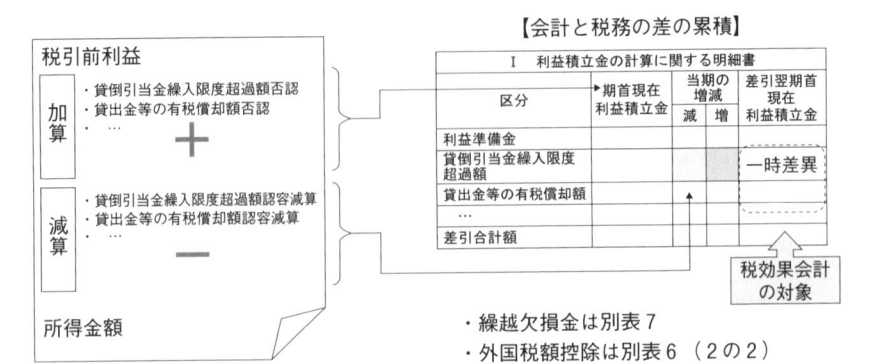

【会計と税務の差の累積】

税引前利益
　加算
　　・貸倒引当金繰入限度超過額否認
　　・貸出金等の有税償却額否認
　　・…
　＋
　減算
　　・貸倒引当金繰入限度超過額認容減算
　　・貸出金等の有税償却額認容減算
　　・…
　－
所得金額

I　利益積立金の計算に関する明細書

区分	期首現在利益積立金	当期の増減 減	当期の増減 増	差引翌期首現在利益積立金
利益準備金				
貸倒引当金繰入限度超過額				一時差異
貸出金等の有税償却額				
…				
差引合計額				

税効果会計の対象

・繰越欠損金は別表7
・外国税額控除は別表6（2の2）

と、図5-22のようになる。

〔Step 2〕 法定実効税率の算定

　税効果会計の対象となる税金は利益に関連する金額を課税標準とする税金であり、法人税、住民税（都道府県民税、市町村民税）、利益を課税標準とする事業税が対象となる。

　繰延税金資産および繰延税金負債の計算に使用する税率は、法定実効税率とされており、図5-23に示した算式により得られた税率となる。このような算式となるのは次の理由による。

・住民税率は、法人税を課税標準としているため、課税所得に対する税率への調整が必要となる。
・事業税は、その支払事業年度（または更正決定年度）の課税所得の計算上、損金算入される。

　また、適用する税率は、繰延税金資産または繰延税金負債の金額が、回収または支払が行われると見込まれる期の税率とされている。このため、一時差異等が解消または消滅する際の将来の法人税、住民税および事業税の各適用税率を合理的に見積もることが必要となるが、複数の事業所を有する会社においては、代表的な事業所（たとえば、本社所在地、主な所得源泉地）に適用されている税率をもとに法定実効税率を算定することとされている。このため、日本国内に所在する連結グループ内の各社の税率が異なっていたり、

図5-23　法定実効税率の算定

$$\text{法定実効税率} = \frac{\text{法人税率} \times (1 + \text{地方法人税率} + \text{住民税率}) + \text{事業税率}^{(注)}}{1 + \text{事業税率}^{(注)}}$$

［留意事項］

　適用される税率
　・回収または支払が行われると見込まれる期の税率に基づいて計算
　・改正後の税率の適用…決算日までに改正税法が公布されており、将来の税率改正が確定している場合には、改正後の税率を適用

　　　　　　　　　　　　　　　　　　　この時点の税率
　　　　　　　　決算時　　　　　　　　回収時

（注）　事業税率には、地方法人特別税が含まれる。

同じ会社であっても、税制の影響により一時差異等の消滅が見込まれる期に応じて法定実効税率が異なることがある。

なお、税法の改正のタイミングをどの時点で取り込むかについては、改正税法が決算日までに公布されており、将来の税率改正が確定している場合に、改正後の税率を使用するとされている。

〔Step 3〕　繰延税金資産／負債の計算

繰延税金資産／負債は、Step 1 で把握された一時差異等に対し、Step 2 で算定された法定実効税率を乗じて計算する。ただし、一時差異等の解消または支払が見込まれる期の税率を適用して計算することとなるため、実務上は、次のStep 4 の繰延税金資産の回収可能性の検討の作業を兼ねることが多い。

〔Step 4〕　繰延税金資産の回収可能性の検討

税効果会計適用のStepとして最も重要となるのが繰延税金資産の回収可能性の検討である（なお、バーゼルⅢの自己資本比率計算において、Q＆A第5条－Q 8 の「税効果相当額」の計上にあたっては、回収可能性を考慮することは求められていないと解されている）。図 5 －20のStep 4 において、回収可能性の検討の結果、回収可能性があると認められたもののみが貸借対照表に計上され、回収可能性が認められない部分は評価性引当額とされる。

ここで、繰延税金資産の回収可能性とは、将来節税効果が見込めるかどうかということである。たとえば、繰越欠損金があっても、将来年度に使い切るだけの課税所得が発生しなければ節税効果はない。これを、同額の繰延税金資産が把握されているケースで、節税効果がある場合とない場合を比較してみる。

図 5 －19のケースにおいて、実際にはｔ＋ 1 期に節税効果がない場合はどのようになるであろうか。

図 5 －24の下段のケースのように、翌期に課税所得が▲200（会計上の税引き前利益▲100－税務上の減算▲100）となった場合には、税務上の減算▲100による節税効果は生じていない。このような場合には、本来ｔ期において、繰延税金資産の資産性があったのかという疑義が生じることとなる。

図5-24　図5-19のケースにおいて、t＋1期に節税効果がない場合

[節税効果あり]

t期（節税効果あり）	
収益	500
費用	400
税引前利益	100
法人税等	80
法人税等調整額	▲40
当期利益	60

t＋1期（節税効果あり）	
収益	500
費用	300
税引前利益	200
法人税等	40
法人税等調整額	40
当期利益	120

[節税効果なし]

t期（節税効果なし）	
収益	500
費用	400
税引前利益	100
法人税等	80
法人税等調整額	▲40
当期利益	60

t＋1期（節税効果なし）	
収益	200
費用	300
税引前利益	▲100
法人税等	0
法人税等調整額	40
当期利益	▲140

実際には、t＋1期に節税効果はなかった

t期に本来繰延税金資産が計上できたのか

節税効果がなかったため、t期に計上した繰延税金資産の取崩しとして増額

（注）　繰越欠損金の税効果は考慮しないものとする。

　したがって、t期において、税務上加算した個別貸倒引当金100の対象債権の売却時期（すなわち、100の将来減算一時差異の解消時期）をt＋1期と見込んだ場合には、経営計画等においてt＋1期には課税所得が発生するかどうかを慎重に検討し、発生しないと見込まれる場合には、繰延税金資産40（＝100×40％）は計上せず、評価性引当額として処理することとなる。

　図5-25では、t期に繰延税金資産を計上した場合としなかった場合を比較している。これをみてわかるように、2期通算すると税引後利益は両者一致している。しかし、各期の期間利益は大きくゆがんでおり、かつ、繰延税金資産を計上したほうが利益が前倒しとなっていることがわかる。この利益は、t期の配当可能利益を構成することにもなる。

　このように、繰延税金資産の回収可能性は重要な検討事項であるが、同時

第5章　バーゼルⅢに必要な会計の知識　273

図5-25 t期に繰延税金資産を計上した場合としなかった場合との比較

[繰延税金資産を計上]

t期（繰延税金資産計上）	
収益	500
費用	400
税引前利益	100
法人税等	80
法人税等調整額	▲40
当期利益	60

t+1期	
収益	200
費用	300
税引前利益	▲100
法人税等	0
法人税等調整額	40
当期利益	▲140

2期通算の当期利益は▲80

[繰延税金資産を計上しない]

t期（繰延税金資産計上せず）	
収益	500
費用	400
税引前利益	100
法人税等	80
法人税等調整額	0
当期利益	20

t+1期	
収益	200
費用	300
税引前利益	▲100
法人税等	0
法人税等調整額	0
当期利益	▲100

2期通算の当期利益は▲80

2期通算での当期利益は同じとなるが、期間利益はゆがむ

（注）　繰越欠損金の税効果は考慮しないものとする。

に将来事象の予測や見積りに依存するため、その客観性を判断することが困難な事項でもある。このため、日本公認会計士協会は平成11年11月に、繰延税金資産の回収可能性の判断指針を示した、監査委員会報告第66号「繰延税金資産の回収可能性の判断に関する監査上の取扱い」（以下、「監査委員会報告66号」という）を公表した。

　繰延税金資産の回収可能性の検討は、前述のとおり将来の課税所得の見積額と将来減算一時差異の解消時期を比較することによって行われるが、この比較を行うためには、まず将来減算一時差異が将来どの期に、いくら解消するかを合理的に見積もることが必要となる。この見積りを「スケジューリング」という。一時差異とスケジューリングについて、監査委員会報告66号の4では下記のように記載されている。

> 　一時差異は、通常、次の種類に区分できる。
> ①　将来の一定の事実が発生することによって、税務上損金又は益金算入の要件を充足することが見込まれる一時差異
> ②　会社による将来の一定の行為の実施についての意思決定又は実施計画等の存在により、税務上損金又は益金算入の要件を充足することが見込まれる一時差異
> 　これらの一時差異について、期末に、将来の一定の事実の発生が見込めないこと又は会社による将来の一定の行為の実施についての意思決定又は実施計画等が存在しないことにより、税務上損金又は益金算入の要件を充足することが見込めない場合には、当該一時差異は、税務上の損金又は益金算入時期が明確でないため、スケジューリングが不能な一時差異となる。このようなスケジューリングが不能な一時差異のうち、将来減算一時差異については、原則として、税務上の損金算入時期が明確となった時点で、その回収可能性の判断に基づき繰延税金資産を計上できるものとする。

　したがって、スケジューリング不能な一時差異に係る繰延税金資産は、スケジューリングが可能となるまでの期間は、原則として繰延税金資産は計上されず、評価性引当額の対象となる。スケジューリング不能な一時差異の例としては、売却時期が決まっていない政策投資株式の減損損失や、土地のような非償却資産の減損損失などがある。

　一方、スケジューリングが可能な将来減算一時差異については、図5－26の手順にしたがって、繰延税金資産の回収可能性を判断することになる。

　スケジューリング可能な将来減算一時差異が、スケジューリングした期において課税所得を減額する効果を有するか否かに関しては、次のいずれかの要件を満たしているかにより判断するとされている。

図5−26 繰延税金資産の回収可能性の判断
[判断要件の具体的な適用手順]

① スケジューリングを実施（スケジューリング可否の識別を含む）

② 各解消見込年度ごとに将来減算（加算）一時差異を相殺

③ ②で相殺できない将来減算一時差異は、税務上認められる欠損金の繰戻しおよび繰越期間内の将来加算一時差異と相殺

④ さらに残る将来減算一時差異は、将来年度の課税所得の見積額と、解消見込年度ごとに相殺

⑤ ④で相殺できない将来減算一時差異は、その繰戻し・繰越期間内の課税所得の見積額と相殺

⑥ 上記の結果、相殺できない将来減算一時差異に係る繰延税金資産は、回収可能性がないと判断され、繰延税金資産から控除される

（出典） 監査委員会報告66号3より。

図5−27 図5−26の具体的な適用手順

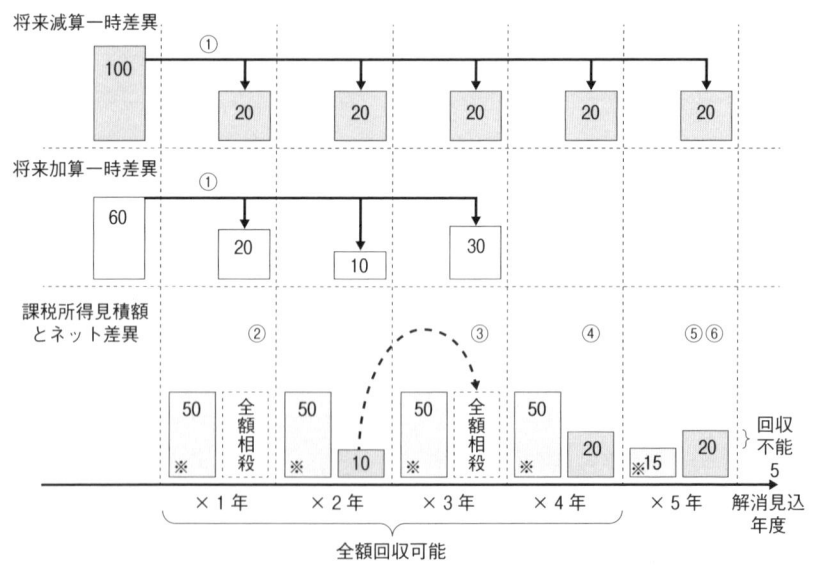

（注）※ 各期の課税所得

> 個別財務諸表における税効果会計に関する実務指針（以下、「個別税効果実務指針」という）第21項
> (1) 収益力に基づく課税所得の十分性
> (2) タックスプランニングの存在
> (3) 将来加算一時差異の十分性

　個別税効果実務指針21項(1)の「収益力に基づく課税所得の十分性」に関し、監査委員会報告66号では将来年度の会社の収益力を客観的に判断することは実務上困難な場合が多いとして、会社の過去の業績等の状況を主たる判断基準とする場合の指針を示している。具体的には、会社を過去の業績に基づき表5－7のような5つの例示区分を示し、それぞれの例示区分に応じた取扱い（課税所得を見込む期間）を行うとしている。

　個別税効果実務指針21項(2)のタックスプランニングとは、将来減算一時差異の解消年度および繰戻・繰越期間または繰越期間に、含み益のある固定資産または有価証券を売却する等の、課税所得を発生させるような計画をいう。タックスプランニングに基づいて繰延税金資産の回収可能性を判断する場合には、資産の含み益等の実現可能性の検討が必要となり、具体的には、当該資産の売却等に係る会社としての意思決定の有無や実行可能性、売却時期や売却される資産の含み益等に係る金額の妥当性等を検討することになる。

　タックスプランニングに基づいた課税所得の発生見込額は、将来の課税所得の見積額を構成するため、監査委員会報告66号では表5－7の5つの例示区分に対応し、それぞれ表5－8のように取り扱うこととされている。

　個別税効果実務指針21項(3)の将来加算一時差異の十分性とは、課税所得は将来加算一時差異の解消によっても発生するため、将来加算一時差異と将来減算一時差異との解消が同じ期に見込まれ、かつ将来減算一時差異と相殺できるだけの十分な将来加算一時差異がある場合には、繰延税金資産の回収可能性があると判断されることを意味している。ただし、日本においては将来

表5－7　将来年度の課税所得の見積額による繰延税金資産の回収可能性の判断指針

区分	監査委員会報告66号の例示	課税所得の見積限度	見積可能期間
1	期末における将来減算一時差異を十分に上回る課税所得を毎期計上している会社等	なし 全額回収可能	1年 2年 3年 4年 5年 …
2	業績は安定しているが、期末における将来減算一時差異を十分に上回るほどの課税所得がない会社等	なし スケジューリングの結果に基づく	1年 2年 3年 4年 5年
3	業績が不安定であり、期末における将来減算一時差異を十分に上回るほどの課税所得がない会社等	合理的な見積可能期間（おおむね5年内）	1年 2年 3年 4年 5年
4	重要な税務上の繰越欠損金が存在する会社等	翌期1年	1年
4但	非経常的な特別の原因により重要な税務上の繰越欠損金が存在する会社等	合理的な見積可能期間（おおむね5年内）	1年 2年 3年 4年 5年
5	過去連続して重要な税務上の欠損金を計上している会社等	原則、回収可能性なし	資産の含み益があり、契約等により、金額・売却意思等が明確になっている場合その範囲内

（注1）　繰延税金資産の回収可能性は、将来年度の会社の収益力に基づく課税所得によって判断する。
（注2）　客観的な判断は困難なため、過去の業績等を主な判断基準とする場合の指針が示されている。
（出典）　監査委員会報告66号5より。

減算一時差異の発生が多く、将来加算一時差異は金額的にも頻度としても現状では多くはない。

　連結財務諸表における、連結子会社や持分法適用会社の繰延税金資産の回収可能性の判断についても、個別税効果実務指針21項の(1)～(3)を同様の手順で検討することが原則となる。しかし、企業規模が小さく、税効果会計の連結財務諸表に与える影響額の重要性が乏しい連結子会社等の場合には、より簡便的な方法、たとえば当該会社の期末の一時差異等の合計額と過去5年間の課税所得の合計額のいずれか少ない額に法定実効税率を乗じた額を繰延税金資産とすることが監査委員会報告66号において認められている。

表5－8　タックスプランニングの実現可能性に係る判断指針

区分	タックスプランニングに基づいた課税所得の発生見込額を将来の課税所得の見積額に織り込む場合の判断指針
1	タックスプランニングに基づいた課税所得の発生見込額を将来の課税所得の見積額に織り込んで繰延税金資産の回収可能性を判断する必要はない
2	下記をいずれも満たす場合には、タックスプランニングに基づいた課税所得の発生見込額を織り込むことができる (ｱ) 資産の売却等に係る意思決定が明確となっており、かつ、資産の売却等に経済的合理性があり、実行可能である場合 (ｲ) 売却される資産の含み益等に係る金額が、契約等で確定している場合または公正な時価によっている場合
3	下記をいずれも満たす場合は、タックスプランニングに基づいた課税所得の発生見込額を、将来の合理的な見積可能期間（おおむね5年）内の課税所得の見積額に織り込むことができる (ｱ) 将来の合理的な見積可能期間（おおむね5年）内に資産の売却等を行うという意思決定が明確となっており、かつ、資産の売却等に経済的合理性があり、実行可能である場合 (ｲ) 会社区分2と同様
4	下記をいずれも満たす場合は、タックスプランニングに基づいた課税所得の発生見込額を、翌期の課税所得の見積額として織り込むことができる (ｱ) 売却等に係る意思決定が明確となっており、確実に実行されると見込まれる場合 (ｲ) 会社区分2と同様
4但	会社区分3と同様
5	原則として繰延税金資産の回収可能性をタックスプランニングに基づいて判断することはできないが、税務上の繰越欠損金を十分に上回るほどの資産の含み益等を有しており、かつ、会社区分4の(ｱ)および(ｲ)を満たす場合は、タックスプランニングに基づいた課税所得の発生見込額を翌期の課税所得の見積額として織り込むことができる

（出典）　監査委員会報告66号6より。

　一方、繰延税金負債の支払可能性に関しては、個別税効果実務指針において事業休止等により会社が清算するまでに明らかに将来加算一時差異を上回る損失が発生し、課税所得が発生しないことが合理的に見込まれる場合に限り、支払可能性がないものとされているため、通常は繰延税金負債が計上されることが多いと考えられる。

図 5 −28　税効果注記

> 税効果会計に係る基準　第四
> ①繰延税金資産および繰延税金負債の発生原因別の主な内訳
> ②税引前当期純利益又は税金等調整前当期純利益に対する法人税等（法人税等調整額を含む。）の比率と法定実効税率との間に重要な差異があるときは、当該差異の原因となった主要な項目別の内訳
> ③税率の変更により繰延税金資産及び繰延税金負債の金額が修正されたときは、その旨及び修正額
> ④決算日後に税率の変更があった場合には、その内容及びその影響

①繰延税金資産および繰延税金負債の発生原因別の主な内訳

　　　　　　　　　　　　　　　　　　　　　　　　　　　　X年度

　繰延税金資産
　　貸倒引当金
　　○○○○○○
　　その他
　繰延税金資産小計
　評価性引当額
　繰延税金資産合計
　繰延税金負債
　　その他有価証券評価差額金
　　○○○○○○
　　その他
　繰延税金負債合計
　繰延税金資産（負債）の純額

②法定実効税率と税効果会計適用後の法人税等の負担率の差異

　　　　　　　　　　　　　　　　　　　　　　　　　　　　X年度

法定実効税率（A）
〈調整〉
損金不算入ののれん償却額
交際費等永久に損金に算入されない項目
受取配当金等永久に益金に算入されない項目
○○○○○○
　その他
　税効果会計適用後の法人税等の負担率（B）

（注）　AとBの差異が、法定実効税率×5％以下、の場合、注記を省略することができる（財務諸表規則8条の12三）。

〔Step 5〕 繰延税金資産／負債の計上

　Step 4で回収可能性があると判断された繰延税金資産について、本章第5節3において記載した仕訳を行い、繰延税金資産を計上する。

〔Step 6〕 注　記

　有価証券報告書等において、税効果会計に関して図5－28のような事項が注記される。

　繰延税金資産のうち、Step 4で回収可能性がないと判断されたものは、図5－28の「評価性引当額」として表示されることになる。

　バーゼルⅢの普通株式等Tier 1資本に係る調整項目の額（国内基準においてはコア資本に係る調整項目の額）の繰延税金資産の計算に際し、この注記からスタートして繰延税金資産を「一時差異に係るもの」と「一時差異以外」に分ける場合には、繰延税金資産の発生原因別の主な内訳が、評価性引当額控除前のグロスの金額で表示されているという点に注意が必要である。

4　その他有価証券評価差額金と税効果

a　その他有価証券評価差額金と税効果

　第5章第1節1において説明したとおり、その他有価証券を時価評価した際の評価損益は、損益計算書を経由せず、繰延税金資産／負債控除後の金額で純資産の部に直接計上される。この場合の繰延税金資産／負債は、その他有価証券が実際に売却される等により、評価差額金が損益計算書に売却損益として計上され、税務上の課税所得計算に含められた場合の節税効果、または支払税金相当額ということになる。したがって、その他有価証券評価差額金は一時差異に該当する。その他有価証券の評価損が税務上損金算入される要件は、表5－9のとおりである。

　その他有価証券評価差額金は、損益計算書を経由せず、純資産の部に直接計上されるため、その他有価証券評価差額金に係る繰延税金資産／負債も、その他有価証券評価差額金から直接控除して計上することとなる。

表5-9　その他有価証券評価損の損金算入要件

| 有価証券評価減の将来減算一時差異のスケジューリング | 将来減算一時差異の損金算入時期（売却等）の見積りに基づきスケジューリングを実施。 |

[税務上の損金経理要件]

項　目	概　要	関連規定
有価証券	・有価証券の価額が著しく下落したこと ・有価証券を発行する法人の資産状態が著しく悪化したため、その価額が著しく低下したこと、およびそれに準ずる特別な事実	法人税法施行令68条1
上場有価証券	有価証券の当該事業年度終了の時における価額がその時の帳簿価額のおおむね50％相当額を下回ることとなり、かつ、近い将来その価額の回復が見込まれない	法人税基本通達9-1-7
	上場有価証券で50％相当額以上の株価下落がみられる銘柄については、回復可能性の証明なしに損金算入を容認する ・50％程度以上の株価下落がみられるものの評価損は法人税法上も損金算入を認める ・会社が独自に損金算入基準を設定し、継続適用する（例　60％基準）	上場有価証券の評価損に関するQ&A（平成21年4月国税庁）

　その他有価証券評価差額金に係る税効果の適用は、評価差額を評価差損と評価差益とに区分し、個々の銘柄ごとに、評価差損（将来減算一時差異）については回収可能性を検討したうえで繰延税金資産を認識するとともに、評価差益（将来加算一時差異）については繰延税金負債を認識することが原則的処理である。

　しかし、その他有価証券は、表5-1に記載した定義のとおり、個々の保有目的等に応じてその性格を細分化せず、多様な性格を有するその他有価証券を一括してとらえたものであり、評価額については毎期時価評価し、洗替え処理されるという特徴がある。このため、日本公認会計士協会から平成13年2月に公表された監査委員会報告第70号「その他有価証券の評価差額及び固定資産の減損損失に係る税効果会計の適用における監査上の取扱い」（以

図5-29 その他有価証券評価差額金に係る税効果

① t年度において、有価証券の簿価1,000時価1,500の状態にある。法定実効税率40%とする

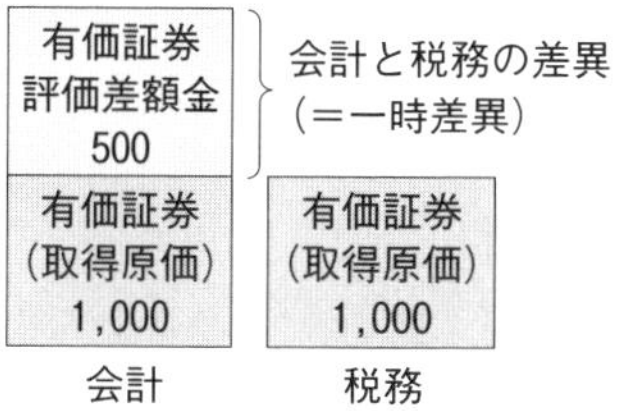

```
有価証券
評価差額金    }  会計と税務の差異
   500         （＝一時差異）
有価証券      有価証券
（取得原価）   （取得原価）
  1,000        1,000
   会計          税務
```

〈借方〉 有価証券　　　　　　　　500
　　　　有価証券評価差額金　　　200
〈貸方〉 有価証券評価差額金　　　500
　　　　繰延税金負債　　　　　　200

② t+1年度において、有価証券の簿価1,000を時価1,800で売却する

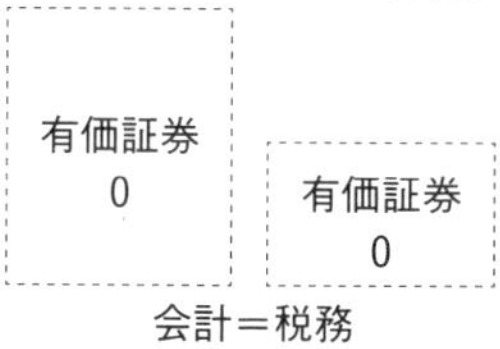

```
有価証券        有価証券
   0              0
    会計＝税務
```

〈借方〉 CASH　　　　　　　　　1,800
　　　　繰延税金負債　　　　　　200
　　　　有価証券評価差額金　　　300
〈貸方〉 有価証券　　　　　　　1,000
　　　　有価証券売却益　　　　　800
　　　　有価証券　　　　　　　　500

（注）　その他有価証券の評価替えにより生じた評価差額は、直接純資産の部に計上され、かつ、課税所得の計算に含まれていない。純資産の部の項目である「評価差額金」等を相手勘定にして繰延税金資産／負債を計上する。

下、「監査委員会報告70号」という）において、原則的な適用に加えて、下記の運用も認められている。

---

(1) その他有価証券の評価差額のうちスケジューリング（一時差異の将来解消見込年度のスケジューリングをいう。以下同じ。）が可能なものについては、その評価差額を評価差損と評価差益とに区分し、評価差損（将来減算一時差異）については回収可能性を検討した上で繰延税金資産を認識し、評価差益（将来加算一時差異）については繰延税金負債を認識する。

(2) その他有価証券の評価差額のうちスケジューリングが不能なものについては、その評価差額を評価差損と評価差益とに区分せず、各合計額を相殺した後の純額の評価差損又は評価差益について、繰延税金資産又は繰延税金負債を認識する。

b その他有価証券の評価差額のうち、スケジューリングが不能なものについて純額で繰延税金資産または繰延税金負債を認識する場合の具体的方法

その他有価証券の評価差額に対する税効果会計について、上記 a の(2)によった場合は、純額の評価差損または評価差益に対して、監査委員会報告70号では次のように繰延税金資産または繰延税金負債を認識することとしている。

① 純額で評価差益の場合……当該純額の評価差益については繰延税金負債を認識する。
② 純額で評価差損の場合……表5－7の5つの例示区分に応じて、次のように認識することとされている。例示区分1と2に該当する会社の場合には、純額の評価差損に係る繰延税金資産についても回収可能性があると判断できるものとされる。例示区分3および4のただし書に該当する会社の場合には、将来の合理的な見積可能期間（おおむね5年）内の課税所得の見積額からスケジューリング可能な一時差異の解消額を加減した額を限度として、純額の評価差損に係る繰延税金資産を計上しているときは、当該繰延税金資産は回収可能性があると判断できるものとされる。

c 過去に減損したその他有価証券評価差額金と税効果

上記 a の(2)のとおり、その他有価証券の評価差額を評価差益と評価差損とに区分せず、各合計額を相殺した後の純額の評価差益または評価差損について税効果会計を一括して適用する場合において、過年度に減損処理（税務上は有税処理）したその有価証券がある場合には、上記 b のような繰延税金資産または負債の認識方法ではなく、原則どおり個別にスケジューリングすることが必要となる。個別にスケジューリングすることが必要となる理由について、図5－30の事例で確認する。

図5－30の事例は、当初簿価1,000のその他有価証券の時価が、期末に400まで下落したため、600の減損損失を認識したうえで減損損失を税務上加算

表5-10 その他有価証券評価差額金と税効果会計

[監査委員会報告70号における取扱い]

		評価差損 (将来減算一時差異)	評価差益 (将来加算一時差異)
原則処理	個々の銘柄ごとにスケジューリング	個々の銘柄ごとに回収可能性を検討したうえで繰延税金資産を認識する	繰延税金負債を認識する
容認処理	スケジューリングが可能な銘柄は個々の銘柄ごとに判定	個々の銘柄ごとに、回収可能性を検討したうえで繰延税金資産を認識する	繰延税金負債を認識する
	スケジューリングが不能な銘柄は一括して判定(注3)	純額の評価差損(注1)または評価差益(注2)について、繰延税金資産または繰延税金負債を認識する	

原則処理：A株、B株、C株、D株、E株

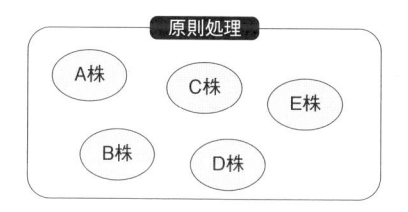

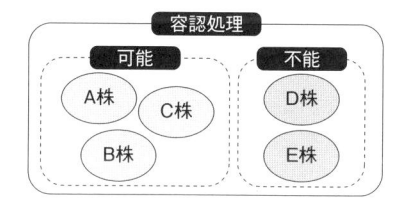

容認処理：
- 可能：A株、B株、C株
- 不能：D株、E株

(注1) 純額で評価差損の場合
- 会社区分①及び②に該当する会社の場合…回収可能性があると判断できる
- 会社区分③及び④のただし書きに該当する会社の場合…将来の合理的な見積可能期間（おおむね5年）内の課税所得の見積額からスケジューリング可能な一時差異の解消額を加減した額を限度として、純額の評価差損に係る繰延税金資産を計上しているときは、回収可能性があると判断できる。

(注2) 純額で評価差益の場合
- 繰延税金資産の回収可能性の判断にあたり、評価差額以外の将来減算一時差異とは相殺できない。

(注3) 純額処理した場合の一時差異はスケジューリング不能のため、将来課税所得の見積りにあたり、当該有価証券の売却損益を含められない。

するケースであり、繰延税金資産については全額回収可能性があると判断し、法定実効税率を40％として240計上するケースを前提としている。

上記の前提のうえで、翌期に当該その他有価証券の時価が1,200まで回復した場合がケース1である。この場合、前期末にその他有価証券は400まで減損しているため、この400が翌期の新たな取得原価となる。したがって、税効果考慮前のその他有価証券評価差額金は、1,200－400＝800となる。し

第5章 バーゼルⅢに必要な会計の知識　285

図5−30　過去に減損したその他有価証券に係る一時差異は個別にスケジューリングする

[減損処理]

税務上の簿価 1,000
- 会計上の簿価 400
- 減損額 600

B/S
有価証券 400	負債
繰延税金資産 240	減損損失 ▲600
	法人税等調整額 240

〈前提〉
当初簿価1,000の有価証券の時価が400まで下落したため、600の減損損失を認識。減損損失は税務上加算し、法定実効税率は40％とする。繰延税金資産は全額回収可能性があるとして240計上した。以下のケースにおいても、繰延税金資産は全額回収可能性があるものとする

〈ケース1〉時価が1,200まで回復
会計上の簿価1,200が税務上の簿価1,000を200上回るため、差額の将来加算一時差異200に対し繰延税金負債を80計上

〈ケース2〉時価が800まで回復
会計上の簿価は400増加したが、この評価益は将来加算一時差異ではなく、前期の将来一時差異の戻入れと考え、当該戻入れ400に対して前期計上していた繰延税金資産160を取り崩す

〈ケース3〉時価が300に下落
税務上の簿価と会計上の簿価の差額がさらに100増加したため、当該増加部分に対して、繰延税金資産を40追加計上

[減損後の時価変動]

〈仕訳（ケース1）〉
(借) 有価証券　800
　　(貸) その他有価証券
　　　　評価差額金　480
　　　　繰延税金資産　240
　　　　繰延税金負債　80

B/S（ケース1）
有価証券 1,200	負債
	その他有価証券評価差額 480
	繰延税金負債 80

〈仕訳（ケース2）〉
(借) 有価証券　400
　　(貸) その他有価証券
　　　　評価差額金　240
　　　　繰延税金資産　160

B/S（ケース2）
| 有価証券 800 | 負債 |
| 繰延税金資産 80 | その他有価証券評価差額 240 |

〈仕訳（ケース3）〉
(借) その他有価証券
　　　評価差額金　60
　　　繰延税金資産　40
　　(貸) 有価証券　100

B/S（ケース3）
| 有価証券 300 | 負債 |
| 繰延税金資産 280 | その他有価証券評価差額金 ▲60 |

かし、この場合の繰延税金負債は800×40％＝320とはならないので注意が必要である。その理由は、翌期以降の一時差異は、会計上の期末簿価1,200と税務上の簿価（1,000）との差額となるためであり、前期末に付け替えられた減損後の新たな簿価と、当期末の会計上の簿価の差額とはならないためである。その結果、会計上の簿価1,200が税務上の簿価1,000を上回る200が将来加算一時差異となり、この部分に対して200×40％＝80の繰延税金負債が計上されることとなる。さらに、前期計上した繰延税金資産は、時価の上昇により将来減算一時差異が消滅しているため、取り崩すことになる。ただし、相手勘定は法人税等調整額ではなく、その他有価証券評価差額金となる。

　ケース2は、期末に時価が800まで上昇するケース、すなわち税務上の簿価までは回復しないケースである。この会計上の簿価は400増加したため、税効果考慮前のその他有価証券評価差額金は400となるが、この評価益がそのまま将来加算一時差異となるわけではない。ケース1と同様に税務上の簿価（1,000）と比較すると、会計上の簿価は800となっているため、この場合には、前期の将来一時差異が戻し入れられたと考え、当該戻入れ400に対して前期計上していた繰延税金資産160を取り崩すことになる。

　ケース3は、期末の時価が300と、前期の減損後の簿価をさらに下回るケースである。この場合は、税務上の簿価と会計上の簿価の差額がさらに100増加したため、その他有価証券評価差額金と一時差異が一致するケースとなる。したがって、一時差異の増加部分に対して、繰延税金資産を40追加計上することとなる。

　このように、過去に減損処理を行ったその他有価証券のうち、時価のあるものについては、会計上の簿価と税務上の簿価が乖離してしまうため、会計上の取得原価と期末の時価との差額が一時差異とはならず、繰延税金資産／負債の計上について場合分けが必要となる。これが、過去に減損処理したその他有価証券評価差額金がある場合に、貸借対照表に計上されているその他有価証券評価差額金の額を法定実効税率で割り戻しても、税効果考慮前のグロスの評価差額金と一致しない理由である。

国際統一基準の「その他の包括利益累計額及び評価・換算差額等に係る経過措置」の適用において、当該経過措置期間中、普通株式等Tier 1 資本の基礎項目の額に含められないその他有価証券評価差額金のうち、「グロスの評価益」は、Tier 2 資本に係る基礎項目の額に含められることとされているが、上記の理由により、この「グロスの評価益」は、普通株式等Tier 1 資本の基礎項目の額に含められなかったその他有価証券評価差額金を実効税率で割り戻して算定するのではなく、グロス金額を別途把握して計算することが必要となる。

5　繰延ヘッジ損益と税効果

　繰延ヘッジ損益は、その他有価証券評価差額金と同様に、繰延税金資産／負債控除後の金額で純資産の部に計上される。

　繰延ヘッジ損益に係る税効果会計については、繰延ヘッジ損失と繰延ヘッジ利益とに区分し、繰延ヘッジ損失（将来減算一時差異）については、回収

表5－11　繰延ヘッジ損益と税効果

区分	税効果会計上の性質	繰延税金資産／負債の計上
繰延ヘッジ損失	将来減算一時差異	回収可能性を検討したうえで、繰延税金資産を計上
繰延ヘッジ利益	将来加算一時差異	繰延税金負債を計上

```
┌仕訳例──────────────────────────────────┐
│［繰延ヘッジ利益］〈借方〉金融派生商品　　××　〈貸方〉繰延税金負債　　××
│　　　　　　　　　　　　　　　　　　　　　　　　〈貸方〉繰延ヘッジ損益　××
│
│［繰延ヘッジ損失］〈借方〉繰延税金資産　　××　〈貸方〉金融派生商品　　××
│　　　　　　　　　〈借方〉繰延ヘッジ損益　××
└──────────────────────────────────────┘
```

(注)　繰延税金資産については回収可能性の検討が必要になるが、会社区分1、2、3、4（但書き）においては、回収可能性ありと判断可能。
(出典)　企業会計基準適用指針第8号「貸借対照表の純資産の部の表示に関する会計基準等の適用指針」（最終改正 平成25年9月13日 企業会計基準委員会）

可能性を検討したうえで繰延税金資産を認識するとともに、繰延ヘッジ利益（将来加算一時差異）については繰延税金負債を認識する。なお、繰延ヘッジ損失については、ヘッジ有効性を考慮すれば、通常、ヘッジ対象に係る評価差益（将来加算一時差異）とほぼ同時期・同額にて解消されるとみることもできることから、将来年度の収益力に基づく課税所得によって繰延税金資産の回収可能性を判断する場合には、監査委員会報告第66号の例示区分①および②の会社に加え、例示区分③および④のただし書きの会社についても回収可能性があると判断できるものとされている。

第6節 モーゲージ・サービシング・ライツ

1 モーゲージ・サービシング・ライツとは

　銀行が貸出金を流動化する場合、日本においては、オリジネーターである銀行が回収サービス業務を行うことが多い。これは、指名債権の譲渡にあたり、「動産及び債権の譲渡の対抗要件に関する民法の特例等に関する法律」（以下、「動産・債権譲渡特例法」という）4条1項に定められた、債権譲渡登記ファイルへの譲渡登記により第三者対抗要件を具備するケースが多いためである。民法467条1項は、指名債権の譲渡は、譲渡人が債務者に通知をするか、または債務者が承諾をしなければ、債務者およびその他の第三者に対抗することができないとし、同2項において、1項の通知または承諾は、確定日付のある証書によってしなければ、債務者以外の第三者に対抗することができない旨定めているが、これには手間や費用がかかることや、債権譲渡の事実が債務者に知られてしまうといった取引関係の都合から、動産・債権譲渡特例法4条1項の債権譲渡登記により対抗要件を具備することが可能になったものである。このため、債権譲渡により、貸出金の譲受人が新たな債権者となった後でも、債権の回収は譲受人が直接行うのではなく、オリジネーターである銀行が回収サービス業務として行うことが多い。このように、債務者に通知せずに行われる債権譲渡は「サイレント方式」といわれている。

　回収サービス業務契約は、債権の譲受人となる特別目的会社との債権譲渡契約において回収サービス条項を盛り込むか、特別目的会社が信託の場合は、受託者との間で信託事務委任契約を締結することによって行われる。金融商品実務指針39項では「管理回収等のサービス業務提供に伴う実際の回収サービス業務収益が通常得べかりし収益を上回る場合」に、回収サービス業

務資産を認識する旨定められている。わかりやすく言い換えると、回収サービス業務契約のなかで定められるサービシング手数料が時価よりも高い場合に、回収サービス業務資産（サービシング・ライツ）が計上されるのである。回収サービス業務資産のうち、バーゼルⅢのTier 1 資本に係る調整項目の額（国内基準においてはコア資本に係る調整項目の額）のうち特定項目の「モーゲージ・サービシング・ライツ」となるのは、「モーゲージ」すなわち住宅ローンを証券化したことにより計上されたもののみということになる。したがって、たとえばキャッシングやカードローン等の証券化により計上された回収サービス業務資産は、特定項目の「モーゲージ・サービシング・ライツ」には該当しない。

2 モーゲージ・サービシング・ライツの会計処理

　回収サービス業務は譲渡により消滅した債権の構成要素であることから、会計基準上、回収サービス業務資産は、消滅した債権の「残存部分」として取り扱われる（金融商品実務指針36項）。残存部分の資産計上額は、債権の譲渡直前の帳簿価額を、譲渡した債権の時価と残存部分の時価で按分した結果、残存部分に配分されたものとして求められる（金融商品実務指針37項）。回収サービス業務資産の時価は、たとえば、回収サービス業務契約に定められるサービシング手数料と、譲渡債権の種類や残存期間等に応じたサービシング手数料の市場価格との差額の割引現在価値として算定する方法が考えられる。

　回収サービス業務資産を計上した場合には、回収サービスの対象となる残高または件数に比例して、サービス期間にわたり償却する。また、資産計上後、回収サービス業務資産に著しい価値の下落があった場合（たとえば、想定以上に期前弁済が発生した場合等）には回収可能額まで評価減することとされている（金融商品実務指針39項）。

　なお、回収サービス業務資産の時価について、日本においては現状ではサービシング手数料に関する客観的な市場価格が存在しないことや、回収

サービス業務は外部への役務提供であり独立企業間価格で行われているといった理由により、サービシング手数料は時価と等しいとして回収サービス業務資産をゼロとする、もしくは、金融商品実務指針39項に定められている「重要性のない場合には、回収サービス業務資産及び負債の計上は要しない」の適用により、回収サービス業務資産が計上されるケースは少ないと考えられる。

第6章

系統金融機関等における論点

第1節 信用金庫、信用組合

1 コア資本に係る基礎項目の国内基準行との相違点

　信用金庫（以下、「信金」という）については「信用金庫法第89条第1項において準用する銀行法第14条の2の規定に基づき、信用金庫及び信用金庫連合会がその保有する資産等に照らし自己資本の充実の状況が適当であるかどうかを判断するための基準（平成18年金融庁告示第21号）」（以下、「信金告示」という）、信用組合（以下、「信組」という）については、「協同組合による金融事業に関する法律第6条第1項において準用する銀行法第14条の2の規定に基づき、信用協同組合及び信用協同組合連合会がその保有する資産等に照らし自己資本の充実の状況が適当であるかどうかを判断するための基準（平成18年金融庁告示第22号）」（以下、「信組告示」という）において、それぞれ、国内基準のみが定められている。また、信用金庫連合会、すなわち信金中央金庫（以下、「信金中金」という）については、信金告示において国内統一基準および国際統一基準が定められている。

　信金と信組の分子に関する告示の内容は、国内基準行向けの自己資本に関する告示の内容と基本的に共通しているため、以下では国内基準行との自己資本比率計算式の自己資本の計算方法の相違点を中心に解説する。なお、信金告示と信組告示は、計算構造はほぼ同じであるため、本節においては信金告示の国内基準の連結自己資本比率の内容について解説する。

　コア資本に係る基礎項目の額（表6-1）のうち、国内基準行との相違点は以下の3点である。まず1点目として、信金告示4条1項1号の「普通出資又は非累積的永久優先出資に係る会員勘定の額」があげられる。国内基準行においては、バーゼルⅡにおける非累積的永久優先株式であって、バーゼルⅢにおける強制転換条項付優先株式に該当しないもの（適用日前に発行さ

表6－1　信金のコア資本に係る基礎項目の額の内容

信金告示		コア資本に係る基礎項目の額
4条1項	1号	普通出資又は非累積的永久優先出資に係る会員勘定の額（外部流出予定額を除く。）
	2号	その他の包括利益累計額（為替換算調整勘定及び退職給付に係る調整累計額）
	3号	コア資本に係る調整後少数株主持分の額
	4号 イ	一般貸倒引当金の額
	ロ	適格引当金の合計額から期待損失額の合計額を控除した額（適格引当金余剰額）

れたものであって、公的機関による資本増強に関する措置に該当しないものに限る）については、適格旧非累積的永久優先株として、本則におけるコア資本に係る基礎項目の額には算入されず、附則の経過措置により15年間にわたり一定額をコア資本の基礎項目に算入できるとされている。これに対し、信金告示における非累積的永久優先出資は、告示28条4項に定められている国内基準の強制転換条項付優先株式の要件のうち、普通株式への強制転換条項に関する13号を除く1号～12号の要件がほぼ同じであり（信金告示4条4項）、信金告示の本則において、コア資本に係る基礎項目の額に算入するものとされている。

　2点目は、信金告示4条1項2号の、その他の包括利益累計額（為替換算調整勘定および退職給付に係る調整累計額）である。国内基準行の場合には、為替換算調整勘定の他に、「退職給付に係る調整累計額」が連結財務諸表の純資産の部に計上されている。一方、信金については、平成26年3月28日付けで業務報告書の別紙様式第13号の2が改正され、このなかの連結貸借対照表の（記載上の注意）の1「次の事項を注記すること」とされている項目に、⒇「未認識数理計算上の差異、未認識過去勤務費用及び会計基準変更時差異の未処理額の金額」が新設された。また、同2において「「退職給付に係る負債」には、退職給付債務に未認識数理計算上の差異、未認識過去勤務

費用及び会計基準変更時差異の未処理額を加減した額から、年金資産の額を控除した額を負債として計上する。ただし、年金資産の額が退職給付債務に未認識数理計算上の差異、未認識過去勤務費用及び会計基準変更時差異の未処理額を加減した額を超える場合には、資産として「退職給付に係る資産」に計上する」が新設された。これにより、信金においては、未認識数理計算上の差異、未認識過去勤務費用および会計基準変更時差異の未処理額を、国内基準行のようにその他の包括利益累計額として連結貸借対照表上に計上せずに、未処理額を注記するという取扱いとなる。したがって、信金におけるその他の包括利益累計額の内訳には、退職給付に係る調整累計額は含まれないことになる。

また、為替換算調整勘定は、海外子会社を有している場合に計上される勘定科目であることから、定款で定められた国内の一定の地区を営業範囲とする信金においては計上されることがないと考えられる。

以上より、信金告示4条1項2号のその他の包括利益累計額は、信金においては、該当するものが通常はないと考えられる。

3点目は、国内基準におけるコア資本に係る基礎項目の額のうち、普通株式または強制転換条項付優先株式に係る新株予約権の額の定めが信金告示にはないという点である。株式会社ではなく、会員の出資による協同組織の金融機関であるため、信金においては新株予約権自体が存在しないためと考えられる。

2　コア資本に係る調整項目の国内基準行との相違点

コア資本に係る調整項目の額は、表6-2の信金のコア資本に係る調整項目の額の内容のとおりであり、国内基準行とほぼ同じである。

国内基準行の告示と比較すると、信金告示の調整項目は1号多く7号までとなっている。このうち、国内基準行には定めのない5号の「信用金庫連合会の対象普通出資等の額」が特徴的な相違点である。信用金庫連合会として存在しているのは、現在は信金中金のみであることから、「信用金庫連合会

表6-2 信金のコア資本に係る調整項目の額の内容

信金告示			コア資本に係る調整項目
4条2項	1号	イ	(1) 無形固定資産（のれん及びのれん相当差額）の額 (2) 無形固定資産（のれん及びモーゲージ・サービシング・ライツに係るものを除く）の額
		ロ	繰延税金資産（一時差異に係るものを除く）の額
		ハ	期待損失額の合計額から適格引当金の合計額を控除した額（適格引当金不足額）
		ニ	証券化取引に伴い増加した自己資本に相当する額
		ホ	負債の時価評価により生じた時価評価差額であって自己資本に算入される額
		ヘ	退職給付に係る資産の額
	2号		自己保有普通出資等の額
	3号		意図的に保有している他の金融機関等の対象資本調達手段の額
	4号		少数出資金融機関等の対象普通出資等の額
	5号		信用金庫連合会の対象普通出資等の額
	6号		特定項目に係る10％基準超過額
	7号		特定項目に係る15％基準超過額

の対象普通出資等の額」とは、信金中金の出資金および非累積的永久優先出資ということになる。

この場合、対象普通出資等の合計額がそのまま調整項目となるのではなく、対象普通出資等の額の合計額から、連合会向け出資に係る20％基準額を控除した額が、コア資本に係る調整項目の額となる。連合会向け出資に係る20％基準額は、（コア資本に係る基礎項目の額－調整項目第1〜3号）×20％として算定される。20％を乗じる（　）内の式は、少数出資に係る10％基準額と同じである（信金告示5条6項）。

なお、基準額以内のエクスポージャーの取扱いについても信金告示70条の3第2項において特徴的な定めが置かれている。コア資本に係る調整項目の額に算入されなかったエクスポージャーのうち、連合会向け出資に係る10％

図6-1 信用金庫連合会の対象普通出資等の額

① 信用金庫連合会の対象普通出資等の額の合計額
② 20%基準額
③ 10%基準額(注2) → 信用リスク・アセットとして計算（RW:100%）
④ 10%超20%基準額(注3) → 信用リスク・アセットとして計算（RW:250%）
コア資本の調整項目の額(注1) → ⑤調整項目

① 「信用金庫連合会の対象普通出資等の合計額」
② 「連合会向け出資に係る20%基準額」＝（コア資本に係る基礎項目の額－コア資本に係る調整項目1号～3号）×20%
③ 「連合会向け出資に係る10%基準額」＝（コア資本に係る基礎項目の額－コア資本に係る調整項目1号～3号）×10%
④ 10%超20%基準額以内＝②－③
⑤ 「信用金庫連合会の対象普通出資等の額」＝①－②…調整項目

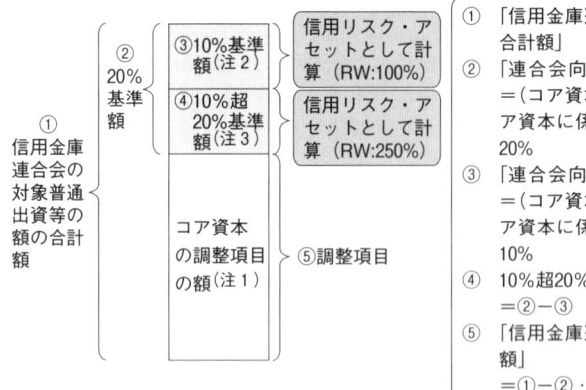

(注1) 保有する信用金庫連合会（信金中金）の対象普通出資等の合計額が、（コア資本に係る基礎項目の額－コア資本に係る調整項目1号～3号）の20%を超過する部分は、コア資本の調整項目の額として控除される。
(注2) 10%基準額内に相当する部分はリスク・ウェイト100%で信用リスク・アセットに算入される。
(注3) 10%超～20%基準額に相当する部分についてはリスク・ウェイト250%で信用リスク・アセットに算入される。

基準額に相当するエクスポージャーのリスク・ウェイトは100%とされ、それ以外の部分に係るエクスポージャーのリスク・ウェイトは250%とされている。すなわち、対象普通出資等の合計額のうち、信用金庫連合会（以下、「連合会」という）向け出資に係る10%基準額（少数出資に係る10%基準額と同じ）までのエクスポージャーに適用されるリスク・ウェイトは100%、連合会向け出資に係る10%基準額超20%基準額までのエクスポージャーに適用されるリスク・ウェイトは250%となる（信金告示70条の3第2項）。これらを図示すると、図6-1のとおりである。

信金告示Q＆A第4条－Q2において、数値例が記載されているので、あわせて参照していただきたい。

③ 経過措置

　経過措置についても、国内基準との相違点はコア資本に係る調整項目の6項「信用金庫連合会の対象普通出資等の額」に関するものである。信金告示の附則8条8項において、国内基準行と同様に、調整項目の算入額については5年間の経過措置が置かれており、調整項目に算入されなかった額については「なお従前の例による」とされている。

　バーゼルⅡにおいて、信金が保有する信用金庫連合会の対象資本調達手段の額が自己資本の20％を上回る額については、控除項目とされていた（旧信金告示6条3項）。また、平成25年11月22日改正前の中小・地域金融機関向けの総合的な監督指針Ⅲ－4－6－2「「意図的な保有」控除のためのチェック」(2)において、「意図的な保有」に該当するケースの1つとして、「劣後ローンを除く他の金融機関の株式その他の資本調達手段を、経営再建・支援・資本増強協力目的として、平成10年3月31日以降、新たに引き受ける場合」があげられていた。したがって、経過措置期間中に調整項目とされなかった額に係る「従前の例」の取扱いとしては、たとえば、信用金庫連合会の対象普通出資等の額のうち、バーゼルⅡにおける自己資本の20％を上回る額（バーゼルⅡにおける控除項目）、意図的な保有に該当していた額（バーゼルⅡにおける控除項目）、それ以外の額（バーゼルⅡにおいてリスク・ウェイト100％により分母に算入）の割合を算出し、経過措置期間中に調整項目とされなかった額をその割合で按分した金額に対して、バーゼルⅡにおけるそれぞれの取扱いを適用する方法が考えられる。附則第8条　Q2(A)(3)に、具体的な計算例が示されているので参照していただきたい。なお、このような按分計算が実務的にむずかしい場合には、一律リスク・ウェイト100％を適用することも許容されている（附則第8条－Q1）。

　なお、本則でリスク・ウェイトが250％に引き上げられた連合会向け出資に係る10％基準額超かつ20％基準額以内のエクスポージャーについては、附則12条5項において「他の金融機関等の対象資本調達手段に係るエクスポー

表6-3 他の金融機関等の対象資本調達手段に係るエクスポージャーに係る経過措置

期　　間	リスク・ウェイト
適用日から起算して1年を経過する日までの期間	100
平成27年3月31日から起算して2年を経過する日までの期間	150
平成29年3月31日から起算して2年を経過する日までの期間	200

ジャーに係る経過措置」が設けられている。具体的には、信金が適用日において保有するものについて、その保有を継続している場合に限り、表6-3に掲げる期間の区分に応じたリスク・ウェイトが適用される。

第2節 系統金融機関

1 コア資本に係る基礎項目の国内基準行との相違点

　農業協同組合等（以下、「農協」という）については「農業協同組合等がその経営の健全性を判断するための基準（平成18年金融庁・農林水産省告示第2号）」（以下、「農協告示」という）、漁業協同組合等（以下、「漁協」という）については「漁業協同組合等がその経営の健全性を判断するための基準（平成18年金融庁・農林水産省告示第3号）」（以下、「漁協告示」という）において、国内基準のみが定められている。また、農林中央金庫（以下、「農中」という）については、「農林中央金庫がその経営の健全性を判断するための基準（平成18年金融庁・農林水産省告示第4号）」（以下、「農中告示」という）において国際統一基準のみが定められている。

　農協と漁協の自己資本の計算に関する告示の内容は、国内基準行と基本的に共通しているため、以下では国内基準行との自己資本比率計算式の計算方法の相違点を中心に解説する。なお、農協と漁協は、計算構造はほぼ同じであるため、本項においては農協告示の連結自己資本比率の内容について解説する。

　コア資本に係る基礎項目の額（表6－4）のうち、国内基準行との相違点は以下の4点である。まず1点目として、農協告示12条1項1号の「普通出資又は非累積的永久優先出資に係る組合員資本又は会員資本の額」があげられる。農協告示における非累積的永久優先出資も信金と同様に、告示28条4項に定められている国内基準の強制転換条項付優先株式の要件のうち、普通株式への強制転換条項に関する13号を除く1号～12号の要件がほぼ同じであり（農協告示12条4項）、農協告示の本則において、コア資本に係る基礎項目の額に算入するものとされている。

2点目は、上記の「普通出資又は非累積的永久優先出資に係る組合員資本又は会員資本の額」に再評価積立金が含まれるという点である。再評価積立金とは、「資産再評価法」（昭和25年4月25日法律第110号、最終改正：平成19年5月25日法律第58号）により、法律に定められた基準日に資産の再評価を行った際に積み立てられたものである（資産再評価法6条、102条）。この再評価積立金は、資産再評価法109条6項により別に定めるとされた「株式会社以外の法人の再評価積立金の資本組入に関する法律」（昭和29年5月17日法律第110号、最終改正：平成17年7月26日法律第87号）により、一定の手続を経たうえで、資本に組み入れることが認められているものである。このような背景から、平成25年3月8日に金融庁から公表された「コメントの概要及びコメントに対する金融庁の考え方」の3においても、再評価積立金はコア資本の基礎項目に算入可能という考え方が示されている。なお、この再評価積立金は、株式会社でも計上されていたものであるが、昭和48年3月末以降は資本準備金に組み入れられている（資産再評価法109条の3、109条の4）。

 3点目は、信金と同様に国内基準におけるコア資本に係る基礎項目の額のうち、普通株式または強制転換条項付優先株式に係る新株予約権の額の定めが農協告示にはないという点である。

 4点目は、農協告示12条1項4号イの「一般貸倒引当金の額及び相互援助

表6-4　農協のコア資本に係る基礎項目の額の内容

農協告示		コア資本に係る基礎項目
12条1項	1号	普通出資又は非累積的永久優先出資に係る組合員資本又は会員資本の額（再評価積立金を含み、外部流出予定額を除く。）
	2号	評価・換算差額等（為替換算調整勘定及び退職給付に係る調整累計額）
	3号	コア資本に係る調整後少数株主持分の額
	4号 イ	一般貸倒引当金の額及び相互援助積立金の合計額
	ロ	適格引当金の合計額から期待損失額の合計額を控除した額（適格引当金余剰額）

積立金の合計額」である。相互援助積立金とは、JAバンクシステムの破綻未然防止システムとして、所要額を拠出するという農協特有の項目である。国内基準行においては、信用リスク・アセットの額の合計額に対し1.25％を乗じた額が一般貸倒引当金の算入上限額とされているのに対し、農協告示においては一般貸倒引当金と相互援助積立金の合計額が算入上限額とされている。

2　コア資本に係る調整項目の国内基準行との相違点

　コア資本に係る調整項目は、表6－5の農協のコア資本に係る調整項目の額の内容のとおりであり、項目自体は国内基準行と同じである。

　ただし、12条2項3号の「意図的に保有している他の金融機関等の対象資

表6－5　農協のコア資本に係る調整項目の額の内容

農協告示			コア資本に係る調整項目
12条2項	1号	イ	(1) 無形固定資産（のれん及びのれん相当差額）の額 (2) 無形固定資産（のれん及びモーゲージ・サービシング・ライツに係るものを除く）の額
		ロ	繰延税金資産（一時差異に係るものを除く）の額
		ハ	期待損失額の合計額から適格引当金の合計額を控除した額（適格引当金不足額）
		ニ	証券化取引に伴い増加した自己資本に相当する額
		ホ	負債の時価評価により生じた時価評価差額であって自己資本に算入される額
		ヘ	退職給付に係る資産の額
	2号		自己保有普通出資等の額
	3号		意図的に保有している他の金融機関等の対象資本調達手段の額
	4号		少数出資金融機関等の対象普通出資等の額
	5号		特定項目に係る10％基準超過額
	6号		特定項目に係る15％基準超過額

本調達手段の額」および同4号の「少数出資金融機関等の対象資本調達手段の額」の内容は異なっている。これらの対象資本調達手段からは、農協またはその連結子法人等が保有している農中および農業協同組合連合会の対象資本調達手段が除かれている。ただし、これらのエクスポージャーに係るリスク・ウェイトはバーゼルⅡの100％から250％に引き上げられている（農協告示47条の3第2項）。

3 経過措置

経過措置はほぼ国内基準行と同様であるが、特徴的な経過措置が2つある。まず1点目は、バーゼルⅡにおいて、基本的項目の額に含まれていた回転出資金に関する経過措置である。農協には回転出資金という特有の制度があり、配当金の全部または一部を、5年を限度として出資させることができるとされている（農協法13条の2第1項）。回転出資金は、欠損金の補てんに充てることができるものの、組合員による現金等の払い込みによるものではなく、社外流出することが予定されているため、バーゼルⅢにおいては、コア資本の基礎項目の額に含めないこととされた（平成25年3月8日公表の金融庁「コメントの概要及びコメントに対する金融庁の考え方」の32）。回転出資金は、告示附則2条1項において適格旧資本調達手段として10年間の資本調達手段等に係る経過措置の対象とされている。

2点目は、農協またはその連結子法人等が保有している農中および農業協同組合連合会の対象資本調達手段のリスク・ウェイトに関する「他の金融機

表6－6 他の金融機関等の対象資本調達手段に係るエクスポージャーに係る経過措置

期　　間	リスク・ウェイト
適用日から起算して1年を経過する日までの期間	100
平成27年3月31日から起算して2年を経過する日までの期間	150
平成29年3月31日から起算して2年を経過する日までの期間	200

関等の対象資本調達手段に係るエクスポージャーに係る経過措置」である。本則ではリスク・ウェイトが250％に引き上げられているが、適用日において農協が保有するものについて、その保有を継続している場合に限り、表6－6に掲げる期間の区分に応じたリスク・ウェイトが適用される。

事項索引

〈A～Z〉

CVA ……………………………… 207
CVAリスク ……………………… 207
CVAリスク相当額 ……………… 208
OCI ……………………………… 227
Tier 1 資本 ………………………… 7
Tier 2 資本 ………………………… 7
Tier 2 資本調達手段 ……………… 23
Tier 2 資本に係る基礎項目の額 …… 7
Tier 2 資本に係る調整項目の額
　………………………… 7，68，250

〈あ行〉

一時差異以外の繰延税金資産 … 85，97
一時差異に係る繰延税金資産
　………………………… 85，97，113
一時差異等 ………………… 269～270
一般貸倒引当金 …………… 57，130
意図的な保有 …… 103～104，178～179
意図的な保有の該当性判断 ……… 190
意図的に保有している他の金融機
　関等の対象資本調達手段
　……………… 178，180，183，190
意図的に保有している他の金融機
　関等の対象資本調達手段に係る
　経過措置 ………………… 180，182

〈か行〉

回転出資金 ……………………… 304
為替換算調整勘定 ……… 30，239～240

間接保有 ……………………… 177，
　186～187，191，194～195，198
企業結合に伴い発生する無形資産
　…………………………………… 262
議決権保有割合 ………… 191～192
基準額計算 ………………………… 62
救済出資 ………………………… 197
強制転換条項付優先株式 ……… 11～12
繰延税金資産の回収可能性 … 272～278
繰延ヘッジ損益 … 36，230～235，288
コア資本 …………………………… 6
コア資本に係る基礎項目の額 …… 6
コア資本に係る調整項目の額 … 6，60
公的機関による資本の増強に関す
　る措置に係る経過措置
　……………………… 19，28，189
国際統一基準における基礎項目の
　額 ………………………………… 7
国内基準における基礎項目の額 …… 6

〈さ行〉

再評価に係る繰延税金負債
　……………………… 31，86，237～238
自己資本 …………………………… 7
自己保有資本調達手段
　……………… 101，177，183，187
自己保有普通株式等 …………… 180
自己保有普通株式等に係る経過措
　置 …………………… 180，182，190
循環構造 …………… 52，58，99，120
少数株主持分に係る経過措置 … 40，53

事項索引　307

少数出資金融機関等
　……………………103，178〜179，184
少数出資金融機関等に係る基準額
　計算………………………106，120
少数出資金融機関等の対象資本調
　達手段………109，113，183，191
少数出資金融機関等の対象普通株
　式等…………………106，113，178
ショート・ポジション……………197
シンセティック保有
　……177，186〜187，194〜196，198
信用金庫連合会の対象普通出資等
　の額………………………296〜298
信用リスク・アセット……………199
数理計算上の差異………245，247〜249
税効果相当額………………76，86，97
相関係数……………………202〜203
相互援助積立金……………302〜303
その他Tier 1 資本……………………7
その他Tier 1 資本調達手段…………21
その他Tier 1 資本に係る基礎項目
　の額……………………………………7
その他Tier 1 資本に係る調整項目
　の額………………………………7，67
その他金融機関等
　……………104，113，178〜179，184
その他金融機関等の対象資本調達
　手段………………………………183
その他金融機関等の対象普通株式
　等…………………………………178
その他の包括利益累計額…………249
その他の包括利益累計額および評
　価・換算差額に係る経過措置
　………………………………32，34，227

その他の無形固定資産………………75
その他有価証券評価差額金……30，33，
　85，227〜230，233，269，281〜288

〈た行〉

大規模規制金融機関等向けエクス
　ポージャー………………………201
退職給付債務………………242〜245
退職給付に係る資産
　………………………62，80，248〜249
退職給付に係る資産に関連する繰
　延税金負債…………80，83，86，97
退職給付に係る調整累計額
　………………30，240，245，248〜249
他の金融機関等………103，183，185〜186
他の金融機関等の対象普通株式等
　以外の資本調達手段に係る経過
　措置……………………180〜181
他の金融機関等向け資本調達手段
　……176，178，183〜184，187〜190
ダブルギアリング………………62，176
調整項目に係る経過措置
　…………………………63，69，137
調整後少数株主持分（等）
　……………………………37，43，125
適格旧Tier 1 資本調達手段に係る
　経過措置……………………………26
適格旧Tier 2 資本調達手段に係る
　経過措置……………………………27
適格旧資本調達手段に係る経過措
　置…………………………14，189
適格旧非累的永久優先株に係る経
　過措置……………………13，189
適格引当金不足額………………99，120

適格引当金余剰額……………………58
特定項目………………………74, 113
特定項目に係る15％基準超過額に
　係る経過措置………………………117
特定項目に係る基準額計算…114, 120
特定連結子法人等………………36, 43
土地再評価差額金………………235〜238
土地再評価差額金に係る経過措置…31

〈な行〉

日本標準産業分類（JSIC）…183, 185
のれんおよびのれん相当差額
　………………………72, 257〜260

〈は行〉

非支配株主………………………251
評価性引当額……………………273
標準的リスク測定方式……………209
非累積的永久優先出資
　……………294〜295, 301〜302
普通株式……………………………9, 20

普通株式等Tier 1 資本に係る基礎
　項目の額………………………7
普通株式等Tier 1 資本に係る調整
　項目の額……………………7, 67
普通株式等Tier 1 資本の額……………7
法定実効税率……271〜272, 280, 287

〈ま行〉

前払年金費用……………62, 80, 249
みなし普通株式………………187, 189
無形固定資産……………………261
モーゲージ・サービシング・ライ
　ツ………………74, 113, 290〜291
持分法……………………………258

〈や行〉

優先出資証券……………………255

〈ら行〉

リスク・ウェイト関数………202, 220
ルックスルー……………………194

バーゼルⅢ 自己資本比率規制
計算とリスク捕捉実務の完全解説

平成27年4月21日　第1刷発行

編　者　有限責任監査法人トーマツ
　　　　金融インダストリーグループ
著　者　桑原　大祐・飯野　直也
　　　　関田　健治・中島悠来穂
　　　　山口　哲平・吉澤　一子
発行者　小　田　　　徹
印刷所　株式会社太平印刷社

〒160-8520　東京都新宿区南元町19
発 行 所　一般社団法人 金融財政事情研究会
　　編 集 部　TEL 03(3355)2251　FAX 03(3357)7416
販　　売　株式会社きんざい
　　販売受付　TEL 03(3358)2891　FAX 03(3358)0037
　　URL http://www.kinzai.jp/

・本書の内容の一部あるいは全部を無断で複写・複製・転訳載すること、および
　磁気または光記録媒体、コンピュータネットワーク上等へ入力することは、法
　律で認められた場合を除き、著作者および出版社の権利の侵害となります。
・落丁・乱丁本はお取替えいたします。定価はカバーに表示してあります。

ISBN978-4-322-12631-0

好評図書

バーゼルⅢ 自己資本比率規制
国際統一／国内基準告示の完全解説

北野淳史／緒方俊亮／浅井太郎 [著]
Ａ５判・452頁・定価(本体4,500円＋税)

国際交渉─国内ルールづくりに携わった元金融庁職員が、告示策定担当者ならではの正確かつ詳細な条文解釈を示す、実務手引の決定版。

バーゼル規制とその実務

吉井一洋 [編著]
鈴木利光／金本悠希／菅野泰夫 [著]
Ａ５判・上製・840頁・定価(本体7,500円＋税)

『よくわかる新BIS規制』を７年ぶりに改題改訂。金融危機を経て複雑化・多層化したバーゼル規制を117項目で解説。